Je devais aussi tuer

Nima Zamar

Je devais aussi tuer

Albin Michel

© Éditions Albin Michel S.A., 2003
22, rue Huyghens, 75014 Paris
www.albin-michel.fr
ISBN 2-226-14186-3

PARIS, 2003 : VOL DE VOITURE.

Un matin d'hiver ordinaire, à Paris. Il n'est pas encore neuf heures quand je me rends dans une unité de police de quartier pour déclarer le vol de ma voiture. Grippe, vacances et RTT cumulées ont sinistré l'équipe qui tourne en sous-effectif. Sonia, la jeune caporale fraîchement mutée qui me reçoit, doit tout à la fois gérer l'accueil, les appels au standard et les déclarations. Une « ancienne » la chaperonne et la met au courant au fur et à mesure qu'elle le juge nécessaire.

Sonia offre un visage ouvert, vif et intelligent. Elle me demande mes papiers d'identité, me sourit et me prie de bien vouloir m'asseoir dans un box adjacent. L'ancienne la reprend immédiatement, explique qu'il n'est pas question de procéder ainsi, qu'elle doit vérifier mon identité de façon plus approfondie et s'assurer qu'il n'y a aucun problème — que ce soit avec moi ou avec les papiers qui pourraient avoir été volés — en consultant la base de données centrale.

Pour ce faire, Sonia devrait se connecter sur un autre ordinateur situé dans des bureaux au cœur du bâtiment, le seul poste qui permette cette recherche. Il faut pourtant que quelqu'un tienne l'accueil et le standard. Elle ne peut s'absenter pendant les dix minutes — au minimum — que prendrait l'interrogation du fichier. Pour compléter les vérifications auprès de mon assureur ou de la fourrière, le même problème se pose. Je viens des rives de la Méditerranée et les téléphones de l'accueil ne permettent l'accès qu'à la région parisienne. Pour des communications nationales, il faudrait qu'elle se rende dans un autre bureau.

Sonia va au plus simple. Elle décide de passer outre aux vérifications. Nous nous asseyons dans un box et elle enregistre ma déposition. Machinalement, j'observe les fils branchés à l'arrière de son PC, face à moi. Je remarque l'absence de connexion réseau. Je l'interroge, étonnée :

— Tiens, vous n'êtes pas branchés sur le réseau ?

— Non..., répond-elle un peu gênée.

Un coup d'œil à l'ordinateur du box voisin : lui non plus n'est pas relié. Les informations saisies sur ces deux postes sont donc isolées de toute base de données permettant d'établir une correspondance par le biais, par exemple, des identités.

L'enregistrement de ma plainte prend une petite heure car Sonia doit s'interrompre pour gérer les appels téléphoniques et les nouveaux arrivants. Quand nous en avons enfin fini et que vient le moment d'imprimer et de signer, nouvelle surprise : il faut débrancher l'ordinateur d'à côté pour prendre son câble de liaison vers l'imprimante. Je ne peux m'empêcher de penser que le coût d'un boîtier qui résoudrait ce problème n'est que de cinq euro. Il faut attendre, bien sûr, que le collègue accepte de « prêter son câble ». Il est mal à l'aise et légèrement inquiet à l'idée qu'en ôtant et remettant la fiche, Sonia n'abîme quelque chose. Le fait est qu'elle a beau effectuer la connexion avec soin, rien ne s'imprime. Après plusieurs essais infructueux, elle tente de transférer ce qu'elle a saisi sur l'ordinateur voisin à l'aide d'une disquette,

8

toujours sans succès. Elle s'apprête à tout resaisir, ce qui représente une nouvelle demi-heure de travail.

Je décide d'intervenir. Je passe d'autorité de l'autre côté du guichet et j'explore le fonctionnement de leur programme de saisie des déclarations. Sous mes yeux défilent les noms des agents de police qui ont utilisé l'ordinateur et leurs codes d'authentification, mais aussi les noms des plaignants, leur adresse, leur téléphone... il me suffirait d'appuyer sur une touche pour changer ce que je veux. Je n'en fais rien bien sûr. Je me contente de trouver les fonctions d'importation et d'exportation de données et je leur montre comment les utiliser. Inquiets à l'idée de perdre ou de mélanger des informations, ils refusent. Je me borne à réparer la connexion de l'imprimante du premier ordinateur.

J'ai droit à des remerciements pour ma patience.

C'était un matin d'hiver ordinaire, à Paris, en France, en Europe, dans une unité de police moderne, à la technologie avancée et au personnel formé. Et ce n'était pas bien plus compliqué en Syrie, quand tout a commencé, il y a sept ans déjà.

Un malaise.

Rien qu'un léger étourdissement.

Puis un autre. Je sens un tourbillon monter en moi. Je reconnais ce symptôme.

Mes yeux ne supportent plus la violence de la lumière qui se réfléchit sur les visages et les formes. Une seule idée m'habite, fuir ! Fuir ces images et ces bruits vides de messages qui me martèlent la tête, qui martyrisent mon cerveau. Je rassemble mon énergie, les dernières ressources de coordination de mes mouvements pour sortir de la salle d'entraînement et me réfugier dans le bureau à l'écart. Les voix extérieures deviennent distantes... Je sens que je m'éloigne d'elles, happée dans un univers glauque et froid où je serai obligée de faire face à mes propres fantômes, loin de ces gens qui m'entourent et m'apparaissent soudain insupportablement futiles et superficiels.

Un sifflement de plus en plus strident envahit mes oreilles, s'amplifie et couvre tout autre son. La chape blanche étend lentement son emprise. Les douleurs s'atténuent, se muent en une lourde inertie. Tel un paysage doucement recouvert par la neige, le brouhaha ambiant est étouffé, les formes camouflées se fondent dans l'épais brouillard opaque.

Une légère douleur au genou, le froid du dallage sur mon visage, je comprends que j'ai dû tomber. Rares sensations physiques, fulgurantes, aussitôt évanouies dans la blancheur comateuse qui m'envahit par bouffées.

Soudain ma tête est broyée par des élancements. Je me sens asphyxiée. Je cherche à me dégager, suffoque, me tords, aspire de l'air désespérément. Rien ne semble pouvoir m'oxygéner. Les poumons sont douloureux, le cœur paraît percé de multiples aiguilles, la tête est sur le point d'exploser. Les élancements atteignent une intensité extrême. Mon cœur semble s'arrêter pendant une éternité, puis s'emballe de nouveau avec une violence inégalée. Vais-je vivre ou mourir ? Je me sens prise dans une spirale qui m'entraîne dans une chute accélérée et vertigineuse. Une peur me saisit, que je chasse aussitôt. Me détendre malgré tout, garder confiance et accepter ce malaise. À ce stade, lutter ne ferait qu'amplifier la souffrance.

— Où as-tu mal ?

J'ai à peine conscience de cette voix qui m'interroge. Chaque parcelle de ce corps n'est plus qu'une douleur insoutenable. Brusquement, alors que la souffrance atteint son paroxysme, le cœur semble exploser. Tout bascule dans une nuit immobile et froide.

JUILLET 1990 : SUD DE LA FRANCE.

La musique envahissait la ruelle par la fenêtre ouverte. Je restais dehors à écouter les notes claires résonner dans l'air chaud. Daniel, mon fiancé, répétait sur un piano gentiment mis à sa disposition par un ami. La beauté du moment m'hypnotisait, je me souviens avoir pris quelques minutes pour me délecter de tout ce qui le composait. Le visage tourné vers ce ciel si bleu illuminé de soleil, respirant l'odeur de la glycine en fleur de la tonnelle proche, j'aspirais ces accords comme si je devais en faire provision pour le reste de ma vie. Provision de sons, de senteurs, de chaleur, de souvenirs. Provision de jeunesse, provision de bonheur insouciant. C'est presque malgré moi que je me suis arrachée à cette extase pour monter dans l'appartement. La porte était simplement poussée, comme si Daniel voulait que je puisse le rejoindre sans l'interrompre. J'entrai et m'assis discrètement. Envoûtée, je le contemplai. Absorbé par sa musique, il n'avait même pas conscience de ma présence.

Nous voulions partir en Israël, faire notre *Alyah*[1]. Rien ne nous retenait plus en France. Les parents de Daniel étaient

_____

1. Littéralement : « montée ». Immigration en *Eretz Israël*.

13

morts tous deux, il n'avait plus de famille proche. De mon côté, je vivais seule avec ma mère qui, elle, refusait énergiquement de partir, par peur du changement.

Un de nos amis, Max Cohen, avait eu deux ans plus tôt l'idée de rejoindre une école en Israël, à la suite de l'une de ces innombrables « réunions d'information » organisées pour recruter des émigrants. Son dossier scolaire ne faisait pas la joie de dirigeants soucieux de maintenir de bonnes statistiques de réussite au baccalauréat. Faute de mieux, il a dû se décider pour une *yeshiva*, une école religieuse — « light » selon ses propres termes, mais religieuse tout de même.

— Une heure ou deux d'enseignement de Talmud-Torah par jour, c'est peu cher payé pour la liberté !

Il brandit joyeusement une brochure, montrant sa future chambre « sans petit frère au milieu » et l'indispensable terrain de basket. Le reste, les kippas, vêtements noirs, prières à l'aube et heures d'étude du Talmud, tout cela n'est, selon lui, qu'accessoire.

Nous avons décidé que Daniel ferait son *Alyah* le premier, en éclaireur. De toute façon, il devait effectuer son service militaire, ce qui me laissait le temps de finir mes études d'informatique à la fac de sciences avant de le rejoindre. Le voilà donc de retour au Pays, musicien du contingent, en ce début d'été 1990.

2 AOÛT 1990 : INVASION DU KOWEÏT PAR L'IRAK. DÉBUT DE LA CRISE DU GOLFE. L'OLP DE YASSER ARAFAT SOUTIENT SADDAM HUSSEIN.

La guerre qui a éclaté au même moment ne nous a pas tellement surpris. Question de baraka.

Daniel est mort le 9 septembre 1991. Un adolescent israélien, finissant tout juste sa première préparation militaire, a vidé le chargeur de son M16 sur lui. Une maladresse, un moment de panique, un accident. Ça arrive parfois. Statistiquement, ce n'est « qu'un cas parmi des milliers ».

En l'enterrant, j'ai enterré mes projets d'avenir. J'ai pris un emploi, le premier qui s'est présenté, et, pendant un temps, je me suis appliquée exclusivement à gagner ma vie et à prendre soin de ma mère. Elle était contente, nous restions en France selon son désir. J'avais un bon poste d'ingénieur. Pendant les deux heures de trajet quotidien jusqu'à mon bureau, je mettais de la musique israélienne à fond dans la voiture. C'était mon moment d'évasion.

Un jour, j'ai pris conscience que j'étais en train de m'étouffer. Le rêve est revenu frapper à ma porte, drapé dans l'odeur du vent marin, des fruits bien mûrs aux étals du marché, du soleil sur le sol desséché. Alors, j'ai repris la route pour la Terre promise, sous la forme de courts voyages occasionnels, seule. J'imaginais que j'arriverais bien à convaincre ma mère de me suivre tôt ou tard. De son côté, elle ressentait mes voyages comme un abandon de plus en plus marqué : un fossé se creusait insidieusement entre nous. Ce n'était plus sa présence qui m'apportait le plus de bonheur, elle en souffrait.

Elle se sentait de plus en plus fatiguée, mais refusait de voir un médecin. Je travaillais toute la journée, la voyais très peu le soir ; je rentrais si tard. Je ne me rendais pas compte à quel point son état empirait. Jusqu'à ce jour où elle eut une forte fièvre. Je ne suis pas allée travailler pour rester avec elle. La fièvre ne diminuait pas. Transportée à l'hôpital, les médecins diagnostiquèrent un lymphome à un stade très avancé. Trop avancé. Elle décéda trois jours plus tard.

Je suis restée avec elle jusqu'à la fin. Sur son visage courent les boucles de ses cheveux gris, ces cheveux avec lesquels j'ai tant joué en lui chantonnant qu'ils descendaient sur son visage comme les chèvres du mont Galaad, dans le Cantique des Cantiques... comme elle riait alors ! Ils restent gravés dans ma mémoire, comme chaque détail de cette pièce, comme chaque hématome sur son visage tuméfié. Il ne pouvait y avoir pire horreur que la vision de ma douce mère mourant avec tous les symptômes d'un passage à tabac, comme un rappel de ces coups que les nazis avaient fait pleuvoir sur elle alors qu'elle commençait juste sa vie. Cet étrange symbole m'obsède encore.

Ce soir-là, je la regarde enfin paisible, détendue. Ça me fait du bien de voir qu'elle ne souffre plus. Je ne sens plus sa présence, son corps m'apparaît comme vide, inanimé, je prends conscience qu'elle m'a quittée.

Son départ me laisse désemparée, sans plus aucune raison de continuer à vivre et travailler ici. Curieux mélange entre une douloureuse solitude et une liberté infinie et enivrante.

Pour moi aussi il est temps de partir.

Cette nuit de « retour » en Israël, en novembre 1993, m'a laissé un souvenir magique, comme la vue depuis le hublot de l'avion de cette Terre tant chérie, tant idéalisée, tant désirée, constellée de lumières, bordée par la mer sombre. L'atterrissage et le sentiment merveilleux d'être arrivée à la fin d'un long parcours, d'être enfin au bon endroit, d'être chez moi. Le bus, les inscriptions « banales » en hébreu : « ne pas fumer », « ne pas parler au chauffeur », « ne pas manger de graines »... Les palmiers qui se balancent dans l'air du soir. Les multiples drapeaux israéliens qui semblent être là pour insister et me confirmer chaque fois : « Tu ne rêves pas, cette fois est la bonne ! » *Eretz Israël*, « la Terre d'Israël ». Ou, comme nous l'appelons ici, simplement *HaAretz* : « le Pays ».

Dès le hall de l'aéroport, le ton est donné. Trois voies sont indiquées : citoyens israéliens, émigrants, et « les autres ». J'arrive en pleine nuit mais chacun s'occupe de moi avec bienveillance et sympathie. Mon hébreu paraît archaïque et incompréhensible. Je parle pourtant comme sur les cassettes... Quant au leur, il me semble regorger des pires fautes de grammaire. Rapidement nous trouvons un modus vivendi entre de l'hébreu « simple » et beaucoup d'anglais. Des jeunes gens s'occupent des formalités et de la sécurité, des soldats, garçons et filles. Je remarque une volonté de me « tester » gentiment en me poussant un peu à bout, mais en cherchant en même temps à ne pas en faire trop, histoire que je ne reparte pas aussitôt. Je comprends et joue le jeu. Bienvenue en Orient.

Une fois sortie de l'aéroport, je prends contact avec la vibrante société israélienne. De multiples taxis klaxonnent et se croisent en ne s'évitant que par miracle, des gens s'interpellent, une voiture de police militaire est garée, la radio à fond. Ses trois occupants, tout juste sortis de l'adolescence, se houspillent joyeusement.

Je suis arrivée à temps pour le dernier bus 222 à destination de Tel-Aviv. Le chauffeur me regarde intensément dans le rétroviseur. Il est bien jeune lui aussi et assez mignon, je dois avouer. Ma valise encombre le passage, mais il y a si peu de monde que le chauffeur ne dit rien. Quelques stations plus loin, un nouveau passager m'adresse un sermon : les bagages doivent aller en soute. Il a raison mais il est tard, la valise est lourde et si le chauffeur n'a pas envie de descendre et de m'aider à la ranger, je n'y peux rien. Je hausse simplement les épaules. Il commence à adresser des reproches au chauffeur, qui laisse couler passivement, puis règle la discussion par une phrase sèche que je ne comprends pas. Je suis la dernière passagère. Le chauffeur m'aide à descendre mes affaires en s'assurant que je sais où je vais, et me fait de grands au revoir, ses yeux de braise rivés sur les miens. Je ne sais pourquoi j'éprouve comme un regret...

L'arrêt est situé sur un grand axe routier, au milieu d'hôtels de luxe. Malgré le trafic, je peux sentir dans la nuit l'odeur familière du vent chargé d'iode : la mer.

— Tu es là toi aussi, pensé-je, tu es là, camarade...

Je suis une enfant de la Méditerranée et même si j'ai voyagé et vu des rivages très différents, toujours la mer m'a accueillie avec la même hospitalité sauvage. À sa vue je me sens « chez moi ».

Me laissant guider par ses effluves, je traverse deux routes sans comprendre grand-chose à la logique des feux de circulation. J'aperçois l'étendue sombre de l'onde qui jouxte la plage de sable, claire dans la nuit. Quelques rouleaux se forment et renvoient par instants un rayon de lune. Le grondement des vagues est plus grave, plus régulier que celui auquel je suis habituée. La mer aussi a un accent différent par ici.

Une légère brise fait frémir les palmiers. Le ciel est empli d'étoiles. Elles sont à peine discernables à cause des éclairages de la ville, mais qu'importe, je sais qu'elles sont là, près de cette lune magnifique.

Je reste un long moment sur place, à observer tantôt la mer, tantôt la circulation et les lumières, à écouter des jeunes gens légers et insouciants se rendre au bar du coin, à remplir mes poumons d'embruns salés. Oui, vraiment, quelle nuit magique !

Je n'ai pas suivi les circuits standards de l'*Alyah*, avec prise en charge complète et hébergement dans les « centres d'intégration ». J'ai préféré me débrouiller seule, enfin presque.

Je vais directement loger chez un ami à Tel-Aviv, dans un petit appartement situé dans une rue calme entre la mer et ce square qui ne s'appelle pas encore Rabin. Eldad est ravi de participer au « sauvetage » d'une Française « en péril » face à l'antisémitisme croissant qui sévit dans son pays natal. C'est ainsi qu'il voit les choses. Surprenant la première fois, mais on s'habitue. J'attribue cette attitude au côté chevalier en armure de tous les hommes. Les Israéliens, dignes Orientaux, ne sont pas en reste au royaume des machos. J'accepte donc de jouer, un temps, le rôle de la damoiselle en détresse et le laisse me mettre au courant des multiples facettes du Pays et de sa vie quotidienne.

Le dicton dit que pour connaître Israël il faut parcourir cette terre à pied de long en large. J'ignore que j'aurai cette occasion de la traverser du nord au sud lors de marches d'entraînement. Pour l'instant, j'effectue encore les voyages en autobus. Mon premier réflexe est bien sûr de me rendre à Jérusalem. Ce n'est pas ma première visite, mais c'est toujours la même émotion. De là je rejoins Massada, la citadelle qui surplombe le désert de Judée. Lieu de la résistance héroïque d'une poignée de Juifs contre une armée romaine, son symbole est aussi important à mes yeux que la Ville Sainte. Je descends un peu plus au sud à travers le Néguev, sans aller jusqu'à Eilat, trop touristique à mon goût, puis remonte la vallée du Jourdain vers le nord. Là je tombe amoureuse de la Kinnereth, le lac de Tibériade. Je voyage encore une petite semaine de kibboutz en kibboutz à travers la vallée de Jizréel qui s'étend au pied de la chaîne des montagnes de Galilée jusqu'à la côte. Je visite rapidement Haïfa, puis redescends à Tel-Aviv.

Tout comme le relief, la population est variée et divisée sur de multiples sujets. L'union sioniste imaginée par les antisémites est une vaste rigolade, un fantasme sans fondement. En réalité ce ne sont que luttes permanentes, droite contre gauche, pacifistes contre militaires, religieux contre laïcs, plats casher contre cuisine chinoise, Sépharades contre Ashkénazes, Sépharades et Ashkénazes contre Éthiopiens ou Russes, Yéménites contre tous les autres. Tout cela de façon assez harmonieuse, il faut bien le constater. Car la société israélienne, malgré ou plutôt grâce à ses contrastes, évolue constamment.

De leur côté, les Arabes ont compris l'intérêt qu'ils peuvent tirer de ces dissensions. Ils multiplient les actions terroristes afin d'attiser les querelles et les clivages sociaux, de mettre les gouvernements en crise, de bloquer l'économie et de freiner l'immigration juive. Ils n'hésitent pas à pleurer et à exhiber une misère réelle auprès des associations pacifistes et des groupes de gauche compatissants. Ils remportent un certain succès et ajoutent une nouvelle division entre ceux qui plaignent les Palestiniens et ceux qui les condamnent massivement.

La population israélienne comprend de fortes personnalités qui tiennent à faire entendre leur voix. Des institutions démocratiques sont là pour permettre à chacun de s'exprimer sans plonger le pays dans le chaos, et ma foi, cela fonctionne plutôt bien. C'est ce qu'on appelle la liberté d'expression, une notion qui n'existe pas dans les États voisins. Israël est une exception politique dans le paysage du Proche-Orient : une démocratie parlementaire séparant les trois pouvoirs, législatif, exécutif et judiciaire. Le Parlement — la Knesset —, élu à la proportionnelle pour un mandat de quatre ans, est renouvelé à chaque grande crise politique à la faveur d'élections anticipées. Une des singularités du système est de permettre à un parti d'obtenir un siège à la Knesset en ayant seulement 1,5 % des voix. Il en résulte une multiplication de partis dont certains peuvent jouer un rôle fondamental dans la vie politique, assez disproportionné par rapport au nombre d'électeurs qu'ils mobilisent.

On compte une douzaine de partis d'importance. Certains

sont internationalement connus, notamment les deux grands mouvements : à « gauche », Avodah, le parti travailliste « historique » de Ben Gourion, Golda Meir, Shimon Peres et Yitzhak Rabin, qui a gagné les élections en mai 1992, l'année précédant mon arrivée, et à « droite » le Likoud de Menahem Begin, Yitzhak Shamir, Benyamin Netanyahou et Ariel Sharon.

Contrastes à l'image du pays, où les déserts bordent les mers et où les montagnes enneigées contemplent des vallées caillouteuses arides. Israël est un si petit pays, et pourtant, quand on le contemple depuis la Galilée ou le désert du Néguev, il s'étend à perte de vue.

Passé les premiers temps d'exploration intensive, les journées me paraissent longues. Je décide d'aller rendre visite à ce cher cancre de Max Cohen. Il représente le dernier bastion de ma jeunesse, je suis persuadée qu'il sera content de me revoir, qu'il pourra m'indiquer les endroits branchés du pays, m'introduire dans une bande de copains de notre âge, de ces jeunes Israéliens insouciants qui passent leur temps sur les plages et dans les bars. Je recherche ce genre d'attitude superficielle comme un remède à un sourd mal de vivre. Je savais Max atteint du même syndrome, il aura donc sûrement trouvé un remède.

Habillée de vêtements couvrant le plus de chair possible et armée de l'adresse de son ancienne école pour seule piste, je reprends le bus pour Jérusalem.

Les locaux de l'école se trouvent dans un quartier ultra-orthodoxe à la périphérie de la ville. Les terrains de basket sont bien là, entourés de préfabriqués en guise de salles de cours. Une seule maison en dur abrite une partie des dortoirs. Des groupes d'élèves passent à ma hauteur. Adolescents élan-

JE DEVAIS AUSSI TUER

cés, ils ont beaucoup de charme, coiffés d'un chapeau noir, habillés d'une chemise blanche, d'un pantalon noir et d'une longue tunique noire qui flotte au vent. Je comprends qu'il s'agit d'un centre hassidique. Je me dirige vers le bureau du directeur, déçue de penser que Max-le-dilettante ait pu passer trois ans ici. Je subis un interrogatoire poussé sur les raisons de ma démarche et m'empresse de le rassurer : je ne cherche pas Max pour l'épouser, pauvre de moi qui ne suis ni une Cohen ni orthodoxe, mais simplement pour une visite de courtoisie entre deux anciens amis.

J'obtiens qu'il soit prévenu de ma présence et laisse le numéro de téléphone de mon ami à Tel-Aviv.

— C'est votre numéro de téléphone ? interroge le directeur suspicieux.

— Celui d'un ami qui m'héberge.

Je me mords la langue en sentant son regard pesant et désapprobateur. Une fille « bien » ne loge pas chez un ami « homme ».

— Un ami qui habite avec sa mère.

Mon mensonge ne me sauve pas. Le regard désapprobateur se change en lourde ironie. « Non seulement tu as des mœurs dissolues, mais tu en as honte, n'est-ce pas ? » semblent me dire ces yeux qui continuent de me fixer.

— Comme sa mère partait en vacances, il avait de la place pour m'héberger, j'en profite. C'est généreux de leur part.

J'ai remis les choses en place. On ne dira pas que je me serai dégonflée devant un « ultra ». Je soutiens fièrement son regard dont la force diminue en même temps que son intérêt. Je viens de passer dans le monde des filles perdues, inutile d'insister.

Je rentre à Tel-Aviv avec peu d'espoir d'obtenir des nouvelles de mon ami. J'ai tort. Le soir même le téléphone sonne.

Il a toujours la même voix enjouée, ce qui me rassure un peu.

— Ainsi tu as fait le pas toi aussi ? C'est bien, c'est très bien ! Tu verras, ici la vie est magnifique ! Veux-tu que nous déjeunions ensemble demain ?

— Bien sûr ! Où ?

— Tu peux venir à Jérusalem ?

— Oui... mais je devrai annuler un rendez-vous que j'ai ici l'après-midi...

— Dans ce cas tant pis, je viens.

Sa voix est nettement moins joyeuse. J'ai peur de lui avoir causé un problème. Eldad, jaloux, me décrypte le message avec sa délicatesse israélienne :

— S'il est *hassid*[1], ton pote, il flippe à l'idée de venir bouffer dans cette ville de putes qu'est Tel-Aviv.

Je hausse les épaules. Ce ne peut être la raison. Si Max a joué le jeu des religieux ce n'était que le temps de passer son bac. C'est un boute-en-train de nature, vraiment pas le genre à s'enterrer dans les quartiers orthodoxes de Jérusalem.

Pourtant, le lendemain, je me trouve nez à nez avec un Max version « *black is beautiful* ». Eldad avait raison. Je reste stupéfaite.

— Tu as l'air étonnée de me voir ? J'ai donc tellement changé ? me demande Max, amusé.

— Disons que j'ai quitté un ami en bermuda qui me parlait de jouer au basket toute la journée...

— Je me suis lassé de jouer. Mon engagement permet de redonner un sens sacré à ce pays. C'est le véritable retour aux sources...

Le déjeuner se déroule sur fond de dialogue de sourds. Le discours de Max frise le lavage de cerveau. Sa vision des cho-

---

1. Ultra-religieux.

23

ses me déçoit. J'ai le sentiment de perdre un ami. Je me sens isolée. Je comptais sur lui pour m'initier à une vie « jeune et joyeuse » d'Israël. De toute façon, je ne peux pas m'attarder, il est bientôt l'heure de mon rendez-vous. Nous nous dirigeons vers un arrêt d'autobus, tandis qu'il continue son endoctrinement. Maintenant qu'il est lancé, plus rien ne semble pouvoir l'arrêter. D'autant qu'il est lui aussi attristé de sentir que nos liens se distendent.

Dans l'autobus, certaines personnes le regardent de travers. Hors du restaurant, il a abandonné le français pour s'exprimer en hébreu. Influence de la foule environnante ou discours récité par cœur, je ne saurais trancher.

Visiblement, je ne suis pas la seule à être agacée par ses « idées ». Autour de nous des passagers le fusillent du regard. Tout à coup, c'est l'explosion. Alors que le bus stoppe, un homme bondit sur Max, le secoue comme un prunier et le jette dehors en vociférant. Je suis mon ami, solidaire mais un peu à contrecœur.

Le furieux, continue de crier :

— Espèce d'imbécile ! Tu n'as rien à faire ici, fiche le camp, retourne dans ton ghetto étudier tes bêtises ! Tu n'as pas servi dans l'armée, tu n'es même pas israélien ! Toi et tes pareils, vous êtes des lâches, des inutiles, des imbéciles, des parasites...

Le bus démarre, emportant la suite, laissant un Max au bord des larmes sur le trottoir. Quelques passants se tournent vers nous. Comme en Israël personne ne reste indifférent, un débat s'engage. Max me dit un rapide au revoir en grommelant qu'il n'aurait jamais dû venir, qu'il a perdu son temps. Il me fait de la peine, je le rattrape, pose ma main sur son épaule en le secouant gentiment, comme je faisais du temps de notre enfance, quand j'essayais de le consoler d'une mauvaise note ou d'une heure de colle. Il tressaille. J'enlève ma main. Je lui dis que je l'aime bien, même si je ne partage pas son point de vue. Il sourit faiblement et disparaît d'un pas rapide, sa légère redingote noire volant autour de lui. Je le regarde s'éloigner tels ces cygnes noirs de jardins publics, à la fois tristes et majestueux, qui agitent leurs ailes mutilées dans un mouvement aussi vain que gracieux.

De retour à l'appartement, je raconte l'incident à Eldad qui hoche la tête et hausse les épaules.

— Une grande partie des Israéliens reprochent aux religieux de ne pas faire l'armée. Il faut les comprendre, trois ans de leur vie ce n'est pas rien... Pour ma part, je ne suis pas d'accord, on ne peut pas le leur reprocher. Israël, c'est cette variété. Sinon, où iront les juifs religieux ? C'est ridicule.

Il s'arrête un moment pour réfléchir. J'en profite pour glisser une question qui me tracasse :

— Cet homme qui l'insultait disait que Max n'est pas vraiment israélien... Pourquoi ? Parce qu'il est d'origine française ou parce qu'il est religieux ?

— On n'est pas vraiment israélien tant qu'on n'a pas fait l'armée.

6 AVRIL 1994 : ATTENTAT À LA VOITURE PIÉGÉE CONTRE UN BUS AU CENTRE D'AFULA. HUIT MORTS. REVENDIQUÉ PAR LE HAMAS.

13 AVRIL 1994 : ATTENTAT SUICIDE À LA BOMBE CONTRE UN BUS À LA GARE ROUTIÈRE DE HADERA. CINQ MORTS. REVENDIQUÉ PAR LE HAMAS.

Finalement, c'est Eldad qui m'introduit dans les cercles « branchés » de la ville. Ses amis correspondent à l'image que je me fais de la jeunesse israélienne, capable des accents les plus graves et de la plus grande débauche, comme pour mieux crier qu'ils sont vivants et chasser le malheur qui essaie de s'infiltrer. On dirait que le juste milieu n'existe pas et, ma foi, c'est tant mieux. Je m'intègre sans difficulté à leur joyeuse bande.

Mes journées se partagent entre files d'attente dans les administrations, contacts d'associations francophones et recherche d'emploi. Le soir venu, je retrouve ma bande d'amis qui complète mon éducation en matière de musique moderne, de prudence dans les bus, d'argot et de cuisine délicieusement saturée en sucre ou en graisse, voire les deux.

Je me sens à ma place dans le paysage. Néanmoins, en cherchant un travail, la question du service militaire se pose. Ayant effectué tardivement mon *Alyah*, j'en suis exemptée. Mes futurs jeunes collègues posent chaque fois un regard sombre sur moi en repensant à ces trois années « de retard » pour leurs études et leur vie professionnelle. Ce décalage d'âge entre nous provoque une gêne souvent à la limite du supportable. Même avec la meilleure bonne volonté et toute la compréhension du monde, ils ne peuvent s'empêcher d'être jaloux. Je n'arriverai pas à chasser cette idée de leur tête : « On n'est pas israélien tant qu'on n'a pas fait l'armée. » Qu'à cela ne tienne, au terme d'un nouvel entretien d'embauche qui s'est bien déroulé malgré l'inévitable visage envieux, je craque. Ma décision est prise et je l'annonce fièrement en rentrant :

— C'est décidé, je vais faire mon service militaire.

— Tu es folle ? s'exclame Eldad stupéfait.

— Non, j'en ai assez d'être une brebis galeuse. Je veux être israélienne « complète ». En plus, ça me fera du bien.

— Quel bien ? Tu dis n'importe quoi ! De toute façon ils ne voudront pas de toi, aucune chance, affirme-t-il en haussant les épaules. Tu viens d'arriver.

— Nous verrons. Ils trouveront bien quelque chose, je leur fais confiance.

— Tu es stupide. Tu vas perdre ton temps alors que tu as la chance de pouvoir travailler tout de suite.

— À quoi bon cette chance si elle me dessert ? Tu l'as dit : on n'est israélien que si...

— Tu as tort. Ils ne te prendront pas, dit-il en mettant fin à la conversation avec un nouveau haussement d'épaules.

Je suis déçue. J'espérais qu'Eldad trouverait l'idée bonne, qu'il me féliciterait, m'encouragerait, m'abreuverait de conseils et d'anecdotes sur son propre service. Je me console en pensant qu'il le fera sans doute plus tard.

Le lendemain, je rejoins la longue file des jeunes devant le bureau du recensement. J'ai peur d'en avoir pour la journée. En fait, l'ensemble des démarches représente deux jours et demi de file d'attente. J'obtiens ce que je veux. Mon hébreu est suffisamment courant pour intégrer l'armée avec la prochaine classe. Malheureusement pour moi devrais-je dire, car un bon Oulpan[1] m'aurait fait perdre un peu de cet hébreu archaïque que je traîne encore aujourd'hui. Enfin, après avoir signé, je rentre à la maison fière comme un paon, persuadée qu'Eldad va cette fois participer à ma joie.

— Sombre imbécile ! grogne-t-il avec mauvaise humeur. Quand je pense que tu viens d'un pays où les objecteurs de conscience ont droit à un service d'intérêt général...

— Toi qui n'arrêtes pas de nous tenir de grands discours sionistes et patriotiques, te voilà objecteur de conscience maintenant ? Qu'est-ce qui t'arrive ?

— Tu ne comprends pas que nous n'arriverons à rien ici par la force ? Tu as le bagage pour le comprendre, le recul nécessaire, l'éducation démocratique, et tout ce que tu trouves à faire, c'est de gonfler les rangs des borgnes et des aveugles !

— Comment, des borgnes ? C'est aux politiciens d'agir.

---

1. Cours d'hébreu intensif.

L'armée n'est qu'un exécutant, pas un décideur. Tu ne te rends pas compte que toute ma vie j'ai vu ma mère trembler devant le moindre uniforme à cause de ses souvenirs de guerre. Je ne veux pas de ces peurs, ni pour moi ni pour mes enfants. Aujourd'hui nous avons un pays, une armée de défense. C'est infiniment précieux, c'est fantastique ! Je suis fière de participer !

Pour une fois, Eldad me regarde sans hausser les épaules. J'enfonce le clou :

— Moi, l'armée, j'en ai besoin pour exorciser le passé, tu comprends ?

— Oui, concède-t-il, mais tu vas créer un passé similaire au tien pour des Palestiniens. Devine comment ils feront, eux, pour l'exorciser ?

— Tu pousses ton gauchisme un peu loin. Penses-tu vraiment que supprimer l'armée garantirait la paix ? Tu sais bien que non ! Tant mieux si ceux qui forment ses rangs ont du recul comme tu dis, Tsahal n'a pas besoin d'être formée uniquement de foudres de guerre.

— Que leur as-tu dit pour qu'ils te prennent ?

— En vérité, pratiquement rien. Dès la fin des tests, ils m'ont prise à part et j'ai passé quatre entretiens avec des discours assez généraux, plein d'autres tests, de logique surtout.

— Quatre ? Ils t'ont dit quelque chose de particulier ?

— Rien du tout.

— Étrange.

— Arrête ton char et sortons. Je t'invite.

Argument décisif s'il en est. Dans un haussement d'épaules familier signalant le retour à la normale, Eldad prend son blouson et me suit, non sans grommeler encore une fois que je ne sais pas ce que je fais.

ISRAËL, MARS 1994 : TSAHAL.

Le grand jour arrive, je rejoins un groupe de nouvelles recrues commandées par des « vétérans » de vingt et un ans, que je trouve tellement plus jeunes que moi, du haut de mes vingt-trois ans. Devant nous s'étend une plaine désertique sur laquelle se dressent quelques bâtiments de deux étages, des stands, des tentes, une file indienne plus ou moins respectée et d'interminables distributions. Ici ce sont des vêtements, des sous-vêtements, des chaussettes, là des sacs, des équipements, un passage pour des vaccins injectés à grande vitesse et enfin la fourniture d'armes et de munitions.

Quand la série est terminée, je parviens à m'extraire de ce mouvement continu et je prends conscience de l'uniforme que je porte. Il a tant de signification à mes yeux que j'en ai le vertige ! Où sont mes parents, et leurs parents, et les parents de leurs parents ? Peuvent-ils me voir ? Peuvent-ils savoir qu'aujourd'hui les Juifs ont un État, qu'ils sont capables de se défendre eux-mêmes, et fort bien en plus ? Combien je suis fière de porter ce symbole de courage et de persévérance, quelle merveille cet État enfin créé ! Enfin nous autres Juifs avons le droit de vivre, dans un État normal, avec une armée normale et...

— Hey ! At ! Ze lo zman la'hlom arhshav[1] *!*

... et avec les mêmes « p'tits chefs » à la con que partout ailleurs ! Je dévisage avec consternation ce jeune caporal qui m'aboie dessus. Oui, décidément, une armée normale.

Les premières semaines sont consacrées à l'entraînement de base. Il y a les ahuris dans mon genre qui croyaient que tout le confort leur serait fourni, et les organisés qui déballent des chaussettes supplémentaires, des sacs-poubelle pour envelopper leur linge sale, un petit poste de radio, des livres, des lunettes de soleil absolument interdites et du gros scotch tout aussi défendu mais très pratique pour ne pas perdre les chargeurs. J'apprends vite. C'est comme partout, bien-être et confort nécessitent une lecture « large » du règlement.

J'ai toujours eu horreur d'être contrainte de rester sagement quelque part. Que ce soit dans une salle de cours ou ailleurs, au bout d'un moment j'en ai assez et il faut que je sorte. Ce n'est pas une conduite « socialement correcte », mais tant pis, j'ai toujours obéi à cet instinct, vestige du côté « sauvage » de mes ancêtres d'Europe de l'Est. Je me souviens de la première fois où j'ai « fait le mur » comme si c'était hier. Mes premiers mois d'école. Je me revois encore, repérant un chemin pour rentrer à pied sans qu'on puisse me rattraper, distinguant les « zones » à découvert, où je devrais courir, des « coins tranquilles » sans personnes âgées à la fenêtre ni trop de piétons curieux pouvant témoigner de mon passage. Je guettais avec application les allées et venues des institutrices qui ouvraient et fermaient les portails, je passais mes récréations en solitaire à faire le tour des clôtures pour trouver leurs failles, j'observais le manège de ceux qui « sortaient » de nos circuits clos des salles de classe ou des cours de récréation, pour aller à l'infirmerie ou jeter leur chewing-gum, ces hor-

---

1. « Hé ! toi ! ce n'est pas le moment de rêver ! »

reurs qui étaient alors formellement interdites et que nous devions déposer dans une poubelle spéciale au fond de la cours, où leur odeur n'incommoderait personne. Avec tous ces éléments, j'avais mis au point une stratégie complexe, élaborée jusque dans ses moindres détails. Quand j'y repense c'était un peu étrange pour une enfant si jeune qui ne savait pas encore lire, n'avait pas de télévision et n'allait jamais au cinéma. Où diable avais-je pu pêcher des idées pareilles ? Je n'ai pas la réponse. C'est une sorte de « talent inné ».

Ce jour-là, quelle surprise pour ma mère de me voir rentrer à la maison au milieu de la matinée !

— Mais que fais-tu ici ? m'a-t-elle demandé, sans arriver à dissimuler une lueur d'admiration dans son regard qui m'a plu.

— J'en avais assez, alors je suis partie, ai-je simplement répondu.

Les discours, sermons et renvois successifs n'ont jamais réussi à altérer ce trait de caractère. Aujourd'hui encore, je reste persuadée qu'il n'existe aucun endroit au monde d'où je ne puisse partir si je le décide. Je fonctionne à l'instinct et trouve toujours une façon de résoudre les problèmes qui se présentent au fur et à mesure. Simple question de patience. C'est quelque chose qui se situe hors du domaine du rationnel.

Pendant mon service, ce douloureux problème de perte de liberté ne tarde pas à se présenter. Je reste relativement « sage » pendant les semaines de classes sur le terrain. Le grand air me fournit l'espace dont j'ai besoin. La situation change quand je me retrouve dans ce petit dortoir aux lits superposés où nous avons juste la place d'entrer nous étendre. Je tiens quatre jours, puis je fais le mur. Alors les ennuis commencent. Je supporte mal d'obéir à des ordres, surtout quand ils viennent de certains p'tits chefs aux allures d'adolescents

31

attardés. Je tolère encore plus mal leurs réprimandes. Discussions, disputes ouvertes, le ton monte jusqu'à ce jour où je gifle carrément un de mes officiers. Motif : il aboyait avec tellement de rage que je l'ai cru hystérique et que j'ai pensé, le plus naturellement du monde, le calmer de cette façon. Les mises aux arrêts succèdent aux avertissements. Fidèle à ma philosophie, je fais le mur une fois de plus et je me rends à Tel-Aviv. Là, je fais part à Eldad de mes difficultés. Après avoir maugréé qu'il m'avait prévenue, il me promet d'essayer de faire intervenir un de ses anciens camarades devenu officier de carrière. En attendant, je dois rentrer le plus vite possible à la base avant que la police militaire débarque chez lui, faire mes excuses et adopter un profil bas. Je suis son conseil. Du moins j'essaie.

4 MAI 1994 : SIGNATURE DES ACCORDS DU CAIRE STATUANT SUR L'AUTONOMIE DE GAZA ET DE JÉRICHO.

Lorsque revient enfin un Shabbat où je peux partir en permission, je me précipite joyeusement chez Eldad, en espérant qu'il aura du nouveau. Je le trouve étonnamment gentil avec moi. Ma foi, j'en profite sans me poser trop de questions. Je suis habituée aux sautes d'humeur de mon ami.

Nous partons nous promener le long de la rivière Yarkon. À Tel-Aviv, le Yarkon c'est les berges de la Seine en plus convivial. Des enfants s'obstinent à essayer de pêcher dans ses eaux polluées, les familles organisent pique-niques et barbecues sur les pelouses, des aires de jeu sont aménagées pour les enfants, et les chemins de terre qui longent la rivière font la joie des adeptes de la course à pied et des vélos tout-terrain.

Le Yarkon à Shabbat c'est l'affluence des grands jours dans une atmosphère de convivialité et de bonne humeur qui remonte le moral.

Partagé entre tradition et modernité, Eldad a vidé tout argent de ses poches — Shabbat oblige — mais il cherche quand même un glacier ouvert quand midi sonne. Je m'y attendais et, moins religieuse que lui ou plus honnête avec moi-même, j'ai gardé quelques sheqels. Nous parlons de beaucoup de choses, mais il est évident qu'il ne me dit pas l'essentiel. Je l'interroge :

— Qu'est-ce qui te ronge ainsi ? Pourquoi ne m'en parles-tu pas ? J'ai fait quelque chose ? Tu m'en veux ?

— Oui ! réplique-t-il, et sa réponse sonne comme un cri du cœur. Quand je te disais que t'engager était une belle connerie !

— Encore ? dis-je un peu exaspérée. Bon sang, je souffre assez sans que tu fasses la tête pendant mon seul jour de repos !

— Que fais-tu en ce moment ?

— Des corvées idiotes en série. En principe, la semaine prochaine, je pourrai travailler au centre informatique. Probablement encore pour des bêtises genre secrétariat. Enfin un peu de repos quand même.

— Donc « ça » commencera probablement la semaine prochaine, murmure-t-il comme pour lui-même.

— Quoi donc ?

— Rien.

Je sais qu'Eldad est du genre dalle de béton armé quand il s'y met, mais je commence à identifier ce qui le tracasse.

— Ce « rien », c'est le même « rien » qui te fâche ?

— Oui, laisse tomber.

— C'est en rapport avec mon service, n'est-ce pas ? Tu as pu contacter ton ami officier ?

— Oui.

— Et ?

— Et rien.

— Pourquoi ne m'en parles-tu pas ?

— Je n'ai pas le droit.

— Écoute, si tu lui as promis de ne pas m'en parler, je comprends que tu sois mal. Si j'étais dans la même position, je ferais sans doute la même tête de trois pieds de long !

— N'en parlons plus, fait Eldad avec mauvaise humeur.

— Mais je ferai toujours passer notre amitié avant tout. Donc, si je savais quelque chose qui te concerne, je te ferais confiance et je te le dirais. Sois tranquille, je saurai l'entendre sans en vouloir à personne et sans changer mon comportement en fonction de ce que tu m'apprendras, si c'est ce qui t'inquiète. Personne ne verra que je le sais aussi. Fais-moi confiance, voyons !

— Ils ont raison, tu es douée, dit Eldad en m'examinant avec un drôle d'air.

— Qui a raison ? Douée pour quoi ?

— Tu aurais dû m'écouter dès le départ.

— À t'entendre, on croirait que tu me conseilles de prendre le premier avion pour rentrer à Paris.

— Exact. Voilà une excellente idée !

— Tu es sérieux ? Ce ne peut pas être grave à ce point ? Rien ne peut être grave à ce point ?

— Si. C'est grave.

C'est à mon tour de l'examiner, mais cette fois il ne dit plus rien. Nous continuons notre promenade et n'abordons plus le sujet de la journée. Le lendemain matin, Eldad me réveille à l'aube.

— Mets des vêtements civils, me dit-il, nous allons à l'ambassade de France. Ils t'aideront pour les formalités. Tiens, voilà l'argent du billet, ils ne te le donneront pas. Ils arriveront à te faire quitter le pays, même sans le certificat de détachement de l'armée.

Je n'en crois pas mes oreilles :

— Tu es devenu fou ?

— Non, aie confiance en moi. C'est mieux.

— Je n'ai pas fait tout ce chemin pour fuir maintenant !

— Avec un bon avocat, tu reviendras dans deux ou trois ans, tranquillement. Tu as le temps. Viens, fais ce que je te dis !

— Si on me voit, je vais avoir encore plus de problèmes !

— Bien sûr que non puisque tu ne remettras plus les pieds à la base. Grouille ! Je t'accompagne.

Le bâtiment de l'ambassade est au bord de la mer, à deux kilomètres tout au plus. Le long du chemin, je fulmine contre Eldad et son emportement. D'un autre côté, il est si perturbé qu'il m'inquiète. Il a forcément une excellente raison. Qu'est-ce qui motive sa décision, lui le sioniste convaincu qui pendant plus de trois ans m'a demandé chaque semaine quand je me déciderais enfin à venir ? Voilà qu'il me pousse littéralement dehors !

L'ambassade se situe à cent mètres du carrefour où je suis descendue du bus 222 lors de mon retour « au Pays ». De l'autre côté de la rue, la mer continue son chant, impassible.

Eldad m'abandonne quelques mètres avant le sas d'entrée. Je passe devant le policier en faction qui me jette un regard indifférent et je pousse l'étroite porte, le cœur lourd. Je n'ai pas encore franchi le seuil qu'un jeune homme vient à ma rencontre et me repousse avec un sourire poli.

— L'ambassade est fermée aujourd'hui, m'explique-t-il.

— Comment, fermée ? Pourquoi ?

— Nous sommes dimanche. Ici c'est l'ambassade de France, nous fonctionnons selon le calendrier français. En France, le dimanche est férié.

— C'est pour une urgence !

— Désolé, continue l'employé sans quitter son sourire figé en me poussant dehors. Il faut revenir demain.

— Enfin c'est ridicule ! je ne peux pas revenir demain, c'est aujourd'hui que j'ai besoin d'aide.

— Aujourd'hui c'est dimanche. L'ambassade est fermée. Je suis désolé. Il faut revenir demain.

Je repars, excédée et ravie à la fois. Je rattrape Eldad. En me voyant, ses yeux jettent des éclairs. Il ouvre la bouche, prêt à me lancer une volée de reproches. Je l'interromps et lui raconte la scène avec humeur. Il me regarde avec tristesse et douceur. Aucun haussement d'épaules. Cette fois je suis réellement inquiète. J'effectue une dernière tentative :

— Pourquoi ne me dis-tu rien ?

— Inutile. De toute façon, tu ne vas pas tarder à en savoir plus que moi. Alors c'est toi qui ne me diras plus rien.

Nous marchons sans échanger un mot. L'air du matin mêle les odeurs de la terre fraîche des jardins, des arbres, du sel marin. Je m'enivre en le respirant à pleins poumons. Dans la rue, nous croisons quelques soldats qui rentrent de permission, leur arme sur l'épaule. Je suis heureuse de ne pas être partie, fière d'être des leurs, de marcher dans cette rue, de respirer cet air, de sentir ce soleil qui me chauffe doucement. Une agréable joie de vivre m'envahit et je me mets à chantonner à mi-voix.

Eldad se retourne. Mon bonheur ingénu ne lui échappe pas. Il se borne à secouer la tête avec un sourire triste :

— C'était mon devoir d'essayer, s'excuse-t-il. Parfois c'est écrit et tous nos efforts ne peuvent rien empêcher. Il faut alors s'incliner et laisser arriver ce qui doit.

1er JUILLET 1994 : ENTRÉE TRIOMPHALE DE YASSER ARAFAT À GAZA.

Les salles d'informatique sont situées dans un bâtiment dont la sécurité est renforcée. À cette époque les ordinateurs commencent tout juste à se démocratiser et à échapper au monopole des ingénieurs systèmes. L'Internet en particulier est encore peu utilisé. Son expansion n'a réellement décollé qu'à partir de 1996, soit deux ans plus tard.

Je suis contente de travailler sur un ordinateur, après à peine un trimestre de service, au lieu de repeindre un mur pour la quatrième fois. Je travaille avec application et finis en deux heures ce qui devait me prendre la journée. Je profite de ce temps libre pour étudier les possibilités de mon PC. Je suis en pleine exploration quand Ouri, un chef d'une cinquantaine d'années, prend une chaise et vient s'asseoir près de moi, intrigué par mes essais.

— Tu aimes l'informatique ? me demande-t-il avec un accent sympathique dans la voix.

— Beaucoup. J'ai l'impression de réussir tout ce que je veux avec.

— Vraiment ? Explique-moi.

— Il n'y a pas grand-chose à expliquer. Dès que je veux exécuter une tâche, j'écris un programme sans difficulté. Un peu comme si ma façon de raisonner collait avec la façon dont ces bestioles fonctionnent.

— Parce que tu ne crées que de petites applications simples, dit Ouri en souriant avec condescendance.

— Non, répliqué-je, un peu vexée. J'ai fait pas mal de programmation avancée. Au contraire, plus c'est difficile, plus le défi est intéressant.

Il continue son interrogatoire, apparemment indifférent à mes réponses :

— En quels langages informatiques sais-tu programmer ?

— En Pascal, C++, Fortran, Lisp... Entre nous, ce sont les petits scripts en shell sous Unix qui m'amusent le plus.

— Tu apprends facilement un nouveau langage ?

— Très.

— Comme une langue étrangère, en quelque sorte ?

— Plus facile. Une langue, il faut comprendre la mentalité de ceux qui la parlent pour accéder aux idiomes, à la grammaire. En informatique, la logique de construction est commune et plus claire, le but mieux défini. Il n'y a que quelques concepts à exprimer.

— Tiens, tu fais de la sociologie pour apprendre une langue ? remarque Ouri d'un ton soudain plus intéressé.

— C'est logique, non ?

— Oui, c'est logique. Tu n'aimerais pas te spécialiser en informatique ?

— Ici ? dis-je horrifiée. Non ! Ils prennent des gens qu'ils forment et leur font signer un contrat de dix ans !

C'est à son tour d'être vexé :

— Où est le problème ? Tu sortirais plus qualifiée qu'aucun autre. Intéressant, non ?

— Dix ans ! Très peu pour moi, merci. Plus vite je sortirai d'ici, mieux je me porterai.

Ouri se mord les lèvres. Visiblement, il pensait que je tomberais dans le piège grossier de l'amour-propre, ce qui m'amuse. Il semble le lire dans mon regard, une ombre de colère passe sur son visage :

— Assez discuté, je te laisse travailler, dit-il en se levant d'un bond et en quittant la pièce.

Je jubile d'avoir arrosé l'arroseur. Si ce sont ces fines manœuvres qui inquiètent Eldad, il me connaît vraiment mal ! Il est hors de question que je signe un engagement de dix ans où que ce soit.

La semaine se passe sans incident. Je vois venir le jeudi avec plaisir. Le lendemain je repars en week-end [1] de permission.

---

1. En Israël, le calendrier suit la religion juive : le jour de repos, Shabbat, est le samedi et le week-end commence donc le vendredi.

Dix minutes avant la délivrance, Ouri entre dans la pièce. Voilà un gâcheur de Shabbat s'il en est. Il vient directement vers moi, tire une chaise et s'assied à mes côtés :

— Si tu es aussi forte en informatique que tu le dis, tu vas m'aider, m'annonce-t-il. J'ai besoin de toi pour retrouver un fichier que j'ai perdu.

Je flaire le piège :

— Je n'ai pas le droit de faire autre chose que ce qu'on m'a dit de faire, commençai-je prudemment.

— La belle réponse ! fait-il sur le point de se mettre en colère. Je te dis de m'aider. Il me semble que je pèse plus lourd qu'un lieutenant de quelques semaines, non ?

— Si tu me donnes un ordre, OK.

— C'est mieux, approuve Ouri d'un ton satisfait. J'utilise une machine qui s'appelle [L]. Tu dois la voir sur le réseau. J'ai juste besoin que tu me fasses un petit script pour récupérer ce fichier, tu en auras pour une seconde. Je ne me souviens plus de son nom, mais voilà une partie du contenu, cela devrait te suffire, n'est-ce pas ? Bon, je te laisse, je reviens tout à l'heure.

Il repart dans un cortège de feuilles volantes qui avaient le malheur de traîner sur ma table.

Rageant contre ces « patrons » qui ont le chic pour filer un travail urgent trois minutes avant la fin de la journée, je me mets à chercher sa machine sur le réseau. Elle est introuvable. Je m'apprête donc à partir avec les autres quand un capitaine entre, balaie la pièce du regard et se dirige vers moi :

— C'est toi qui cherches le fichier ? me demande-t-il. Tu l'as trouvé ?

— Non, car...

— Comment, « non » ? Que fiches-tu là au lieu de le chercher ? C'est terriblement important !

— Si c'est important, pourquoi ne le demande-t-il pas aux responsables informaticiens ? C'est leur job !

— Ils sont occupés. Tu n'as pas à discuter. Trouve-le et c'est tout.

— Je ne peux pas ! Sa machine n'existe pas sur le réseau.

— Pas sur ce réseau, idiote ! Sur le réseau L.

— Je ne peux pas y accéder, il est sécurisé. Je n'ai aucune autorisation...

— Ne commence pas à empoisonner tout le monde avec des autorisations. Il te demande de trouver son fichier, alors tu le trouves et c'est tout !

— *Tov*[1], qu'il me donne le mot de passe au moins.

— Il ne te l'a pas donné ?

— Non.

— Je vais le chercher.

Les bureaux se vident, le soir tombe, j'enrage. Cette histoire ne me plaît pas. J'ai envie de les planter là et d'aller voir mon commandant. Si je dois effectuer une recherche, je préfère que ce soit sur son ordre direct. Je me lève et je sors. Pas de chance, dans le couloir je croise le capitaine de retour.

— Tu t'en vas ? Tu veux nous planter, ma parole ! Attends que j'en parle à ton commandant, menace-t-il.

— Justement, fais-le ! Je préfère qu'il soit au courant.

— Toi, tu viens de France pour être aussi procédurière. Il leur faut toujours des papiers pour tout, là-bas. Nous avons vu le résultat...

Deux minutes plus tard, Ouri fait irruption dans la pièce, avec sandwiches, beignets, sodas et un sourire magnifique.

— C'est sympathique de ta part de m'aider, dit-il en me tendant un beignet. Tiens, tu en auras peut-être pour longtemps et je veux que tes neurones fonctionnent.

— *Todah*[2], remerciai-je un peu sèchement. Quel est le mot de passe ?

_____

1. « Bon. »
2. « Merci. »

— Ma date de naissance...

Je fais une tentative. Le réseau refuse l'authentification.

— Tu es sûr que tu as le droit de te connecter sur ce réseau ?

Je deviens soupçonneuse. Qui me le prouve ?

— Voilà, dit Ouri en me collant ses papiers sous le nez, c'est suffisant ? Cet idiot d'administrateur réseau a dû encore changer mon mot de passe.

— Dans ce cas, appelle-le.

— Il est en permission.

— Il est sûrement remplacé. Sinon, il doit y avoir un moyen de le joindre.

— Trop long. Peux-tu essayer de te débrouiller sans ?

— Moins long d'essayer de le joindre que de s'en passer ! Je veux l'accord de mes supérieurs. Elle ne me plaît pas ton histoire.

— Continue de me parler sur ce ton et tu peux dire adieu à ta permission ! aboie Ouri, furieux.

Se tournant vers le capitaine, il ajoute :

— Va chercher son commandant.

Nous attendons en silence dans une atmosphère irrespirable. Après quelques minutes pénibles, le capitaine revient d'un pas alerte suivi par mon commandant, quelque peu ahuri. Dès qu'il entre, Ouri se lève, se plante devant lui et d'un ton sec :

— Peux-tu confirmer à cette tête de mule que, quand je lui demande quelque chose, elle doit s'exécuter ?

— Bien sûr, c'est évident, s'empresse d'approuver mon commandant, plutôt inquiet.

— Merci, au revoir !

Ouri, agacé, le congédie d'un simple geste de la main puis se tourne vers moi :

— Essaie d'entrer sur ma machine sans le mot de passe, récupère ce fichier. Je reste avec toi, ainsi tu es couverte. Personne ne te demandera ce que tu fais si tard dans les bureaux.

Après tout, s'il reste avec moi, qu'est-ce que je risque ? Je commence à tenter de pénétrer sur le réseau. Pas évident. J'explique mes manœuvres à Ouri.

— Il y a deux sécurités, réseau et machine. Ce mot de passe est peut-être celui de ta machine, sûrement pas celui du réseau. Il me faudrait au moins le premier mot de passe, sinon j'en ai pour des mois !

— Nous n'avons pas des mois, quelques heures tout au plus. Il me faut ce fichier pour demain matin. Débrouille-toi.

— Il y a bien quelqu'un d'autre qui se connecte sur ce réseau et qui peut te donner le mot de passe ! Ne pourrions-nous pas travailler sur une machine déjà connectée ?

— Non, j'ai mes raisons. Je ne tiens pas à ce que tout le monde sache sur quoi je travaille en ce moment. Toi, je te fais confiance parce que, justement, tu ne fais pas partie de ce milieu. Maintenant, vas-y. Tu vas bien trouver une idée !

J'ai surtout envie d'échouer, de lui dire « non je ne sais pas faire, inutile de tenter l'expérience », de fuir d'une manière ou d'une autre. Tant pis pour la permission. Dans mon crâne, les signaux d'alerte se sont allumés. Je ne suis que méfiance.

Le visage d'Ouri se détend, ses yeux s'adoucissent. Il se fait plus insistant, me parle soudain avec une grande douceur :

— Je te demande juste d'essayer de me dépanner, rien d'autre. Simplement, tu es la seule dégourdie à qui je puisse le demander.

Il rapproche son siège de moi, un grand sourire éclaire son visage. Il me tend le beignet que j'avais posé sur la table, en prend un autre dans lequel il mord à pleines dents, me lance un clin d'œil et me donne une tape joviale sur l'épaule. Il fixe ensuite l'écran d'un regard concentré comme si la réponse allait en sortir instantanément.

— À ton avis, que pouvons-nous faire ?

Le charme opère. D'ailleurs, suis-je en situation d'entrer en conflit avec lui ? En outre, le problème posé pique ma curiosité. Je me prends au jeu. Il doit en effet y avoir une faille, tout système en a une.

— Nous pourrions générer des mots de passe, suggéré-je, mais cela prendrait du temps...

— Nous n'en avons pas. Essaie quelque chose qui ne soit pas visible. Je n'ai pas envie que tu déclenches une alerte de sécurité.

— C'est vraiment légal ?

— Je te couvre, voyons, mais évitons de faire un esclandre.

Je fais taire la petite voix qui insiste et me conseille de fuir à toutes jambes. Je chasse l'ombre d'Eldad au bord de la rivière. J'écarte le plus simple bon sens. Je commence à travailler. Ouri ne perd rien de la scène, très intéressé, bien que techniquement largué.

— Que fais-tu ? interroge-t-il régulièrement. Raconte-moi.

— Je regarde les réponses renvoyées par le système et je cherche à comprendre comment il a été conçu.

— Sa psycho-sociologie en quelque sorte ? Comme la grammaire des langues étrangères ?

— Oui, j'essaie d'analyser sa grammaire.

— Et alors ?

— Alors laisse-moi observer.

— Longtemps ?

— Au moins une bonne heure.

— OK, je reste avec toi. Raconte-moi au fur et à mesure.

L'anxiété me saisit de nouveau :

— Comment puis-je être sûre que ce n'est pas un piège ou un test idiot ?

— En remettant ton ego à sa place. J'ai autre chose à faire, un jeudi soir, qu'à tester une recrue de quelques mois complètement parano.

Cet argument me convainc.

Quatre heures plus tard, je tiens un début de solution. Ouri ne me lâche pas une minute. Patient, il m'observe en train d'analyser, me stresse de temps en temps, comme s'il cherchait à me déconcentrer ou comme s'il voulait voir si je peux travailler sous pression. Je ne prête guère attention à son manège.

Subitement, j'ai une idée. Il a dû voir une expression différente éclairer mon visage, car il se penche plus attentivement vers l'écran :

— Tu as trouvé ?

— Peut-être. Inutile d'essayer d'entrer par la porte. Je pense qu'une solution consiste à descendre à un niveau plus basique de la chaîne.

— Comment ?

— Regarde, j'arrive à avoir accès aux débits d'échanges de données. Nous avons les comptes des machines de notre réseau ici... et ceux du L sont là... Tu vois ces chiffres ? Ils indiquent les volumes de données échangées entre les deux systèmes.

— Et alors ?

— La faille est là. Si le réseau n'échangeait pas de données avec l'extérieur, nous serions cuits. Mais là, il suffit de se positionner sur la ligne, d'observer et de court-circuiter les paquets de données qui entrent et sortent. Dans le lot, il y aura forcément un mot de passe qui me permettra de me connecter sur le réseau.

— C'est aussi simple ?

— En théorie, oui. En pratique, c'est autre chose.

— Tu as déjà réussi des intrusions de ce genre ?

— Oui, à la fac, deux ou trois fois, mais c'était plus facile. Nous n'avions pas besoin de nous dissimuler. Ici, ils risquent de détecter une variation de débit de bande passante si je reste sur la ligne et de déclencher l'alerte. Je vais devoir ruser. Court-circuiter sans qu'ils le remarquent.

— Tu penses pouvoir le faire ?

44

— Honnêtement... oui.

— Alors vas-y, essaie.

J'essaie et je n'arrive à rien. Au bout d'une heure et demie, je m'apprête à renoncer, oscillant entre soulagement et frustration, quand soudain j'intercepte un message d'erreur d'authentification. Puis un second. Suivi d'un signal de connexion réussie. Je triomphe.

— Regarde !

Le contenu réseau s'affiche. L'accès est réussi. Le visage d'Ouri devient grave, ses yeux reflètent un franc étonnement, mêlé d'incrédulité. Sa voix change, descend d'une octave.

— Incroyable ! Comment as-tu fait ?

— Très simple. Quelqu'un a essayé plusieurs fois de se loguer, sans fournir un identifiant ni un mot de passe correct. L'administrateur du réseau lui a renvoyé chaque fois un message d'erreur que je peux lire. La faille c'est qu'il a aussi renvoyé le mot de passe exact avec un message de félicitations quand il a enfin réussi à se loguer... alors que si on entre le bon mot de passe du premier coup, ce message n'apparaît pas. C'est un bug assez idiot de la part de l'administrateur réseau, je dois dire.

Le regard d'Ouri s'assombrit, mais je le remarque à peine tant je suis enthousiaste.

— Voilà ta machine... Attends, j'essaie ta date de naissance... C'est OK. Mais c'est un mauvais choix de mot de passe, change-le à l'occasion.

— Tu trouves mon fichier ?

— Nous allons voir. Je lance un *grep* [1] tout simple... Oui, il y en a deux... Un original d'aujourd'hui et une sauvegarde qui date d'hier. Tiens, regarde, est-ce celui-là ?

— Oui, c'est bien ce fichier. Bon, il faut les prévenir de cor-

---

1. Commande de recherche sous Unix.

45

riger cette faille de sécurité quand même. Écris-moi ce que tu viens de me dire et imprime tout.

Je rapatrie le fichier, rédige un rapport de quelques lignes et lance l'impression. Ouri me demande de l'attendre et sort à l'autre bout du couloir chercher les textes dans la pièce où sont regroupées les imprimantes. Je me renverse sur ma chaise et j'ouvre la dernière bouteille de Coca pour fêter ma « victoire ». Il est plus de trois heures du matin mais je me sens fraîche comme une rose, revigorée par mon succès.

Un bruit de pas. Deux membres de la police militaire entrent dans la pièce. Pendant que je les accompagne en protestant, Ouri nous suit, le nez dans mon rapport. Il ne se manifeste pas quand je lui demande d'intervenir. Nous sortons du bâtiment, nos routes se séparent. Je le regarde s'éloigner lentement, les yeux toujours rivés sur mon compte rendu.

Maintenant, je comprends pourquoi Eldad s'inquiétait pour moi.

D'un côté, la situation m'exaspère. De l'autre, elle me rassure. Si tout était planifié de longue date, je ne peux pas trop m'en vouloir d'être tombée dans le panneau. Surtout en ayant tout fait pour l'éviter. Tout, sauf de désobéir ouvertement, ce qui de toute façon aurait entraîné d'autres problèmes et n'aurait fait que repousser l'échéance.

Je passe donc ma permission en prison avec un motif pouvant entraîner des condamnations lourdes. Au mieux, ils ne retiendront qu'un piratage informatique sans conséquence, au pire ce sera carrément une accusation d'espionnage militaire. Dans les deux cas, je peux me préparer à dépasser ma durée de tolérance de ce genre d'endroits clos qui est de quelques heures au maximum.

Je repense à Eldad et à ce qu'il pouvait bien savoir de tout cela à l'avance. Je reste confiante : me laisser moisir ici n'est dans l'intérêt de personne. Je ne représente aucune menace pouvant justifier une mise en quarantaine. Il ne me reste qu'à attendre la proposition d'accord qui devrait tout expliquer.

Le temps n'en est pas moins long. Je cherche le sommeil sans succès. Je n'arrive à me reposer que par tranches de quelques minutes, une heure entière parfois, guère plus. Je suis loin de me douter que cette façon de dormir va devenir mienne pendant des années. Ma vie vient de prendre un bien curieux tournant.

Deux jours plus tard, je suis convoquée dans une petite pièce sans fenêtre mais confortablement meublée. Trois personnes sont attablées devant un copieux petit déjeuner. Une place semble m'être réservée. Ouri aussi est là, bien sûr. J'évite de le regarder, de peur de ne pouvoir me contenir. Inutile de se fâcher, ma décision est prise : je vais accepter leur offre. Tout et n'importe quoi pour mettre un terme à une captivité que je ne supporte pas.

Le plus âgé m'accueille avec chaleur, m'invite à me mettre à l'aise et à partager leur repas. Ce que je fais sans manières. Je prends l'offensive :

— Alors ? Qu'est-ce que c'est ?

— Quoi donc ? fait-il surpris.

— Ce que vous voulez me proposer pour sortir de là. La raison de ce guêpier lourd et peu subtil ?

— Comment, un guêpier ? questionne-t-il l'air innocent.

— Ne perdons pas notre temps. De toute façon j'accepte et vous le savez déjà. Comme vous devez déjà savoir que je suis claustrophobe.

— Tu n'es pas claustrophobe, simplement tu as un grand goût de la liberté. C'est une qualité très intéressante.

— C'est-à-dire ?

— Ce goût, ce besoin devrais-je dire, additionné à ton

intelligence, te donne une capacité de trouver les moyens de sauver cette liberté. Il faut juste t'apprendre à ne pas dériver vers l'anarchie. Tu comprendras plus tard. Nous te proposons un contrat de huit ans, nous oublions momentanément toute cette histoire et tu travailles avec nous.

— Huit ans, c'est inhabituel, mais j'ai entendu dire que tu n'aimes pas les contrats de dix ans, ironise Ouri.

— Je n'aime pas le « momentanément » de « on oublie momentanément cette histoire ». Remplacez-le par « définitivement » et je signe.

— Tu n'es pas en mesure de dicter de conditions. Si tu ne veux pas, rien ne t'y oblige.

— OK, nous en restons là. C'est sûrement mieux pour moi. Je vais bien finir par m'habituer. Salut !

Sur ces mots je me lève. Ils n'insistent pas, plutôt amusés, et appellent pour qu'on me ramène en cellule. J'en suis furieuse. Ah ! ils parient sur ma faiblesse ? Eh bien ! ils vont voir. Je suis gonflée à bloc. Je suppose qu'après une période d'adaptation, je m'habituerai. C'est comme les régimes, passé les trois premiers jours, la suite s'effectue sans effort. Oui, sûrement je m'habituerai...

En fait, je me sens devenir dingue de minute en minute. La cellule n'a pas de fenêtre, je n'ai aucun repère du temps qui passe. J'essaie de me chanter des chansons. Une chanson fait environ trois minutes, donc trois ou quatre chansons représentent dix minutes... Je compte puis j'en ai assez, je m'endors. Je me réveille encore plus exaspérée. Pourquoi s'habituer à être cassée quand je pourrais sortir dès aujourd'hui ? Il sera plus facile de prendre la poudre d'escampette une fois dehors qu'enterrée entre ces murs comme une idiote. Qu'est-ce que ce contrat ? Un bout de papier valable (et encore, le serait-il vraiment ?) dans le cadre restreint de ce pays et sans effet dans le reste du monde ? C'est quand même vaste, le reste du monde !

Au diable ton amour-propre, ma fille, rappelle ces loulous, signe leur papier et sors de là !

Je commence à marteler la porte de coups de pied. Cette sensation qui m'envahit, est-ce de l'espoir ou l'amorce du désespoir ? Non, c'est bien de l'espoir, encore.

Les hommes sont toujours là. Ils n'ont pas fini leur petit déjeuner. Je les contemple, ahurie. Il est impossible qu'une journée entière se soit écoulée ! J'aurais dormi vingt heures en pensant que ce n'était que quelques minutes ? L'un d'entre eux se met à rire et me tend une montre :

— Tiens, cadeau. C'est pour toi, en souvenir.

Je la regarde. Une demi-heure est passée depuis notre entretien. J'enrage de ma propre faiblesse. Heureusement, l'idée de ma ruse, que je crois subtile, me réconforte. Réconfort vite chassé par un grand éclat de rire d'Ouri :

— Ne sois pas vexée, me console-t-il, ton choix est bien meilleur et plus intelligent. C'est évident que dans ce genre de situation, faire semblant de céder et frapper ensuite au bon moment donne de meilleurs résultats qu'une épreuve de force stérile. Mais dans ce cas seulement. Dans d'autres situations, ce ne sera pas la même chose. Nous t'apprendrons comment tenir le coup plus d'une demi-heure, ne t'inquiète pas !

Je range mon amour-propre au placard et m'installe pour manger un peu. C'est trop appétissant. Ensuite, je signe tous les papiers qu'ils me tendent sans même chercher à les lire. À quoi bon de toute façon. Au moment de partir, Ouri me demande si j'ai des questions. Oh oui, j'en ai !

— Pose-moi seulement celles qui portent sur le présent, rectifie-t-il. Pour l'avenir, tu verras en temps et en heure.

Voilà qui coupe net ma première question. Qu'importe, j'en ai d'autres qui me brûlent les lèvres :

— Ce tour, vous l'avez joué à d'autres avant moi j'imagine ?

— Oui, mais pas souvent.

49

— Pourquoi ?

— Suffisamment de volontaires se présentent aux sessions de recrutement. En général, quand nous leur proposons un contrat, ils acceptent avec empressement. C'est une très bonne situation, tu sais, et très enviée, pour peu qu'on ait suffisamment de patriotisme pour l'accepter.

— Je suis patriote ! Je te rappelle que je suis venue volontairement ici par patriotisme.

— Je sais.

Je continue mes questions :

— Les autres à qui vous avez fait ce tour... il y avait des femmes ?

— Non.

— Les autres types alors.. le dernier... il a tenu combien de temps ?

Nouvel éclat de rire général. Une fois de plus, je suis vexée d'avoir montré ma susceptibilité.

— Ne t'inquiète pas, tu as un bon score ! Primo, tu es arrivée en nous annonçant la couleur alors qu'eux ne se doutaient de rien avant qu'on leur explique longuement. Secundo, ce petit coup de gueule, vous êtes peu nombreux à le pousser. C'est l'apanage d'un *black sheep*[1]. Avoir du caractère c'est bien, s'enferrer dans une situation sans issue, c'est idiot. Plus vite tu cèdes, plus vite tu as compris. « Tenir » dans ce cas n'est pas une preuve d'intelligence. Un *black sheep* pour nous est une perle rare. Mais un *black sheep* idiot ne sert à rien. Celui-là, nous le laissons en prison quelque temps, « juste » un ou deux ans, de manière que, s'il raconte son histoire en sortant, ce soit du réchauffé.

M'ayant ainsi rassurée, Ouri se campe face à moi, me regarde droit dans les yeux et mâche ses mots avec insistance :

---

1. Mouton noir. Au figuré : Tête brûlée.

— Tu n'avais donc pas intérêt à « tenir » comme tu dis. D'ailleurs je te le dis tout de suite, tu n'auras jamais intérêt à te lancer dans une épreuve de force contre nous. Tu marches avec nous maintenant, et tout ira bien pour toi. Quitte cette ligne et tu auras les pires problèmes. Pigé ?

En voilà des menaces ! Je hoche la tête, il sourit et me donne une amicale bourrade sur l'épaule. Une fois de plus je ravale mon amour-propre. Pour l'instant, c'est lui qui a les cartes en main, mais attends un peu mon coco que la donne change et je ferai comme je l'entends. J'en aurai pour un mois, un an ou dix ans, mais j'y arriverai !

Deux heures plus tard, je suis extraite de la prison et accompagnée dans un hôpital. On m'affecte une chambre individuelle. Elle n'est pas plus grande que mon précédent logement mais au moins je peux laisser la porte ouverte.

Pendant trois jours, des examens de toutes sortes se succèdent : physiques, psychologiques, psychomoteurs et autres termes de racine similaire. Au début, j'ai le souci de me présenter au meilleur de ma forme, mais rapidement je laisse tomber et je me plie aux tests les plus extravagants sans chercher à obtenir un résultat. Le dernier jour, un homme se présente. Il se nomme Dov et sera mon entraîneur. Je ne sais toujours pas à quoi je suis censée m'entraîner, mais j'apprécie de voir quelqu'un qui ne porte pas de blouse blanche.

Tous ces tests me montent à la tête, je commence à me sentir « quelqu'un ». Finalement, je suis plutôt fière de ce qui m'arrive. Un sentiment qui ne dure guère car, sans même s'en rendre compte, Dov envoie promener ces idées d'une phrase lapidaire. Alors que nous parlons du rapport favorable des services psychiatriques — « Au moins j'ai l'assurance d'avoir une bonne santé mentale ! » dis-je avec une certaine satisfaction —, il réplique :

— Pas tout à fait. Il serait plus exact de dire que tes pathologies conviennent pour l'activité que tu vas exercer.

Cette phrase me trouble : peut-on exercer ce métier en souffrant d'une pathologie ? Il me semble qu'il est réservé à une élite, à des êtres d'exception, dotés d'un psychisme d'acier. Je fais part de ce raisonnement à Dov, qui l'accueille sans sourire par un simple haussement d'épaules à la manière d'Eldad.

— Penses-tu que quelqu'un d'équilibré ferait ce travail ? Il prendra un boulot peinard, une petite famille et roulez carrosse !

Terrible révélation ! Je suis consternée. À partir de ce moment je cesse de penser à ce métier comme au nec plus ultra. Il ne peut être un accomplissement : c'est la conséquence d'une maladie, d'une « pathologie ». Qui dit pathologie dit traitement. Guérir signifie quitter ce métier à terme.

Ce jour a marqué le début de mon entrée en conflit avec le système, et donc de la souffrance.

Quel curieux tour la vie m'a joué : apte à ce métier au moment des examens, je suis devenue inapte après lecture de leurs résultats positifs.

Sitôt « admise », je commence une période de formation... et de déformation. Les semaines qui suivent mon enrôlement sont consacrées à changer ce que je suis en quelque chose d'autre, de plus rentable, pardon, de plus *fiable* pour reprendre leur vocabulaire. En revanche, ils entretiennent certains côtés « sauvages » de mon caractère qui, selon eux, peuvent se révéler utiles. Je me retrouve donc dans des situations où tout me pousse à claquer la porte et où ils vont jusqu'à me placer la poignée dans la main. Puis, j'essuie de sévères engueulades pour avoir grommelé ou soupiré au milieu d'un cours ou n'avoir pas couru avec un enthousiasme débordant pendant deux heures.

Je n'ai pas encore digéré les conditions de mon arrivée, je freine chaque fois que je peux. Dans ces conditions, les heurts avec Dov sont quotidiens. Son attitude envers moi est un mélange savamment dosé de patiente compréhension et de ce quelque chose d'impitoyable qu'ont la plupart des entraîneurs. Sauf qu'en principe ils l'appliquent pour le bien de leurs poulains, tandis que là, ce n'est pas franchement le cas. Ni les motivations psychologiques ni les ordres n'arrivent à me faire avancer. Ils semblent même produire l'effet inverse. Rapidement, c'est l'affrontement ouvert. Dov augmente la pression, j'augmente la résistance. Il accentue l'autorité, j'accentue la désobéissance caractérisée. L'épreuve de force dure plus d'un mois. Je ne compte plus les nuits aux arrêts, les footings et les séries de pompes supplémentaires effectuées avec un maximum de triche.

Dov est intelligent. Au fur et à mesure qu'il me connaît mieux, il comprend que mon attitude est davantage due à une fierté mal placée qu'à une réelle mauvaise volonté. Il résout le problème en me traitant avec plus d'estime, au lieu de constamment chercher à me casser par des brimades supplémentaires. La méthode paie. Je ne suis pas dupe mais je sais aussi que je ne tiendrai pas le rythme très longtemps et qu'il vaut mieux saisir la perche tendue. Constatant le succès de son idée, il me protège des agressions des autres « p'tits chefs », créant un semblant de relation amicale entre nous tout en augmentant l'entraînement. Résultat : je termine la période de formation en tête de la promotion avec les meilleures notes obtenues depuis quatre ans et le pire dossier de discipline jamais enregistré.

NUIT DU 5 AOÛT ET MATIN DU 6 AOÛT 1994 : NOMBREUX TIRS DE ROQUETTES KATYUSHAS SUR L'OUEST

DE LA GALILÉE ET SUR LA ZONE DE SÉCURITÉ DU SUD-LIBAN. EN ISRAËL, TROIS ENFANTS SONT BLESSÉS LORS DE CES ATTAQUES.

« L'intérêt supérieur de la nation » exige de curieux sacrifices. Le plus difficile est sans doute d'accroître la « sensibilité psychologique » au point le plus extrême, à la frontière de la télépathie. « Tout voir, tout entendre, tout comprendre et deviner le reste. » Remarquer le plus petit détail, un geste esquissé, un regard fugitif, un son à peine émis, un changement de respiration, la plus petite émotion ou manifestation de malaise de l'interlocuteur. Noter les changements d'habitude dans la façon de s'habiller, de parler, de se mouvoir, de garer sa voiture. Cela paraît compliqué au début, mais rapidement nous développons une telle sensibilité que le moindre détail nous saute aux yeux sans que nous ayons d'effort à faire.

Développer une hypersensibilité, mais sans nervosité, sans fragilité, sans faiblesse. Pari impossible s'il en est. Il est aisé de s'entraîner à tirer sur une cible jusqu'à viser de mieux en mieux. Un entraînement physique ne demande que du temps, de l'énergie, et un mental dressé à donner les deux sans faire d'histoire. La sensibilité est un investissement plus important, car elle génère une douleur quasi constante. Rares sont les personnes qui n'irradient que du bonheur et de la force. Être sensible c'est partager beaucoup de souffrance. Le mot même « télépathie » signifie en grec « malade à distance ». À distance, certes. Justement, tout est là : prendre assez de recul pour s'en protéger. On développe ainsi une force particulière, une dureté aussi extrême que la sensibilité.

La plupart des gens « normaux » qualifiés de « durs » le sont par pur égoïsme. Ils n'ont pas conscience de la souffrance de ceux qu'ils côtoient, ils y sont indifférents. C'est autre chose de comprendre la fragilité de l'autre et de refuser le moindre apitoiement voire, pire, de l'utiliser contre lui. Je ne me suis pas rendu compte tout de suite des effets de ces formations. Quelques amis m'ont dit, parfois des années plus tard, « que tu es dure ! » ou « comme tu es devenue dure ! ». Réflexion fugace au hasard d'une conversation. Je n'ai pas pris le temps d'écouter ces voix qui m'avertissaient.

Un matin, Dov m'accueille en me poussant brutalement. Surprise, je vole à travers la pièce et heurte violemment le mur opposé.

— Hé ! qu'est-ce qui t'arrive ?

— Il va falloir t'habituer. Tout ne se passera pas toujours comme dans un rêve. Hors de question que tu perdes tes moyens la première fois qu'on te secoue.

Nouvelle étape dans le processus d'insensibilisation. Rudoiements d'abord par la parole, puis par les gestes, les coups se succèdent en s'intensifiant au cours des semaines jusqu'au passage à tabac pur et simple. Prendre l'« habitude », accueillir avec humour ces « aléas », de façon à ce que ni le corps ni le psychisme ne se sentent trop agressés. Il faut toujours ruser, prendre la vague de biais. Si le mental ne se sent pas attaqué, le corps supporte ce qui n'est plus identifié comme une agression directe. Il suffit de regarder des enfants jouer. Ce qu'un gosse de dix ans fait subir à son frère de six ans est bien supporté, tant qu'une certaine limite de souffrance physique n'est pas franchie. Peu d'adultes en accepteraient la moitié de la part d'un inconnu sans porter plainte pour voie de fait. Un autre exemple est celui des initiations et bizutages. Ce qu'un quidam peut alors accepter est incroyable, à la limite de l'indécence. Mettez-le dans une situation d'otage et faites-lui passer les mêmes épreuves, il ne les supportera plus.

Quatre-vingts pour cent du travail d'entraînement concerne les préparations mentales. Le reste consiste à habituer le corps à différentes sensations douloureuses, pour réguler le cerveau et contrôler le plus possible les lâchers d'endorphines. Expliquer au corps que tout est « normal ». « Normal », ce mot prend de plus en plus d'importance dans ma vie. C'est la clé des problèmes, le premier réflexe à acquérir. Une douleur ? Un malaise ? Une situation qui se complique ? « C'est normal. » Voilà le mental rassuré, qui transmet au corps l'ordre de se détendre et d'accepter la situation. Si c'est normal il n'y a aucun danger, rien à changer, aucune lutte à entreprendre, aucune révolte, aucun conflit. Sans conflit il y a détente et il n'y a plus de souffrance ou, pour être plus exact, moins de souffrance, beaucoup moins. C'est appréciable.

Les entraînements des mois précédents étaient certes durs, mais réalisés avec un corps en forme, bien nourri et bien reposé. À présent, les mêmes exercices sont effectués dans des situations plus « réalistes ». Une chose est de réussir des épreuves physiques en pleine santé, une autre de les aborder avec de violents maux de tête, de dos, une fatigue accumulée de plusieurs nuits sans sommeil, une alimentation réduite.

Les gardes de nuit se succèdent sans temps de récupération. Nos rations alimentaires sont progressivement diminuées. Je prends l'habitude de me contenter de quelques tasses de thé par jour, puis d'une seule, sans pour autant tomber dans les pommes. Je prends conscience de la formidable réserve d'énergie dont le corps dispose. J'apprends l'endurance, à économiser mes forces, à récupérer à la première occasion en dormant cinq minutes par-ci par-là durant la journée. Mon corps évolue. Ces restrictions alimentaires le poussent à augmenter ses réserves. Je ne peux plus prendre deux repas par jour sans grossir de façon impressionnante.

L'entraînement à la résistance physique est fondé sur « tenir un peu plus » : atteindre le seuil de résistance pour le dépasser et lancer d'autres exercices qui constituent, en fait, le véritable travail. Nous appliquons trois méthodes de conditionnement physique et psychologique. « Avant » — préparer le cœur et gérer l'appréhension ; « pendant » — gérer la douleur et limiter la fatigue cardiaque ; et « après » — optimiser la récupération. De nombreux petits exercices tordus nous sont imposés. Il faut du temps pour atteindre ce fameux seuil de résistance. Plus nous nous entraînons, plus nous le repoussons et plus l'objectif paraît s'éloigner.

Supporter les excès de souffrance physique. Travailler les techniques de respiration et de visualisation. Encore et toujours plus de visualisation. Nous avons des schémas « classiques » à suivre, qui consistent toujours à prendre des coups en encaissant et autres amabilités du même genre. Parallèlement, nous subissons de véritables lavages de cerveau pour pouvoir attaquer sans états d'âme, dans d'autres contextes.

Une souffrance ponctuelle reste gérable. Le plus difficile est de supporter les malaises de longue durée. Chacun sait que travailler normalement avec un simple mal de tête tenace n'est pas évident. Migraines, vertiges, troubles de la vision ou de l'ouïe, fortes fièvres, nausées nous sont imposés pour les besoins de l'acquisition d'une certaine endurance. Le but est d'apprivoiser la douleur, d'accepter son corps aussi bien malade qu'en bonne santé, d'en tirer le maximum et de tendre vers une égalité des performances physiques et intellectuelles quel que soit notre état. But théorique bien sûr.

Vient ensuite l'entraînement pour résister à la torture, très spécifique et sous surveillance médicale. La torture, sujet tabou, est largement pratiquée dans les pays arabes. Il m'est souvent arrivé d'entendre des gens affirmer avec une belle assurance être certains que telle ou telle douleur ne suffirait pas à les faire parler. La torture ne se limite pas à une douleur. C'est un processus plus complexe. En premier lieu, elle est psychologique : il s'agit de faire régresser l'individu, lui faire perdre ses moyens, le faire céder à une autre volonté que la sienne, lui ôter tout moyen d'utiliser ses capacités d'analyser, de gérer la situation dans laquelle il se trouve, d'y faire face, de trouver une solution, de supporter stress et frustrations. L'isolement, la perte de ses repères et de la notion du temps en constituent des facteurs. Viennent ensuite les menaces puis la souffrance physique qui, pour être plus « efficace », viendra souvent du sujet lui-même, comme conséquence de positions pénibles, une épreuve de force directe pouvant renforcer sa volonté de résistance et produire l'effet inverse de celui recherché. L'entraînement permet de reconnaître ces différentes phases et de s'y « habituer », de moins paniquer, mais cela ne fait que retarder l'inévitable. Il n'est pas humainement possible de ne pas être « cassé » par ces méthodes. En revanche, il est possible de se taire. Pour cela, il faut accepter. Accepter de voir ses nerfs se dégrader et lâcher, accepter de commencer à trembler et à pleurer comme un gosse, d'avoir peur, d'avoir mal, de devenir une loque minable, humiliée, souillée et rampante. Accepter de souffrir. Accepter de mourir.

Je réussis mes « examens » de résistance à la torture avec plus de « facilité » que mes collègues masculins, probablement parce que je suis moins fière et que je souffre moins qu'eux de voir mon image dégradée. Nous passons la nuit suivante en observation dans une chambre d'hôpital. Effet de la fatigue associée à l'éclairage au néon, le miroir me renvoie une image de mort-vivant qui m'effraie. J'ai froid, je n'arrête pas de trembler, mes yeux pleurent constamment. Dov passe me voir, me félicite, m'enroule dans deux couvertures qui ne me réchauffent pas, me frictionne énergiquement. Un infirmier m'apporte un calmant. Je m'endors en surveillant du coin de l'œil Dov qui reste assis en face de moi avec un air préoccupé, sa main massant mon épaule.

Pour nous détendre, des exercices de terrain, de nuit comme de jour, consistent à progresser dans des foules ou parmi les pierres et les buissons d'épines qui arrachent un blue-jean comme une fleur. Tout cela à partir de repérages sur de fausses cartes ou de mauvaises photos. Nous nous régalons, surtout quand il fait nuit noire et que nous manquons de nous briser les chevilles sur ces versants raides que même les chèvres ne fréquentent pas. On croit poser le pied sur une pierre mais le buisson épineux cachait un trou, les pierres se dérobent. Nous nous retrouvons dans des situations où il est impossible d'avancer ou de reculer. Les entraîneurs sont en embuscade et titillent nos nerfs. Des bestioles non identifiées font un raffut pas possible dans ces forêts soi-disant silencieuses.

Humour, expulsion de la douleur par le souffle, récupération, relaxation, les séances commencent dès le réveil à 5 heures et terminent la journée. Elles sont complétées par des entraînements variés : tir, conduite, électronique, cours de langue et de géopolitique... parfois des exercices de mur ou de barre fixe que les hommes adorent. Mais pas trop. Nous ne devons pas être trop musclés. Il ne faut pas « faire commando », cela nuirait à notre anonymat. Le corps aussi, le corps surtout, doit se fondre dans la foule. Or, la foule des pays que nous allons fréquenter n'est pas vraiment constituée d'athlètes.

Entre endurance aux malaises et résistance aux tortures, je suis rapidement convaincue que l'enfer existe : c'est simplement la vie sur terre. Mon corps devient « ce » corps, une cause potentielle de souffrance, un étranger que je regarde avec une certaine distance. Comme si je risquais de trop m'y attacher, qu'il devienne un objet de chantage possible, une menace pour le succès de mon travail, un point faible.

En considérant ma vie même comme une cause potentielle de mort, j'atteins le pire des paradoxes sans même m'en rendre compte.

14 OCTOBRE 1994 : PRIX NOBEL DE LA PAIX POUR YIT-ZHAK RABIN, SHIMON PERES ET YASSER ARAFAT.

19 OCTOBRE 1994 : ATTENTAT SUICIDE À LA BOMBE CONTRE UN BUS Nº 5 RUE DIZENGOFF[1] À TEL-AVIV. VINGT ET UN ISRAÉLIENS ET UN HOLLANDAIS SONT TUÉS.

26 OCTOBRE 1994 : SIGNATURE DU TRAITÉ DE PAIX ISRAÉLO-JORDANIEN DANS LE DÉSERT ENTRE LES DEUX PAYS.

« Israël est un petit pays entouré d'ennemis qui a dû — et doit encore — lutter pour sa survie... » Cette phrase est le début d'un discours classique, destiné à nous responsabiliser sur les devoirs que nous avons vis-à-vis de l'État. La première fois que je l'entends, je suis émue, la seconde fois, je trouve qu'il est juste, la sixième fois il commence à avoir un goût de déjà-vu, et la trente-quatrième fois, j'aimerais entendre autre chose, même si, dans le fond, je sais que cela reste vrai.

---

1. La rue Dizengoff est une artère principale de la ville, très fréquentée pour ses nombreux restaurants et terrasses de café.

Ce refrain reste immuable et sur le terrain les cycles de violence se reproduisent avec une régularité affligeante. Les alliances et les attentats sont créés dans le seul but de détruire davantage. Non, ce ne sont pas là les actes désespérés d'une population opprimée, mais les calculs froids de quelques dictateurs en mal de puissance qui utilisent la détresse de ces gens pour parvenir à leurs fins. C'est grave, c'est triste. Le pire est sans doute le refus des pays occidentaux de prendre conscience de l'ampleur de ce phénomène de manipulation des foules. Calcul politique toujours. Les schémas caricaturaux sont plus pratiques et donnent bonne conscience. Ils sont aussi beaucoup plus simples à manier. La plupart des dirigeants acceptent l'hypothèse que le public est trop idiot pour comprendre une réalité complexe. Puisqu'il fera nécessairement des impasses sur ce qui le concerne le moins, autant les choisir à sa place et lui distiller des schémas prémâchés, qu'il n'aura plus qu'à avaler.

Les mouvements palestiniens comprennent des groupes gauchistes et laïques, des extrémistes islamistes, des branches armées officielles, des unités pour les « petits boulots », d'autres spécialisées dans les luttes internes. J'ai droit à des cours intensifs de langue et de politique arabe pour me donner une idée la plus claire possible des eaux dans lesquelles je vais devoir nager.

Les réseaux d'alliance que chaque groupe tisse sont assez complexes et surtout très changeants. Ils obéissent à une certaine logique qui permet de s'y retrouver quand on connaît les rivalités et ambitions personnelles des principaux belligérants.

Le Front de libération de la Palestine (FLP) a été créé par Ahmad Jibril en 1961. En 1967, il fusionne avec les groupes des Héros du Retour et La Jeunesse de la Vengeance, branche armée du Mouvement nationaliste arabe, pour former le Front populaire de libération de la Palestine, le célèbre FPLP de Georges Habache. Un an plus tard, Ahmad Jibril quitte le FPLP et forme sa propre organisation : le FPLP-Commandement général (FPLP-CG).

Dix ans plus tard, alors que le président syrien Hafez el-Assad mène la guerre à Arafat et à son OLP, ce FPLP-CG va soutenir la Syrie aux côtés des maronites. À ce moment-là, un schisme se crée dans ce groupe, qui conduit au retour sur la scène du FLP.

En fait, ce sont trois sous-groupes qui voient le jour, chacun se prévalant d'être l'authentique FLP. Les deux groupes les plus importants sont ceux menés par Abd al Fatah Ghanim et par Abou Abbas. Le premier prend possession des bureaux de Damas et soutient les organisations rebelles du Fatah et le Front du Refus rangés au côté d'Assad. Quant au second, il rejoint Arafat, agissant avec l'OLP et son Fatah.

Le troisième groupe est dirigé par Ta'alat Yacoub, le secrétaire général du FLP. Il base ses forces au Liban et revendique sa neutralité vis-à-vis des conflits palestiniens internes. Après sa mort en 1989, ses combattants rejoignent le groupe d'Abou Abbas. Ce mouvement, soutenu par la Libye et par l'Irak, devient un satellite du Fatah. Après les accords d'Oslo, Abou Abbas déclare suivre la ligne de l'Autorité palestinienne et renoncer au terrorisme. Il s'installe à Gaza. Son FLP reste basé au Liban et en Tunisie, toujours sans bénéficier d'aucun soutien de la part des Palestiniens des Territoires.

Le Fatah, la branche armée de l'OLP, subit aussi deux scissions importantes et on assiste à la création des Fatah-Commandement révolutionnaire (Fatah-CR) d'Abou Nidal, basés en Irak en 1974, et du Fatah-Commandement provisoire (ou Fatah-Intifada) d'Abou Moussa, basé en Syrie et au Liban en 1983.

Le Fatah-CR d'Abou Nidal mène d'abord des actions

depuis l'Irak contre la Syrie et contre l'OLP et son Fatah. Quand il est expulsé de Bagdad, Abou Nidal trouve refuge en Syrie puis en Libye. Sous la pression des États-Unis — comme quoi les États-Unis peuvent faire pression sur la Syrie quand ils le veulent —, Hafez el-Assad demande que les camps d'entraînement du mouvement soient situés « hors de son territoire direct », c'est-à-dire quittent le sol syrien pour s'installer au Liban. Suit une période « prospère » pendant laquelle le Fatah-CR recrute massivement au sein des camps de réfugiés palestiniens du Sud-Liban et mène les « petits boulots » terroristes servant la guerre d'Assad contre Arafat.

Condamné à mort par le Fatah en raison de sa lutte ouverte contre leur chef, tyrannique et paranoïaque, Abou Nidal reste le seul maître à bord de son parti, y faisant régner une politique de terreur et assassinant allégrement tous ceux qu'il soupçonne de comploter contre lui — plus de cent cinquante meurtres sont ainsi dénombrés. S'ensuit une crise interne à la fin des années 80, puis une tentative de réconciliation avec Arafat et le Fatah, qui échoue. Il se retrouve isolé et réduit son activité terroriste. Le dernier fait « marquant » de son organisation remonte à janvier 1991, quand un de ses membres assassine à Tunis Abou Iyad, premier lieutenant d'Arafat à la tête du Fatah et Abou el Hol, commandant du « secteur occidental » du Fatah. Par la suite, toutes sortes de rumeurs circulent au sujet de la santé d'Abou Nidal, que l'on dit mauvaise, ainsi que sur son lieu de résidence[1]. Reste que son groupe est le mieux financé de tous et possède des bases en Syrie, au Liban, en Libye, au Soudan et au Yémen.

Un autre mouvement est formé par le Front démocratique

---

1. Officiellement, Abou Nidal a été « retrouvé » mort « suicidé » de plusieurs balles en septembre 2002 par la police irakienne « qui venait l'arrêter ».

de libération de la Palestine (FDLP). C'est un groupe marxiste-léniniste, initialement pro-soviétique, né d'une scission avec le FPLP en 1969. Créé et hébergé à Damas, financé par la Syrie et la Libye, le FDLP reste membre du comité exécutif de l'OLP et rejette les scissions du Fatah d'Abou Nidal et d'Abou Moussa. Néanmoins, ses critiques vis-à-vis de la politique d'Arafat allant croissant, le FDLP augmente son soutien aux dissidents extrémistes anti-Arafat et se scinde à son tour en deux mouvements : un groupe pro-Arafat, et un « noyau dur » qui rejette l'OLP. Un cocktail Molotov lancé en 1988 contre la voiture d'Ariel Sharon, alors ministre de l'Industrie, a conduit au démantèlement, par les services israéliens, de plusieurs de ses brigades. Depuis, le FDLP fait beaucoup moins parler de lui, même si, fermement opposé à la déclaration des principes et au processus de paix, il continue de mener sporadiquement des attaques terroristes à la frontière nord d'Israël.

En 1985, à Damas, le FPLP de Georges Habache, le FPLP-CG d'Ahmad Jibril, le FLP tendance Ta'alat Yacoub, le Fatah-Intifada d'Abou Moussa, le Front de lutte populaire palestinienne de Samir Ghoucheh et la Sai'qa d'Issam el-Qadi se regroupent et créent le Front de salut national palestinien dirigé par Khaled el-Fahoum. Son ambition : constituer une force face à l'OLP [1].

Reste Force 17. Créée au début des années 70 par les responsables du Fatah à la suite de l'expulsion d'Arafat de Jordanie, ce groupe s'illustre tant par des actions terroristes menées contre Israël que dans des luttes internes entre Palestiniens.

Ces cours me sont donnés en 1994, alors qu'Arafat déclare renoncer au terrorisme et délaisse son Organisation pour la libération de la Palestine (OLP) ainsi que les groupes terroristes qui

---

1. Le FDLP refuse alors de se joindre à la coalition, entraînant une rupture de l'Alliance démocratique qu'il formait avec le FPLP.

lui sont rattachés pour prendre les fonctions de président de l'Autorité palestinienne. Lors des accords d'Oslo, Israël et l'Autorité palestinienne se sont mis d'accord sur l'établissement d'un service unique de sécurité palestinien. Les accords du Caire de cette année 1994 confirment cette unicité, mais Arafat n'en a cure et crée, cette même année, deux forces supplémentaires hors du contrôle : les Forces spéciales de sécurité (FSS) et Al-Amn Al-Ri'asash (Sécurité présidentielle). Force 17 fusionne avec ce dernier groupe, formant une unité de plus de trois mille membres agissant sous le seul contrôle de Yasser Arafat, chargés de sa sécurité personnelle et du contre-espionnage, c'est-à-dire des arrestations des opposants et des Palestiniens soupçonnés de collaborer avec Israël. Ainsi, bien qu'officiellement le groupe n'existe plus, chaque Palestinien continue d'appeler Al-Amn Al-Ri'asash : Force 17. En 1995, Arafat crée également les Tanzim, une branche armée du Fatah destinée à contrebalancer le pouvoir armé du Hamas et du Jihad islamique. Ils seront placés sous son commandement direct, tout comme Force 17.

Du côté des religieux intégristes, on trouve le Jihad islamique palestinien, fondé en Égypte, au début de la guerre Iran-Irak en 1979-1980, par des étudiants palestiniens dissidents de la Fraternité des étudiants musulmans de Gaza. Les fondateurs : Fathi Shkaki, Abd al-Aziz Odah et Bachir Moussa. Leur mot d'ordre : le jihad pour la libération de la Palestine amènera le jihad pour un seul monde islamique, et non l'inverse. Bien que sunnites, ils ne cachent pas leur admiration pour la révolution shiite iranienne, leur modèle. De tous les groupes qui sont fondés sous cette bannière, celui de Fathi Shkaki est le plus important. Il a des bureaux à Damas bien sûr, mais aussi à Beyrouth, Téhéran et Khartoum. Son activité reste centrée au Liban.

Tous ces mouvements terroristes font et défont des alliances au fur et à mesure de l'évolution de la politique régionale.

Pour moi, il est d'une importance vitale de savoir quel groupe travaille pour les Syriens ou pour Arafat. Car, pendant la guerre du Liban, les groupes hostiles au régime syrien sont du camp d'Arafat. Les Forces libanaises chrétiennes et les correspondants locaux de l'Irak ont ainsi fait alliance avec l'OLP. Hafez el-Assad s'emploie à les démolir méthodiquement. Pour cela, il utilise le groupe Amal qui s'illustre dans la « guerre des camps », au cours de laquelle se situent les épisodes de Sabra et Chatila — encore trop souvent portés, à tort, sur le compte d'un acte de guerre volontaire d'Ariel Sharon — et d'autres massacres non moins célèbres au Sud-Liban tels ceux de Ain-Heloué et de Rashidiyeh. Assad envoie d'autres « exécutants » utiliser le terrorisme pour saboter les relations entre l'OLP et ses protecteurs, que ce soit contre la Grèce lors de la tragédie du paquebot *City of Poros*, ou contre les États-Unis par la destruction du vol 103 de la Pan Am, le DC10 d'UTA, ou même la France lors des attentats à Paris en 1986.

La Syrie soutient aussi les Palestiniens du Front du refus (FPLP-CG, Fatah-CR et Fatah-I), qui livrent une véritable guerre interne à leurs « frères » palestiniens « pro-Arafat ». Ils rejoignent le Hezbollah à la fin des années 80, quand Kadhafi leur retire son soutien financier. Le Hezbollah libanais, shiite, est quant à lui en relation avec le Mouvement d'unification islamique Tawhid libanais du cheikh Saïd Cha'aban, sunnite, qui agissait au nord du Liban. Dans la même gamme on trouve les mouvements islamiques : Jihad Islamique de Palestine d'Ahmed Hassan Mouhanna (sunnite), Al-Daoua d'Irak d'Abou Mohamed (shiite), Sai'qa d'Issam el-Qadi, pour ne citer que les principaux.

Pendant la guerre Iran-Irak, le président syrien Hafez el-Assad a multiplié les discours panarabes tout en soutenant l'Iran contre l'Irak — et prenant donc justement le parti des

Perses contre celui des Arabes. « Diviser pour mieux régner »,
c'est sa devise, une stratégie fine utilisée par la minorité
alaouite dont il est issu. C'est loin d'être un détail. Les
Alaouites-Nusaïri représentent environ treize pour cent de la
population syrienne majoritairement sunnite. Assad doit au
chef de la communauté shiite libanaise de les avoir officiellement intégrés dans les rangs des shiites après son accession
au pouvoir, les sortant ainsi de leur condition de parias. À
l'époque, les deux partis y gagnent en évitant chacun d'être
pris dans une guerre civile.

Les Alaouites sont en effet une « secte » très mal vue, reje-
tée par les musulmans. Pour conserver le pouvoir dans ces
conditions, Assad, en bon dictateur, s'appuie sur une police
secrète efficace, un système de délation généralisé, d'arrestations arbitraires et de tortures. L'argument de la guerre lui
permet de mobiliser son peuple contre un ennemi commun.
Une fois achevé le conflit, il doit trouver un nouveau thème.
Il replace alors Israël sur le devant de la scène en ennemi
principal.

D'autre part, les Syriens, comme les Libanais, souhaitent
ardemment que les Palestiniens retrouvent « leur » Palestine.
En clair, ils voudraient bien que les camps de réfugiés déga-
gent et que leurs occupants aillent mettre le bordel ailleurs.
Tous rêvent en secret des méthodes du roi Hussein lors des
journées sombres de Septembre noir, bien qu'ils sachent
qu'elles ont constitué un cas unique impossible à reproduire.

En prenant conscience de ce réseau d'alliances, on
comprend mieux quelle est la mentalité d'Arafat qui, pour
établir sa nouvelle armée dans les camps de refugiés proches
d'Israël, passe un accord avec Amal et avec les milices chrétiennes. En même temps, il garde de bonnes relations avec
le Hezbollah au nom d'une mésentente commune avec la
Syrie, ce qui lui permet d'avoir ses entrées auprès du Mouve-

ment d'unification islamique Tawhid, libanais et proshiite, qui tient le Nord, et de se réfugier un temps à Tripoli.

Cela n'est rien pour un homme capable, au début de la guerre Iran-Irak, d'annoncer aux Irakiens que « la Palestine se fera par l'union des nationalistes et des progressistes arabes », et aux Iraniens qu'il va, grâce à leur aide, « libérer Jérusalem l'islamique », et cela dans le même mois.

Dans le contexte des méthodes politiques arabes, cette attitude est normale. Faire le contraire, c'est-à-dire être fidèle à un parti et affronter l'autre de front, n'existe pas. Ce serait très mal vu, voire incorrect. Le respect des conventions impose de larges sourires à chacun tout en poignardant dans le dos dès que l'occasion se présente. Bien sûr, ces règles sont valables au niveau des décisionnaires, pas des lieutenants et autres sous-chefs des groupes armés. Ceux-là doivent suivre leur meneur de façon inconditionnelle. À la moindre hésitation, c'est la mort ou la fondation d'un nouveau groupe dissident pour les plus forts d'entre eux.

« La main que tu ne peux briser, baise-la et demande à Allah de la briser », dit le proverbe. Il faut reconnaître que dans la série des faux... jetons, Arafat fait le poids vis-à-vis d'Assad. Tant et si bien qu'en cette fin d'année 1994, à la suite des accords d'Oslo et du triple prix Nobel de la paix, nous avons quasiment l'ordre de croire qu'Arafat a soudain complètement changé de caractère, d'opinions, de politique, de méthodes. Haro sur ceux qui n'en sont pas convaincus ou qui émettent des réserves : ils sont qualifiés d'« ennemis de la paix ». Est-ce bien raisonnable, au vu de l'histoire récente ? Sans doute pas. Si grand est le désir de faire la paix en Israël que chacun est prêt à suivre le premier qui lui annonce qu'elle est enfin à portée de main, comme ces gosses qui essaient de se persuader que le smicard barbu du centre commercial est vraiment le Père Noël qui vole de toit en toit sur un traîneau tiré par des rennes.

Après la première journée de dix heures de cours d'« histoire du terrorisme », mon cerveau n'est plus que l'ombre de lui-même. Je n'arrive à suivre aucune explication et regarde l'officier instructeur d'un air hagard, perdue dans ce foutoir inextricable de dizaines de fronts de libération parallèles et antagonistes, peuplés de militants dont je mélange les noms pendant que les longues listes d'attentats et de morts dansent devant mes yeux. L'expert en politique arabe me dévisage avec un sourire amusé.

— C'est normal, me rassure-t-il avec les mots d'usage, tous les nouveaux paniquent au début. Reprenons.

— Maintenant ? demandé-je, atterrée.

— Bien sûr, réplique-t-il, il est hors de question que tu restes avec des idées confuses. Nous continuerons jusqu'à ce que tu aies tout assimilé. Je t'écoute : quel est le nom de guerre d'Arafat ?

— Abou... — je commence une réponse mais je m'interromps. Tous les terroristes se confondent dans ma tête. Impossible de me souvenir de son nom — Abou ... Je ne sais plus quel Abou..., dis-je, découragée et saturée.

— Nous allons procéder autrement. Tu dois changer ta mentalité. Arrête de te considérer comme extérieure à leur système. Tu es palestinienne, entre dans ton personnage. Il faut dédramatiser. Visualise leur structure simplement comme ta propre famille, dans laquelle il y a des patriarches d'un côté, et de l'autre tes frères qui se jalousent et se disputent entre eux. Tu es prête ? Quel est le nom du « Vieux » ?

Je suis ses conseils et cette fois je réponds sans hésiter :

— Abou Amar.

— Tu vois ! s'exclame mon professeur triomphant. Si tu intègres tout de cette façon, tu ne te tromperas jamais.

Il reprend, infatigable, la chronologie des différents groupes du Front du Refus, les islamistes libanais, sunnites ou shiites, politiques syrienne, libyenne, iranienne, irakienne et soviétique... Grâce à ses explications, je comprends la structure complexe des alliances des mouvements terroristes que je vais devoir côtoyer, voire infiltrer.

Le mieux pour moi sera de suivre l'itinéraire « normal » d'un Palestinien de retour : commencer dans les rangs des partis fidèles à Arafat, puis, jouant la fatigue face à « leur immobilisme et leurs belles paroles », rejoindre le Front du Refus, profiter de leurs rapports avec le Hezbollah pour intégrer ce dernier et avoir ainsi les portes ouvertes vers la Syrie et l'Iran. Schéma théorique bien sûr, tout dépendra de ma capacité à construire mon réseau de relations publiques une fois sur le terrain. En attendant, il faut m'imprégner au maximum de leurs systèmes d'alliances jusqu'à arriver à penser comme eux et continuer, en parallèle, ma formation de combattante.

Dov, mon entraîneur de « techniques de terrain », prend la relève. Il n'aime pas les cours de politique :

— Comprendre un terroriste ! Toutes ces histoires conduisent à l'humaniser et à justifier sa conduite, maugrée-t-il d'un ton désapprobateur. C'est mauvais pour votre mentalité.

AUTOMNE 1994 : SUD-LIBAN.

Vient le temps des premières missions de terrain dans une unité de combat. C'est une étape attendue avec une impatience mêlée d'angoisse. Pourtant, je peux à peine parler d'un léger pincement à l'estomac lors de ma première sortie, tant le travail est connu, répété, encadré.

Nous nous entraînons au Sud-Liban. À cet endroit, ce n'est qu'un désert de pierres et d'arbustes courts blanchis par le soleil, identique des deux côtés de la ligne de sécurité. Le mental est focalisé sur la tâche à accomplir et l'attention à ce qui nous entoure, il n'y a plus place ni pour le doute ni pour la peur. Nous commençons par de longues balades auxquelles je prends vite goût. Tout ce qui me permet de quitter l'ambiance de la base pendant une journée est bienvenu. Ayant grandi sans voiture, j'ai l'habitude de marcher, de porter des poids durant plusieurs kilomètres, j'ai un physique costaud, je sais prendre soin de mes pieds, tous ces détails qui font une différence appréciable. Toujours partante, apparemment infatigable, je deviens une partenaire appréciée pour des promenades de plus en plus longues.

Parallèlement, je continue de progresser au tir et dans les autres disciplines de terrain. Ces sorties prennent un tour plus combatif. Je révèle de réelles qualités pour les approches discrètes et je me retrouve à occuper un poste d'éclaireuse. Merveilleuse position en vérité ! À cette époque, je savoure toutes les occasions d'évoluer à l'écart du peloton, dans cette nature sauvage avec un peu de liberté retrouvée, de me faufiler à travers le danger comme jadis entre les vagues.

Plus que des snipers, la principale menace vient des mines. Nous devons suivre la route en évitant tout écart dans les zones incertaines. Il y a déjà bien assez de risque qu'un engin ait échappé à l'équipe de déminage passée le matin même. Par ma fonction, pour gagner du temps et par goût, je prends souvent des « raccourcis ». Ce qui me vaut de multiples blâmes et réprimandes. Comme ils ne me font pas changer d'attitude et que ma méthode est efficace, mes supérieurs finissent par fermer les yeux et me laisser faire, tout en me cherchant un nouveau poste plus en rapport avec mes « dons ».

Ce matin, alors que je suis songeuse devant un plat d'œufs frits en me demandant comment convaincre mon foie de les accepter avec grâce, un camarade vient me trouver, boule-versé :

— Ils viennent de marcher dans un champ de mines. Un de nos propres champs de mines !

Durant mon séjour de quelques mois dans cette base, six camarades ont sauté sur des mines ennemies. Le jeune lieute-nant qui conduisait son groupe ce matin-là a eu de la chance, il n'est pas mort. Nous lui rendons visite à l'hôpital. Il est allongé sur son lit, abruti de souffrance et de calmants. De sa jambe droite pulvérisée, il ne reste qu'un moignon. Sa jambe gauche est brûlée, criblée d'éclats et à demi-arrachée. Les médecins pensent pouvoir la sauver.

— C'est impossible, répète-t-il quand il parvient à parler. Impossible ! Je sais naviguer. Sur la carte, le champ de mines était bien plus loin, j'en étais à plus de huit cents mètres. C'est impossible !

Nous trouvons plus sage de lui mentir pour le calmer :

— Ne t'inquiète pas, ce n'était pas un des nôtres. Ce sont des mines du Hezbollah, mais on ne veut pas affoler la popu-lation en leur disant qu'ils viennent si près de nos lignes, c'est tout.

— Ah, soupire-t-il en se détendant, rassuré.

L'enquête a révélé que les GPS[1] utilisés n'avaient jamais été étalonnés et présentaient une erreur de plus de six cents mètres. Quant à la carte, une rumeur circula selon laquelle elle appartenait à un groupe de fausses cartes semées par les services de contre-espionnage pour tromper nos adversaires. Ce dernier point a toujours été fermement nié par les autori-tés militaires.

————

1. *Global Positioning System* : sorte de boussole électronique reliée par satellite indiquant la position avec des coordonnées géographiques d'une grande précision.

Ma première sortie de nuit a lieu le soir même de ce drame.

J'aime la nuit, j'ai toujours aimé marcher dans l'obscurité ; à mes yeux, elle n'est pas une menace mais ma compagne, mon alliée. Je pars donc très à l'aise. La nuit, je ne sens jamais ni la fatigue ni l'essoufflement. Curieux phénomène pour lequel on ne m'a jamais fourni d'explication valable. Peu importe, j'avance d'un bon pas, ignorant que ce soir-là je vais connaître mon baptême du feu.

Tout commence par un tir, un crépitement sec et court. Je tourne la tête vers ce que je crois être l'origine du son, mais la plaine renvoie l'écho d'une curieuse façon, les bruits sont trompeurs. Une explosion survient assez loin sur ma gauche. Je sens la fin de l'effet de souffle. Une grenade. Tirs de nouveau, plus nourris. Cette fois, je vois les étincelles au loin. Nouvelle grenade. Essayer d'y voir clair entre la nuit, la fumée, les bruits assourdissants..., je sens que mon cerveau cherche à se déconnecter de ce foutoir.

— *Kadima*[1] *!* lance mon commandant.

En avant... je veux bien... mais où est « l'avant » ? Je scrute l'horizon sombre en cherchant à comprendre où je dois aller. Je sursaute, le capitaine vient de surgir près de moi.

— Et alors ? Tu rêves ? Pars avec Amir, essayez de vous approcher le plus possible de leur mitrailleuse, nous vous couvrons.

Ah ! parce qu'en plus c'est une mitrailleuse, cet engin-là ?

— Va !

Oui, j'y vais, ne nous énervons pas... Bien entraîné, mon corps semble avancer seul. Une chance, car je me sens incapable de lui dire quoi faire ni où aller. Je suis émerveillée par ce professionnalisme que je ne contrôle guère, comme si un

---

1. « En avant ! »

autre cerveau avait pris la relève. Ils nous couvrent qu'ils disent..., autrement dit des balles sifflent autour de nous, dans les deux sens. J'ai plus le sentiment d'être une cible que d'être couverte par qui que ce soit. Petit à petit, je m'habitue au bruit et retrouve l'usage de mon cerveau, enfin, de celui que je connais, celui qui n'est pas un automate issu d'un entraînement, celui qui raisonne. Rapidement, j'identifie le bon angle d'approche, me dépêche de l'atteindre et me redresse. Amir tire le premier. Le mitrailleur est touché, ainsi qu'un autre à sa gauche. Les fedayin plient aussitôt bagages et emmènent matériel et blessés.

Encouragée par ce premier succès et avec l'inconscience de ma jeunesse inexpérimentée, je les pourchasse en faisant un détour et en restant le plus possible à couvert. Soudain, le silence se fait. Je n'ose plus bouger, chacun de mes pas résonne terriblement dans le calme retrouvé de la nuit. De nouveau, des coups de feu, cette fois loin derrière moi. Je reconnais les tirs de mon unité, mais pourquoi sont-ils si éloignés ? Ont-ils avancé dans la mauvaise direction ? Ou bien est-ce moi ? Je suis en complète insécurité, je préfère me coucher dans les broussailles que de risquer de me faire repérer en faisant demi-tour. Les tirs continuent de s'éloigner. Aucune réplique adverse ne leur fait écho, ce qui me renforce dans l'idée que je suis plus près de l'ennemi qu'eux. Les minutes passent. Brusquement, à dix mètres, un groupe d'hommes se profile. Aucun doute sur leur identité, d'ailleurs ils ne portent pas de casques. Que faire ? Je suis seule, je ne peux pas les stopper. Rester immobile ? Mais s'ils me repèrent je suis finie. Ce temps de réflexion est trop long, je ne peux déjà plus choisir, ils sont trop près. Je fonds mon énergie dans la terre, aussi inerte qu'une pierre, priant.

Ils passent rapidement à ma hauteur sans sentir ma présence, avancent en diagonale pour couper la retraite de mon groupe et les attaquer par l'arrière. Sitôt qu'ils sont à une distance raisonnable, je me redresse et je fais feu. Beaucoup. Trop. Je vide mon chargeur. J'ai pourtant appris à ne jamais commettre cette erreur. Il faut recharger. Je peste en courant me mettre à l'abri, car leur réplique est immédiate. Mon unité aussi a entendu les tirs et rapplique à ma rescousse. Très subtilement, ils arrosent la scène, et de nouveau ils m'inondent en même temps. Je sens une présence dans la nuit. Je regarde autour de moi. Rien ne bouge. Peut-être mes nerfs commencent-ils à être fatigués. Je finis de recharger. Deux hommes surgissent en hurlant devant moi et ouvrent le feu. Je roule de côté et m'immobilise plusieurs mètres plus loin pour tirer à mon tour. Ils sont à quelques mètres et pourtant mes balles ne les atteignent pas. La seconde suivante, mes camarades m'entourent et terminent mon travail.

Quatre tués dans les rangs de l'ennemi, peu de blessés malgré tous ces échanges. J'apprends ainsi qu'il faut beaucoup de sang-froid pour atteindre une vache dans un couloir.

De retour à la base, abrutis de fatigue et d'odeur de mort, nous rejoignons les douches et les dortoirs sans échanger un mot. Je me lave et me relave pour chasser cette odeur pestilentielle. Je regarde le tas de vêtements posés à la hâte par terre. Mon treillis est taché de sang et d'une espèce de chose visqueuse et jaunâtre que je n'identifie pas. Une odeur atroce s'en dégage. J'ai un haut-le-cœur. Je veux m'en débarrasser. Faute de mieux, je jette mes affaires dans le couloir et ferme la porte. Affaire réglée. En es-tu si sûre ? murmure ma conscience avec cruauté. Est-il suffisant de te laver et de jeter tes vêtements pour effacer la mort qui t'entoure ? Mon corps épuisé s'endort comme une masse, pendant que mon mental n'en finit plus de cauchemarder.

Le lendemain matin, ou plutôt quelques heures plus tard, Dov vient me réveiller et s'assurer que je vais bien. Il ne dit rien au sujet des vêtements dispersés dans le couloir. Mêlant toujours diplomatie et inflexibilité, il me donne quelques minutes pour me préparer et le rejoindre :

— Tu porteras tes vêtements à la laverie plus tard. Maintenant, tu vas t'entraîner un peu.

M'entraîner, me défouler. Chasser une fatigue physique par une autre. Chasser une déprime psychologique par une motivation nouvelle. Conditionner chaque muscle du corps. Déconnecter les fonctions de réflexion, de remords, de doute. Seule doit rester l'action primaire, intransigeante, sans question, sans hésitation. Militaire.

22 JANVIER 1995 : DEUX BOMBES EXPLOSENT À LA JONCTION DE BEIT LID PRÈS DE NETANYA. DIX-NEUF MORTS. ATTENTAT REVENDIQUÉ PAR LE JIHAD ISLAMIQUE.

HIVER 1994-95 : LES TERRITOIRES.

Je reçois une convocation de mon commandant.

— Tu vas partir pour ta première mission d'infiltration, m'explique-t-il quand je me présente dans son bureau. Tu t'envoles demain pour Zurich, là tu reprendras l'avion pour Tel-Aviv. Ton CV est celui d'une Palestinienne née en Jordanie que sa famille quitte pour se réfugier en Syrie, puis au Liban et enfin en Suisse. Tu rentres au pays dans le cadre d'un échange entre familles suisse et palestinienne. Tu passeras ainsi tout le mois de juillet à X (ville palestinienne de Cisjordanie).

Cette nouvelle m'enthousiasme peu. Non que le travail en lui-même soit difficile. En tant que francophone et présentée comme telle, tout problème de langue est écarté. Évidemment, je dois en profiter pour m'entraîner à ne converser qu'en arabe, mais le risque de me trahir est quasi nul. Élevée avec les échos des idées de la gauche française largement pro-palestinienne, je n'ai aucune difficulté à m'insérer dans ce rôle. Quitter base et dortoir m'apparaît aussi comme une bonne chose.

Le problème majeur reste que ce travail de taupe me répugne. À tout prendre, je préfère les promenades au Sud-Liban. Je prends la décision de ne pas forcer ma nature. Puisque je ne peux refuser cette mission, je l'accomplirai, mais rien ne m'oblige à faire du zèle. Je retrouve ainsi ma propre estime, une certaine intégrité. Comme si je pouvais n'être que spectatrice, sans m'investir. Douce utopie.

La maison qui me reçoit est accueillante et propre. Les membres de la famille cherchent à faire bonne impression. J'en profite pour me laisser chouchouter et faire honneur à la délicieuse cuisine de la maîtresse de maison et de ses quatre filles. Les premiers jours s'écoulent dans une excellente ambiance.

Puis vient la fin de la semaine avec son cortège de prières et de grandes discussions politiques. Le ton change. La haine des orateurs est telle que j'en frissonne. Remarquant mon malaise, ils s'expliquent, remontent dans le temps, me font un cours d'histoire « révisée », s'enflamment à nouveau.

— Tu as bien fait de rentrer au pays, ta place est ici.

Voilà au moins un point sur lequel les deux partis sont d'accord, pensé-je en me mordant les lèvres.

— Nous avons besoin de tous pour combattre les sionistes et les chasser de Palestine, continue mon hôte. Nous les détruirons jusqu'au dernier, parce que nous sommes prêts à mourir pour cela, tandis qu'eux n'accepteront plus de mourir pour cette terre. Quand chaque famille israélienne aura perdu des enfants dans un attentat ou à l'armée, ils seront écœurés et ils partiront, c'est inévitable !

Je n'ai plus envie de rire. Je deviens grave. La situation n'a rien d'une comédie ni d'un simple malentendu. Il s'agit d'une haine viscérale capable d'amener ces hommes à faire n'importe quoi. Je sens que les vacances sont finies pour moi, qu'une partie de ma jeunesse insouciante vient également de mourir. Je commence, lentement, à poser de plus amples questions, à essayer de repérer qui parmi l'audience est capable de verser dans le terrorisme. La formation que j'ai reçue trouve naturellement son champ d'application.

Le lendemain ils m'amènent près des barrages israéliens à la sortie du camp. Les fils de la maisonnée vont rejoindre les enfants et les adolescents qui narguent les soldats, leur jettent des pierres, brûlent des pneus pour bloquer les rues. J'observe leur manège à distance avec le reste des « manifestants » qui attendent leur tour d'entrer en scène.

Soudain mon guide regarde sa montre et s'excuse :

— Les journalistes vont bientôt arriver. Je te laisse, il faut que j'aille les positionner.

— Les positionner ? Pourquoi ?

— Nous les avons prévenus. Ils nous font une couverture médiatique ; tu comprends, faute de tanks nous avons l'arme des images. Nous leur donnons ce qu'ils veulent, en contre-partie nous avons la reconnaissance du monde. Il faut que nous leur donnions de bonnes places pour qu'ils fassent de belles photos sans risque. Sinon, ils se mettent n'importe où. Reste ici, tu as une bonne vue. Je reviens dans une demi-heure.

Près de moi un adolescent sautille sur place d'excitation,

levant les bras au ciel. Enfin, un seul bras, l'autre n'est qu'un moignon. Je l'interroge :

— Comment t'es-tu blessé ?

— En lançant des explosifs contre les soldats, répond-il avec fierté. Une charge m'a explosé dans la main.

Je grogne devant ce gâchis stupide :

— Rien à voir avec des pierres ! Qu'est-ce que tu foutais avec des explosifs ?

Il me regarde, étonné :

— C'est ma participation à la lutte... et c'est payé.

Voilà qui est nouveau.

— Payé ? Combien ?

— 5 NIS[1]. Les pierres, c'est pas payé. Les explosifs, c'est mieux.

— Avoir deux bras entiers, c'est encore mieux !

Il secoue la tête :

— Je m'en fous, je continue la lutte jusqu'à la mort. Si Allah veut, je serai un martyr moi aussi. Regarde, les camions des journalistes sont là ! J'y vais !

J'essaie de le retenir.

— Quoi, tu y vas ? Avec ton bras dans cet état ?

— Bien sûr ! Je leur ai dit que c'est une grenade des Israéliens qui me l'a arraché ! Viens, je vais te les présenter, je les connais tous ! Tu leur parleras !

— Non, dis-je en secouant la tête, je ne veux pas être filmée.

— Comme tu veux, lance-t-il, indifférent, avant de partir en courant sans plus se soucier de moi. En chemin il roule la manche de sa chemise pour découvrir son bras mutilé. Il se précipite en première ligne, saisit une pierre et la lance d'un geste large. Les flashs crépitent.

---

1. Environ un euro.

En face d'eux, les soldats savent que lorsque ce cinéma commence, il vaut mieux essayer de calmer le jeu. Ils n'interviendront que si le débordement prend trop d'ampleur. Dans ce cas, il s'agira de décourager les « manifestants » le plus efficacement et le plus rapidement possible. Tant que ce n'est pas nécessaire, ils attendent, répliquant parcimonieusement pour éviter que le front ne gagne du terrain. Ils ne veulent pas faire le jeu de ces reporters qui viennent chercher toujours les mêmes scènes stéréotypées.

— Qu'est-ce qu'ils foutent ? grommelle un des meneurs qui observe l'émeute à mes côtés. On s'endort, les journalistes vont partir.

Il jette un coup d'œil autour de lui, repère un adolescent qui attend, désœuvré.

— Hé, toi ! dit-il en l'apostrophant. Que fais-tu là à traîner au lieu de chauffer le terrain ? Va mettre de l'ambiance ! Bouge, grouille-toi !

Le jeune ne se le fait pas dire deux fois. Enroulant son visage dans un keffieh, il saisit un cocktail Molotov et court le jeter contre les soldats. Cette fois, côté israélien, le seuil de tolérance est franchi. La réplique est immédiate. Les enfants se mettent à l'abri. Une ambulance palestinienne arrive sirène hurlante. Des adultes se précipitent pour soulever un enfant qui est tombé. Ils font de grands gestes vers les soldats pour leur signifier de ne pas tirer, qu'ils récupèrent un blessé. Pendant ce temps, d'autres sortent discrètement les armes dont l'ambulance est remplie. Une fois le véhicule vidé, on y porte l'enfant. Il n'est pas blessé, mais les images ne le disent pas. Les plus âgés prennent la relève des enfants et ouvrent le feu. Un combat plus sérieux commence.

Le superviseur en chef continue de régler sa mise en scène, apostrophe les jeunes qui l'entourent, avides d'action, et les envoie un à un remplir différentes tâches « pour l'ambiance » ou le positionnement des journalistes.

— Toi, va aider cette équipe qui filme, là-bas. Ils sont mal placés, ils ne voient rien. Accompagne-les à l'angle de la seconde rue, tu vois ? En face de l'épicerie... Toi, va leur dire de reprendre des pierres, il faut qu'elles recouvrent la route, il n'y en a pas assez... Où est Samir ? Pas tout de suite les pneus, la fumée les empêcherait de filmer. Va me chercher Samir !

Les tirs sont nourris. Les journalistes courent se mettre à l'abri.

— Ils tirent trop, grogne à nouveau le meneur. Les journalistes ne filment plus. Demande-leur de tirer moins, dit-il à un autre de ses coursiers qui part aussitôt porter l'ordre.

Les tirs diminuent, les Israéliens continuent d'avancer avec l'intention de dégager complètement les rues. Les enfants se précipitent alors pour traîner des pneus en travers de la chaussée et se sauvent. Les incendies sont allumés par d'autres, couverts par des cocktails Molotov. L'avancée des soldats est bloquée. La guerre des pierres reprend, les journalistes reviennent filmer.

— C'est parfait, commente le meneur palestinien avec une mine réjouie.

Voyant que les journalistes commencent à se replier, il fait signe à ses troupes de les imiter. Les Israéliens envoient un camion-citerne éteindre les incendies.

— Ça suffit, nous partons, m'explique-t-il. Ils ont eu ce qu'ils voulaient. Nous avons fait du beau travail cet après-midi, ajoute-t-il avec un sourire satisfait.

Quand nous rentrons j'observe le visage de la mère sans parvenir à savoir si elle est contente ou déçue de retrouver son troupeau au complet.

81

— Tous mes fils veulent être des martyrs, me glisse-t-elle à voix basse avec une fierté visible. Qu'Allah les garde, ils y arriveront sûrement !

J'interroge son plus jeune fils, âgé de treize ans :

— Tu veux être martyr, toi aussi ?

— Bien sûr ! répond-il enthousiaste.

— Pourquoi ? Pourquoi ne pas être combattant tout simplement, plutôt que martyr ? « Un bon guérillero est un guérillero vivant », disait Sancho Pança.

— Je veux être martyr ! répète-t-il. Si Allah le Miséricordieux le veut, ils me tueront. Je n'ai pas peur.

Je le regarde, songeuse. Je repense à cette tirade d'*Hamlet*. Si nous étions tous certains que c'est mieux de l'autre côté, c'est sûr que...

— C'est bien mieux d'être mort que de vivre ici, affirme l'adolescent comme s'il lisait dans mes pensées.

— Les martyrs jouent un rôle essentiel pour la libération de la Palestine, renchérit son aîné. Grâce aux attentats, les Juifs quittent Israël par milliers. Nous sommes en train de récupérer Tel-Aviv, Haïfa et Jaffa !

— Tu le crois sérieusement ?

— Bien sûr ! D'ailleurs, je peux te le prouver, nous avons des statistiques publiées, tu verras.

— C'est... euh... une grande nouvelle, dis-je en prenant un air impressionné.

Consciente de la gravité de la situation, sans même m'en rendre compte je « travaille ». J'ai le sentiment d'agir pour limiter les dégâts, dans le but de sauver des vies stupidement gaspillées. Cela peut sembler bêtement idéaliste. Pourtant, c'est bien ainsi que tout a commencé : une impression très nette d'être au milieu d'une bande d'hommes fanatisés mettant en danger des vies de tous bords, des fous qu'il faut stopper à tout prix pour sauver le plus grand nombre. À tout prix. Je contemple ce gamin de treize ans. Oui, c'est encore un enfant mais il est déjà irrécupérable. Qui pourrait le faire changer d'avis ? Il a choisi sa voie, la seule qui lui permette d'atteindre la gloire sans effort, sans étudier, sans travailler, sans souci. Ce projet lui économise une vie dans la misère. Il a choisi : il mourra jeune et en pleine santé. Il aura sa photo sur les murs de la ville, son nom sera prononcé avec admiration et il n'aura plus jamais faim.

— Ou alors, tu prendras une balle mal placée et tu resteras invalide à vie, à la charge de ta famille, sans métier, sans instruction ni volonté de construire quoi que ce soit par toi-même. Détruire, toujours détruire, seulement détruire !

Sans m'en rendre compte, j'ai prononcé ces phrases à mi-voix. À mes côtés, l'adolescent tressaille et se détourne sans répondre. J'ai pris un risque stupide, c'est la dernière fois que je me hasarde à penser tout haut.

Je sors un instant prendre l'air sur le seuil. Je commence à ressentir la fatigue nerveuse de la journée, le poids de cette excitation démente autour de moi. Je regarde le sol recouvert de vieux cartons, emballages, cannettes de Coca. Je sais que personne ne va se baisser pour les ramasser, qu'ils vont rester là, comme une étiquette de misère que les habitants voudraient absolument coller sur les lieux. En Israël aussi il existe des Juifs très pauvres, qui habitent des baraquements ou de petits appartements d'immeubles insalubres. Je les ai vus vivre dans ces logis minables qu'ils tiennent le plus propre possible, qu'ils essayent de décorer. Ils auraient tout donné pour une petite maison, même simple ; une maison du genre de celle-ci. Ici, il y a ce qu'il faut pour une vie digne, mais il règne un je-ne-sais-quoi d'autodestruction qui s'infiltre à tous les niveaux. Comme si leur vie même n'existait que par sa propre négation. Je me demande s'il y a un remède contre ces formes de suicides qui les gangrènent.

Quoi qu'on en dise, il n'est pire ordure qu'un « dirigeant » palestinien qui exploite la détresse de son propre peuple pour son ambition personnelle et qui ira tapoter affectueusement la joue d'un enfant qui ne mange pas à sa faim tandis que lui-même a plus d'argent sur son compte personnel qu'il ne pourra jamais en dépenser. Surtout quand cet argent était justement destiné à nourrir cet enfant et ses semblables — autre détail souvent omis.

Du point de vue de l'association que j'ai infiltrée, ce séjour aurait dû être une intégration dans le but de comprendre et de partager la vie et les motivations des Palestiniens. Il a produit l'effet contraire. Je reviens de ces « vacances » plus disciplinée que pendant mes classes. J'ai franchi une étape. Cette fois, il ne s'agit plus d'un système contre lequel je peste et freine des quatre fers, mais bien d'un métier dont je comprends l'utilité. Je ne subis plus la formation, j'y participe activement.

Pour l'instant je circule toujours dans les rangs des groupes pro-Arafat. Je finis ma tournée des villes « martyres » par Hébron. Petites collines, désert caillouteux, la cité des Patriarches semble s'étonner elle-même que tant de gens se battent pour elle.

Les silhouettes noires de Juifs orthodoxes se dessinent dans les rues. Une marche a lieu cet après-midi. Les ultra-orthodoxes s'opposent à l'ouverture d'un *kol bo*, un supermarché. Les manifestants commencent à emplir la rue. L'orateur, qui, d'après son accent, est d'origine américaine, harangue la foule dans un hébreu du Shabbat où se glissent de nombreuses tournures archaïques, mais qui a le mérite d'être compréhensible pour tous.

Les Arabes rentrent chez eux. Ils tendent des bâches sur les balcons de leurs immeubles. Ici et là on aperçoit des enfants qui passent la tête sur le côté des lourdes toiles pour regarder le cortège.

Les soldats israéliens, détendus, ouvrent la voie et encadrent la manifestation en ayant l'air de prendre leurs propres coreligionnaires pour des guignols. Un fossé les sépare, eux, jeunes et modernes, de ces caricatures sorties d'un autre âge. Les haut-parleurs diffusent un vacarme assourdissant de chants traditionnels et religieux.

Des barrages sont mis en place le long du chemin emprunté par le défilé. Les Arabes qui s'y présentent avec leurs bicyclettes sont gentiment priés de faire demi-tour ou de revenir plus tard. La plupart ont l'habitude des soldats, qui eux-mêmes sont assez diplomates, et parlent souvent arabe. On n'envoie pas à Hébron n'importe quel excité.

À la fin de l'après-midi, la manifestation se disperse. Les haut-parleurs de la mosquée prennent le relais pour un appel à la prière tonitruant qui a des allures de revanche. Les barrages sont levés. Les Arabes reprennent possession de la rue jusqu'au couvre-feu.

En marge de la manifestation, quelques jeunes Juifs, échauffés par la présence des journalistes, tiennent des discours anti-arabes véhéments. À leur tour, ils essaient de brûler un drapeau palestinien, avec la plus grande peine.

Profitant de mon statut d'« Européenne » qui me permet de me mêler aux deux camps, je m'approche de ce jeune qui s'y reprend à plusieurs fois pour mettre le feu à la toile avec son briquet.

— Le drapeau ne brûle pas aussi bien que quand les Palestiniens brûlent le nôtre..., me dit-il en s'excusant.

— Eux, ils mettent de l'essence. Tu en as ?

— Non... je n'y ai pas pensé, avoue-t-il.

— C'est bien.

— Pourquoi ?

— Parce que c'est bien. Tu n'es pas un terroriste, pas même un apprenti terroriste.

— Et tu trouves ça bien ? questionne-t-il, embarrassé.

— Oui. Laisse ce drapeau et va plutôt faire quelque chose d'utile. Engage-toi dans l'armée ou va prier, comme tu veux, mais dégage. En ce moment, tu perds ton temps et celui de tout le monde.

ÉTÉ 1995 : LIBAN ET HEZBOLLAH.

À mon retour à la base, après six mois passés parmi les Palestiniens, une surprise m'attend.

— Il est temps pour toi de rejoindre le Front du Refus, m'annonce mon commandant. Pour infiltrer leurs rangs, tu vas suivre une de leurs « formations » au métier de terroriste.

Il m'assène la nouvelle avec toute la bonne humeur dont il est capable, signe qu'il s'agit de quelque chose qui va me répugner violemment. En effet, voilà encore une perspective qui me déplaît d'emblée. Moi qui ai eu tant de peine à supporter les classes militaires « standards », je m'imagine mal obéir à des instructeurs arabes, sadiques de surcroît. Je réponds donc à ses propos mielleux par une attitude d'extrême méfiance.

— Voici quelques pièces pour ta culture générale, ajoute Dov en me tendant une chemise pour une fois assez légère. Ce dossier vient d'un Libanais qui a été recruté à l'âge de seize ans et qui s'est entraîné avec les types que tu vas bientôt rejoindre. Il a fait un récit détaillé des méthodes et de l'ambiance. C'est juste pour te donner une idée. Il est probable qu'il en a rajouté, comme toujours. Probable aussi que les choses ont changé depuis...

— Depuis ? Pourquoi depuis ? De combien de temps date ce compte rendu ?

— Quatre ans. Mais tellement de choses changent, même en quatre ans.

— En clair, il y a donc tant de choses qu'il vaudrait mieux voir changer ?

— Parfois ton intelligence est trop fine, note Dov en souriant. Disons que ce n'est pas vraiment le genre d'exercice que tu préfères, mais ce sera court comme séjour, tu ne t'en rendras même pas compte.

— Court ? demandé-je avec espoir. Une semaine ?

— Quand même pas ! Disons un ou deux mois...

— Deux mois !

— Peut-être un seul.

— *Baroukh Hashem*[1] *!* Je ne reste pas deux mois ! Où ce joli stage a-t-il lieu ?

— En Libye, dans quatre mois. À ton prochain voyage, tu vas contacter tes copains et poser ta candidature. Elle devrait être acceptée. Ils te feront peut-être passer un test d'aptitude avant, mais ce serait étonnant, vu le flouze que tu apporteras.

— Dans quatre mois, tu dis ? En août ? Au plus fort de la chaleur ?

— Oui. Il nous faudra bien tout ce temps-là pour te préparer. Surtout psychiquement.

— Je croyais que c'était fini les entraînements en Libye...

— Il faut croire qu'ils ont besoin de rentabiliser leurs infrastructures. Tout dépendra du groupe que tu infiltreras. Lis ce compte rendu, tu verras. Nous en discuterons demain.

Je lis. C'est exactement ce que je craignais. Le récit dresse un portrait accablant de sadisme, de haine et de cruauté, le tout doublé d'un solide lavage de cerveau, pour le bien de la patrie bien sûr. L'entraînement technique proprement dit est plus léger que le nôtre. L'embrigadement mental constitue le

---

1. « Grâce au ciel ! »

but essentiel de ces « stages ». Le lendemain, je me rends à l'entraînement avec la ferme intention de refuser cette mission.

Comme d'habitude, j'en ressors après avoir travaillé une première séance ciblée sur les difficultés que je rencontrerai.

24 JUILLET 1995 : ATTENTAT SUICIDE CONTRE UN BUS À RAMAT GAN. SIX MORTS.

Le Hezbollah, le « parti d'Allah », est un groupe libanais formé de militants shiites rêvant pour Beyrouth d'un gouvernement islamique version Téhéran, diffusant leur propagande à travers un réseau d'écoles, de mosquées et de « services sociaux » pour les Libanais shiites. Ses membres ne se limitent pas à une guerre au nord de la zone de sécurité. Outre les enlèvements et attaques menés contre les Américains dans les années quatre-vingt, le détournement du vol TWA en 1985, leurs attentats ont causé entre autres la mort de vingt-neuf personnes dans l'explosion de l'ambassade israélienne en Argentine en 1992, et quatre-vingt-quinze morts dans une autre attaque à la bombe en plein quartier juif en 1994, toujours à Buenos Aires.

Les militants du Hezbollah reçoivent leurs ordres d'Iran, qui les finance et les fournit en armement. D'autre part, comme la Syrie dirige le Liban, il est indispensable qu'elle donne son accord préalable à toute action. Leurs combats servent les intérêts du président syrien Hafez el-Assad, qui a un besoin impératif d'alimenter le conflit du Moyen-Orient, source de sa propagande, pour se maintenir au pouvoir. Israël est l'ennemi désigné permettant de maintenir l'unité du pays sous son commandement. Toujours le problème de faire oublier le « détail » de la nature alaouite de la « dynastie » Assad.

Les histoires d'amour entre le Hezbollah, les mouvements palestiniens et la Syrie d'Assad sont suffisamment compliquées pour nous offrir quelques opportunités de nous intégrer dans leurs rouages en faisant croire à certains que nous travaillons pour eux et contre les autres. Les véritables occasions sont rares et ces opérations infiniment délicates et dangereuses ; l'infiltration pure et simple d'un groupe de combattants reste néanmoins possible.

C'est ce que je vais être amenée à faire, allant même jusqu'à changer de camp de temps en temps, au gré des informations récoltées et des stratégies de mes p'tits chefs. La méthode est simple : mes commandants réfléchissent, j'agis.

Il règne une atmosphère de suspicion entre le gouvernement d'Assad et les Palestiniens, qui rend difficile le quotidien des réfugiés en Syrie. Le Hamas, en tant qu'adversaire de la paix et d'Arafat, a ses quartiers à Damas. Pour être dans les bonnes grâces du Hezbollah, du Hamas et des factions dissidentes du Fatah, j'ai tout intérêt à me montrer aussi opposée que possible à la politique de l'Autorité palestinienne, ce qui ne m'est pas vraiment difficile, même si, depuis les accords d'Oslo, dépeindre Arafat en ange pur et gracieux guidant le pays vers la paix est soudain très à la mode dans la communauté internationale et jusqu'en Israël.

J'ai conservé ma couverture initiale. Officiellement, je suis une Palestinienne, née en Jordanie de parents nés à Jaffa. Après Septembre noir, mes parents se sont installés, comme tant d'autres, en Syrie puis au Liban. Ensuite ils sont partis en Suisse, où ils ont bien gagné leur vie. J'ai suivi des études supérieures, mais mon seul rêve est évidemment de libérer la Palestine des « sionistes ». Seule héritière de la fortune de mes parents après leur décès, j'ai l'intention d'en faire don aux groupes de combattants. Atteinte d'une maladie aussi rare qu'imaginaire qui m'empêche d'avoir des enfants, je suis « incasable » et ne souhaite qu'égaler mes idoles dans les combats.

Mon premier « retour au pays » m'a fait découvrir la misère des Palestiniens des Territoires. S'ensuit une réaction de rejet de la politique d'Arafat qui me pousse à rejoindre un groupe dissident du Front du Refus. De là au Hezbollah, il n'y a qu'un pas vite franchi, et me voilà avec des entrées en Syrie et en Iran.

Pour le moment je me promène donc à travers le Liban, « cherchant à retrouver mes racines ». Dans chaque camp de réfugiés que je traverse, je raconte mon histoire, me renseigne sur leurs conditions de vie, laisse une « donation » pour les œuvres et repars « vers ma vocation ». Plusieurs personnes m'offrent de rejoindre les rangs d'organisations caritatives affiliées au Hezbollah. Je décline avec politesse. Je veux mettre ma jeunesse au service de « la cause » dans l'action et le fais savoir.

Je ne tarde pas à être suivie et accostée par des hommes à l'allure austère qui me proposent de les accompagner jusqu'à un QG du « parti ».

L'accueil est glacial et méfiant. Deux hommes assis à un bureau m'assènent une liste de questions sur mes origines, celles de ma famille, mes motivations..., puis ils s'interrompent brusquement, sortent sans un mot et me laissent attendre plus de quatre heures avant de revenir avec de nouvelles questions. À la fin de la journée, ils me demandent de partir. Ils me rappelleront s'ils ont quelque chose pour moi.

Je rentre à l'hôtel avec la sensation d'avoir réussi mon examen d'entrée. En effet, moins d'une semaine plus tard, un homme m'accoste dans la rue :

— C'est toi qui veux rejoindre les combattants d'Allah ? interroge-t-il.

— Oui, dis-je avec un enthousiasme légèrement exagéré.

— Alors prépare-toi à nous suivre. Nous partons demain matin. Tôt. Nous passerons te prendre à ton hôtel.

Il disparaît comme il était venu.

Mes affaires sont vite bouclées. Je ne dors que d'un œil et bondis sans effort quand on frappe à ma porte à cinq heures du matin.

— Tu es prête, c'est bien, tu es motivée, me dit l'homme qui m'a abordée la veille. Suis-nous.

Je monte dans une berline confortable. Nous nous dirigeons vers les montagnes, à l'est du Liban. Au pied d'un chemin nous changeons de véhicule pour un camion de l'armée tout-terrain et nous commençons une escalade à travers la forêt. Arrivés à un camp de baraquements, nous descendons et je suis accueillie par Faridj, un chef fedaï d'une trentaine d'années, à la barbe discrète. D'emblée, son regard m'interpelle. Contrairement aux autres, il n'est pas fixe, mais intelligent et rusé. De toute évidence, c'est un combattant palestinien et non un islamiste fanatique. Il est ici plus par intérêt que par vocation de rejoindre les « fous d'Allah ». Lui aussi scrute mon regard et semble satisfait de son examen.

— Bienvenue parmi nous ! déclare-t-il. Que nous apportes-tu ?

— Un soutien financier et ma personne.

— C'est courageux de ta part. Tu es entraînée physiquement ? On m'a dit que tu étais capable de suivre notre rythme de vie. Peu de femmes en sont capables, mais il en existe et celles qui tiennent le coup sont souvent de redoutables combattantes. Es-tu de celles-là ?

— C'est tout le but de ma vie, dis-je en me demandant comment je peux en arriver à débiter de pareilles horreurs sérieusement.

— Nous allons savoir si tu en es capable. Un stage commence dans deux jours, veux-tu le rejoindre ?

— Je suis là pour ça, continué-je en me maudissant de nouveau.

— Attention, c'est difficile, me prévient Faridj. Tu es sûre de vouloir essayer ? Tu vas tenir ? Quand tu y es, ça passe ou ça casse. Pas question de flancher. Il n'y a pas de retour à la maison en cas d'échec.

Sa voix est dure mais pas inamicale. C'est la première fois que je découvre chez un militaire arabe un je-ne-sais-quoi d'humain dans l'intonation. Je ne suis donc pas trop mal tombée. Pour une fois que j'en trouve un qui n'est pas un barge complet... De son côté, il m'observe avec une sympathie visible.

— Je n'ai plus de foyer, commencé-je. Si Allah veut, ma prochaine maison sera à Al-Aqsa, capitale de la Palestine. Je n'en veux pas d'autre. S'Il ne veut pas, qu'Il me rappelle à Lui.

Faridj hoche la tête avec approbation.

— Si tu penses ainsi, tu devrais y arriver. Va te reposer avec les autres, vous partirez demain.

— Où irons-nous ?

— À partir de maintenant, tu ne poses plus de questions. Nous nous occupons de toi, ton travail c'est d'obéir. Va. C'est par là.

J'obtempère et me dirige dans la direction indiquée. Je trouve une grande tente dressée devant les préfabriqués où une dizaine de jeunes gens se restaurent de galettes en buvant du thé. Je les salue chaleureusement, bois un peu de thé avec eux, puis je m'enroule dans une couverture et je m'endors profondément. Je sais que ce sont mes dernières heures de sommeil paisible avant longtemps.

Le lendemain, nous repartons pour l'aéroport de Beyrouth où nous embarquons pour Tripoli. Les formalités de douane sont accélérées et nous rejoignons de nouveau des camions militaires qui nous transportent dans une oasis en plein désert. Le camp est camouflé sous un casino, un véritable village de vacances. Les locaux sont organisés en bunkers sou-terrains. L'arrivée s'effectue de nuit. Depuis notre prise en

92

charge, tout est visiblement prévu pour que nous commencions avec une bonne dose de crasse et de fatigue.

Nous sommes répartis en chambrées, hommes et femmes séparés. En revanche, les entraînements sont mixtes. L'accueil par l'officier responsable, semblable à nombre d'unités paramilitaires de bas niveau, est à base d'aboiements et d'insultes diverses. Malgré l'entraînement, ces méthodes m'inspirent toujours une violente répulsion. Cette fois, pas question de la manifester, aucun écart ne sera toléré. Les exemples disciplinaires sont draconiens ; obéir devient une question de vie ou de mort.

J'arrive dans ce camp avec un avantage certain du fait de ma préparation. Avec un handicap également, du fait de l'absence d'une motivation comme la leur, composée de quatre-vingt-dix pour cent de haine et de dix pour cent de fierté mal placée. C'en est presque un point faible. Ma motivation est intelligente, fondée sur un raisonnement logique, sur l'objectif de construire un meilleur futur. Ce n'est pas de celles qui vous bouffent les tripes et vous font avancer dans des situations de cauchemar. D'un autre côté, la haine inhibe tout raisonnement et donc tout comportement un tant soit peu intelligent. C'est indifférent pour les actions militaires, car qui demande à un soldat d'être intelligent ? En revanche, dans mon cas, la réflexion la plus libre possible est un atout.

Pendant les deux premiers jours, nous suivons un entraînement militaire classique : musculation, endurance, parcours divers et apprentissage des armes. Les brimades et les coups pleuvent avec un certain sadisme, mais sans réelle exagération. J'en suis presque soulagée. Une fois de plus, l'entraînement était plus difficile que le travail sur le terrain. Je dois simuler des moments de faiblesse pour ne pas trop attirer l'attention par mon endurance.

Quelques amitiés commencent à se nouer entre nous. Les hommes surtout sont solidaires entre eux. Les femmes sont plus méfiantes et enclines à se tirer dans les pattes, jalousie féminine oblige. Néanmoins, lorsqu'une de mes camarades de chambrée me lance un regard de soutien sincère lors d'un de mes faux moments de faiblesse, une certaine sympathie s'installe entre nous. Certes, c'est relatif, compte tenu du dégoût et de l'horreur que m'inspire leur folie meurtrière. Qu'importe, je lui rends son aide à la première occasion. Mon but est de me faire un maximum de relations dans ce milieu, pas de régler des comptes ni de verser dans la philosophie.

Cette attitude ne tarde pas à être remarquée par nos instructeurs. Dès le lendemain soir, je suis convoquée dans le bureau du commandant. Après les insultes d'usage et quelques questions pour vérifier que ma motivation est intacte, il va droit au but :

— J'ai un ordre pour toi. Ta première mission. Tu dois tuer Yasmina.

Je m'en doutais, c'est « normal ». Cela correspond au rapport du Libanais. Sitôt qu'une amitié est détectée, l'ordre tombe de tuer cet ami. Souvent il est donné aux deux protagonistes, de façon à ce que le plus motivé l'emporte. Les rapports amicaux ne sont que faiblesse ; hors de question qu'une pointe d'humanité puisse faire échec à un plan haineux à souhait. Pour ne pas avoir l'air au courant, je feins un léger mouvement de surprise, puis je redeviens de marbre :

— Quand et comment ?

— Le plus tôt possible. À mains nues. Tu te débrouilles, lance-t-il.

Je salue et sors. Je sais que je ne dois pas penser, que je ne dois pas hésiter. J'aimerais bien faire systématiquement le contraire de ce qu'ordonnent ces brutes, mais trop de choses sont en jeu, trop de vies à sauver. Après tout, le but de cette jeune fille étant de détruire le plus de Juifs possible, pourquoi ferais-je du sentiment ? Oui, se rappeler les vies en jeu, penser

94

aux enfants qui jouent à Kiryat Shmona[1] et qui n'ont pas envie de prendre une Katyusha dans la figure, penser aux enfants de Kiryat Shmona... Bon sang, où est cette Yasmina, qu'on en finisse !

En retournant dans la chambre, je croise son regard inquisiteur. « Inquisiteur », je ne pense pas à ce mot par hasard. C'est celui qui décrit les questions qu'elle voudrait me poser, mais c'est surtout le mot qui me permet de coller ma propre motivation, ma propre rancœur contre elle. À cela s'ajoute le raisonnement logique, simple et sans appel. Sacrifier une vie pour en sauver cent. Je marche vers Yasmina qui est accroupie sur le bord de son matelas et lui fais signe de se lever. Elle m'obéit, les yeux pétillants de curiosité.

— Que t'ont-ils dit ? questionne-t-elle.

— Ils m'ont donné un ordre, dis-je très doucement pour ne pas la mettre sur ses gardes, en lui faisant signe d'avancer avec moi.

— Lequel ?

Lentement, je passe derrière elle, la choque à la gorge d'un violent coup de l'avant-bras et l'étrangle. Quelques secondes plus tard, elle gît morte dans mes bras. Je la pose à terre.

— L'ordre de te tuer, dis-je froidement, à l'intention des autres camarades de la chambrée qui regardent la scène avec effroi.

Je vérifie que le cœur ne bat plus et attends deux minutes près du corps. Puis, je la charge sur mon dos et pars rendre compte au commandant. Je suis accueillie par une froide indifférence, suivie d'insultes et de brimades diverses. J'attends patiemment que ce soit fini et je retourne au dortoir. Je sais qu'ils s'attendent à ce que je devienne paranoïaque,

---

1. Ville située au nord d'Israël et régulièrement bombardée par des tirs de roquettes Katyushas du Hezbollah depuis le Sud-Liban.

guettant celle ou celui à qui on ordonnera de me tuer à mon tour. Alors je me couche et je m'endors. C'est la seule manière de satisfaire un tant soit peu mon envie de les envoyer paître. Je me réveille une heure plus tard en sursaut. J'entends ronfler mes camarades profondément endormies. Une vague d'horreur me secoue, je refoule un violent sanglot. Qu'est-ce que je fous là, bon sang ? La réponse surgit : sauver le plus de vies possible. Si ce monde était sain, nous pourrions y vivre sainement, mais il y a des éléments destructeurs et tous les moyens sont bons pour les combattre. S'il faut se salir les mains pour éviter que des gosses perdent bras et jambes ou pire dans un attentat, alors salissons-nous les mains. Le calme m'envahit et je me rendors immédiatement.

Le climat du stage devient de plus en plus lourd. Des assassinats similaires ont lieu parmi les hommes. La pression augmente chaque jour. Certains craquent, pleurent, prient, supplient qu'on les laisse repartir en vie. Ils sont impitoyablement exécutés. Les survivants comprennent comment rester dans la course. Aucun ne fait plus confiance à personne, la plupart des participants n'osent plus dormir, ils s'efforcent de veiller malgré la fatigue et loupent les exercices physiques du lendemain. Conséquences : des brimades, de nouvelles épreuves, une fatigue accrue, des nerfs soumis à rude épreuve. Pour ma part, je réussis, en cumulant de courtes périodes de sommeil, à totaliser les quatre ou cinq heures de repos dont j'ai besoin pour tenir la route. Car il s'agit de tenir ; les femmes en particulier sont traitées avec un complet sadisme. Les épreuves d'humiliation, d'avilissement se succèdent. Tout est fait pour que celles qui tiendront jusqu'au bout n'osent jamais en être fières.

À la fin du stage, nous ne sommes plus que onze participants en vie sur la trentaine initiale, dont deux femmes. Le dernier discours, avant notre départ, salue nos performances, notre patriotisme et l'excellent ratio hommes/femmes de notre promotion. Il ne sera fait aucune allusion à la différence de traitement entre les deux.

Au terme de ces deux mois de stage, je passe encore quinze jours à traîner dans leurs cercles, fêtant avec eux la fin de notre formation et participant à l'élaboration de nos projets de « carrière ».

Quand vient enfin le moment propice pour m'éclipser, je rejoins le Pays. Dov semble content de me voir rentrer. Il me jette un regard interrogatif auquel je réponds par un regard sombre qui signifie que oui, j'y suis arrivée, et que non, j'en ai trop marre pour en parler. Je monte m'enfermer dans ma chambre, regarder la télé, dévorer le contenu des plateaux-repas qu'on me monte sans un mot et les cachets de vitamines et de calmants qui les accompagnent. Deux jours plus tard, jugeant que le repos est suffisant, mon commandant me convoque de bon matin pour mon rapport. En fin d'après-midi, Dov vient interrompre les discussions pour me faire travailler quelques techniques de « défoulement ». Je ne peux pas rester plus de trois jours au Pays, il faut que je retourne avec mes nouveaux « camarades ».

Malgré les préparations et le soutien psychologique qui a suivi, la rancœur face aux épreuves du « stage » m'a pourri la vie pendant plusieurs mois. Décidément, ces types font tout pour développer une haine à leur égard, y compris chez « les leurs ».

Quand on voyage, le meilleur moyen de ne pas être malade, c'est encore de vivre et de manger comme les habitants. Ils ont su s'adapter aux conditions locales, il n'y a qu'à les imiter. C'est la même chose avec les groupes de fous furieux. Les nouvelles recrues issues du « stage » passent deux ou trois semaines dans les forêts et les montagnes du Liban

97

à « patrouiller » avec les anciens, soi-disant pour se former aux ficelles du métier. La réalité est un peu différente. Certes, la majeure partie du temps consiste à patrouiller, mais ce régime est excellent pour les nerfs et j'y trouve plus de réconfort qu'auprès de la cellule psychologique de la base. Cette vie a un côté libre et enivrant. Pas d'emploi à garder, pas de facture ni d'impôt à payer, pas d'embouteillage, pas de bruit de circulation, de travaux ou de voisins. Le moindre gêneur est abattu d'une rafale. Sûr, c'est une vie quelque peu rustique mais à laquelle on s'habitue facilement.

Les stages succèdent aux visites de courtoisie, d'un groupe terroriste à un autre. Je poursuis mon avancée sur la scène des combats, en veillant à prévenir mes camarades israéliens de nos incursions en zone de sécurité chaque fois que c'est possible.

Ma qualité de « riche héritière » m'a permis de ne pas avoir à justifier de mon budget de déplacement. Elle m'a fourni, en outre, des raisons de me rendre en Europe via Zurich au simple prétexte de mes affaires à surveiller. Dans les premiers temps, j'ai respecté scrupuleusement cette couverture : mes déplacements se faisaient toujours et seulement sur Zurich même, mes visites à « ma famille » en Syrie obéissaient à des itinéraires sans failles.

Il est important, pour la suite des événements, d'avoir conscience que mon travail s'étend sur des années. Évidemment, les Arabes ont commencé par vérifier, me surveiller, enquêter. Bien sûr il y a eu des clashes, le plus important étant celui dont je parlerai avec Abou Shadouf, un Libanais trop méfiant. Ensuite, ils ont eu confiance car ils trouvaient que je servais bien leurs intérêts. J'ai pu alors, en naviguant entre les aéroports, brouiller les pistes facilement et rentrer plus souvent en Israël. L'ambiance, l'instinct ont tenu un rôle important dans mes emplois du temps. Il m'a fallu plus de quatre ans pour établir une confiance solide au sein du groupe arabe infiltré. Je les ai habitués peu à peu à des allers-retours plus fréquents. J'avais acquis suffisamment de « métier » pour savoir gérer les crises de suspicion qui n'ont pas manqué d'avoir lieu lors de mes retours, et qui, en me donnant l'occasion d'affirmer mon « mauvais caractère », n'ont fait que renforcer ma couverture. Pour le comprendre, il faut se mettre dans l'ambiance du mode de vie oriental qui a horreur des agendas planifiés et raffole des changements de dernière minute.

Je fais plus ample connaissance avec ce milieu de Palestiniens et de Libanais shootés à longueur de journée, rongés par l'ennui et l'inactivité, paranoïaques au dernier degré, s'épiant entre eux et guettant la moindre défaillance pour crier à la trahison, traqués par un ennemi invisible qu'ils croient reconnaître partout. Pour moi qui viens du camp adverse, où nous passons notre temps à craindre des infiltrations de terroristes suicidaires qui viendraient se faire sauter dans un bus, je suis surprise de trouver la même tension de leur côté. Je les imaginais plus sûrs d'eux, plus crâneurs, moins persécutés.

Faridj a une idée très originale : il va profiter de mon statut de femme pour m'envoyer « faire une course » dans les Territoires, et de là je partirai en reconnaissance à l'intérieur même des frontières d'Israël.

— Ils ne se méfieront pas d'une femme, m'explique-t-il. « Le Sourd » t'accompagnera.

« Le Sourd » est un fedaï d'une quarantaine d'années qui a perdu l'ouïe sous l'effet de souffle d'une bombe qui a explosé près de lui pendant la guerre des Camps. Depuis il porte une oreillette, mais il n'entend pas mieux car il en a enlevé la pile. D'une part parce qu'il a entendu dire que ce sont des piles « nucléaires » et par conséquent nocives pour la santé, d'autre part parce qu'il craint toujours que les Israéliens n'y dissimulent un système d'écoute. Quel meilleur endroit pourraient-ils trouver ? Dans ses moments de disjoncte, quand il a trop fumé n'importe quoi, il les imagine rampant jusqu'à lui pendant son sommeil et plaçant subrepticement leur fine électronique dans l'appareil. Sans pile, il est assuré que leur piège ne pourra pas fonctionner. Il m'explique tout cela, fier de son stratagème.

— Ingénieux, n'est-ce pas ? me demande-t-il avec un clin d'œil entendu.

Tu as raison, pensé-je. Ôte la pile de ton dispositif et hurle distinctement dans l'oreille d'une Israélienne, c'est plus direct comme transmission, ça fonctionne mieux et ça nous évite de ramper jusqu'à toi à travers soixante kilomètres de collines et de forêts.

— N'est-ce pas ? questionne-t-il de nouveau, guettant ma réponse.

— Oui, dis-je d'une voix forte, c'est très bien ainsi.

— C'est plus sûr, approuve-t-il en hochant la tête.

Il garde toutefois son oreillette comme élément indispensable à son image car sinon rien ne permet de le différencier des autres. Lui, c'est « le Sourd », chacun sa façon de sortir du lot. Selon Faridj, personne n'ira arrêter une femme accompagnée d'un handicapé qui « joue » les imbéciles.

Heureusement, je n'effectue que deux voyages de ce genre. Ce rôle n'est pas pour moi. Chez nous, un autre service fournit déjà des agents pour ces fonctions de double jeu. Ils ne voient pas d'un bon œil ma « concurrence » et le foutoir que mon action introduit inévitablement en augmentant le taux d'aléas de leurs plans. En outre, je n'ai pas les compétences ni la formation pour tromper allégrement nos propres services de sécurité, d'autant que c'est une gageure que moralement j'accepte mal. Enfin, la situation est déjà assez compliquée pour nous tous sans ajouter un problème de communication de nos rapports respectifs d'infiltrations croisées à des chefs de service grognons. Résultat : au second voyage, je suis arrêtée par les Israéliens, retenue dans une prison — confortable — pendant une dizaine de jours et expulsée à la frontière libanaise avec ordre de ne plus remettre les pieds sur le territoire.

Je reprends ainsi « tranquillement » ma place dans le groupe de Faridj avec une couverture renforcée. Pendant plusieurs mois, je partage la vie des membres de son groupe, m'intégrant le plus possible jusqu'à faire partie des meubles. Je les quitte régulièrement pour « rendre visite à mes cousins restés en Syrie » ou pour « suivre mes affaires à Zurich ». Dans un premier temps je suis surveillée, mais bientôt la confiance est installée, je n'ai plus besoin de faire semblant, je peux rentrer au Pays après un petit détour prudent par Zurich, Athènes, Londres ou Istanbul. Ma condition de femme n'est pas un handicap. Il y a toujours eu des Palestiniennes et des Libanaises parmi les combattants. On commence même à parler de la formation de commandos de femmes martyres pour les attentats suicides. Voilà qui ne m'étonne pas, misogynes comme ils sont.

Principale difficulté : rester en vie. Outre que le risque de me trahir n'est jamais nul, il règne une telle paranoïa parmi eux que le plus petit soupçon justifie le meurtre immédiat.

31 OCTOBRE 1995 : EXÉCUTION À MALTE DE FATHI SHIKAKI, LE CHEF DU JIHAD ISLAMIQUE BASÉ À DAMAS.

HIVER 1995-96 : DAMAS ET HAMAS.

En un an, j'ai accumulé suffisamment de faits d'armes pour accompagner mon chef hezbollah, Faridj, en comité restreint à

Damas pour une réunion à leur quartier général. Les larges donations effectuées par le biais d'un compte à Zurich m'ouvrent les portes de ce cercle très privé. Je ne suis pas digne d'assister aux débats, mais je prends part à la manifestation organisée l'après-midi même par le Hamas. Une foule de plusieurs centaines de personnes descend dans la rue, sous l'étroite surveillance des militaires et des services secrets syriens.

Le Hamas. *Harakat al-Muqawama al-Islamiya,* « le mouvement de résistance islamique », autrement dit le mouvement palestinien islamiste intégriste. Son objectif : détruire l'État d'Israël, renverser l'autorité d'Arafat, instaurer un gouvernement islamique et « étendre la bannière d'Allah sur chaque pouce de la Palestine ». Il travaille avec Arafat pour faire la guerre, le renie et dénonce sa corruption lors des périodes de signatures d'accords de paix. Ses moyens : les bombes, de fabrication militaire et donc plus meurtrières que les explosifs artisanaux des autres groupes. Ses cibles : les civils à l'intérieur même des frontières d'Israël plutôt que des soldats ou des communautés implantées dans les Territoires. Comme le Hezbollah, il comporte un réseau d'œuvres sociales et de propagande, tels des écoles, des hôpitaux, des mosquées.

Me voilà donc parmi ces fameux membres du Hamas, la haine incarnée. Ils sont en chair et en os autour de moi. Quand j'en prends conscience, j'en ai presque le vertige. Pourtant, la seconde suivante je ne considère plus que les hommes que je connais et que je suis depuis maintenant des mois. Je sais leurs faiblesses et ne les trouve pas si terribles. Je suis à l'aise. Je ne dois pas prendre conscience de l'endroit où je suis, de qui ils sont. Continuer mon job, pas après pas, sans me rendre compte de rien, sans réfléchir ou le moins possible.

J'arrête de rêvasser et j'écoute le discours que l'orateur nous assène au porte-voix :

— Ce sont les bombes, les attentats qui feront comprendre à ceux qui vivent dans cette entité sioniste qu'ils doivent abandonner tout espoir de rester en Palestine...

Je ne dois pas vomir, je ne dois pas craquer, je ne dois même pas soupirer ni détourner la tête. Je dois applaudir avec les autres, lever le poing, hurler, tirer une rafale en l'air... C'est quand même plus facile à faire si je n'écoute pas. Mon cerveau décroche et s'intéresse plutôt à ce que mes yeux enregistrent. Curieusement, il semble que je ne sois pas la seule à qui ce discours déplaise. Un peu plus loin dans la foule, un homme d'une quarantaine d'années secoue la tête, le regard baissé. Voilà qui m'intrigue. Il est visiblement palestinien et jamais un agent n'oserait prendre le risque de manifester aussi ostensiblement sa désapprobation. Impossible que ce gars soit des nôtres ! Je décide quand même d'aller le voir de plus près.

Malheureusement, je ne suis pas la seule à avoir remarqué son attitude peu patriotique. Quelques hommes commencent à se tourner vers lui. Je le vois protester. J'arrête mon avancée dans la foule et contemple la scène, impuissante à empêcher ce qui va arriver.

Premiers échanges verbaux vifs, l'homme essaie de défendre ses arguments, mais ceux qui l'entourent ne sont pas en état d'entendre quoi que ce soit. S'il n'est pas d'accord, alors il trahit la cause purement et simplement. L'un des purs et durs le pousse violemment, une bousculade s'installe, un vide prudent se crée autour du groupe. Je reprends mon avancée, sans même me rendre compte de ce que je fais, fascinée comme on l'est par une vision d'horreur. Quelques nouvelles poussées, un homme se jette sur le « traître » comme une hyène sur sa proie, l'assomme de coups de poing, bientôt rejoint par tous ceux qui l'entourent. De là où je suis, je vois leurs visages, leurs regards qui se tournent vers le sol, le balancement de leurs corps tandis qu'ils l'écrasent sous leurs pieds.

Quelques secondes plus tard, j'arrive à leur hauteur alors que le groupe se disperse. Ne reste que l'homme à terre dans une mare de sang, informe, le crâne ouvert, le visage aplati, les côtes enfoncées. Ceux qui passent crachent sur sa dépouille. Les plus hardis pataugent dans son sang, donnent d'inutiles coups de pied dans ses membres disloqués. Il a suffi d'un mouvement de tête pour qu'il soit catalogué comme traître. Il a suffi de quelques secondes pour qu'ils le tuent de la façon la plus sauvage.

Je rejoins Faridj et les autres membres de mon groupe. Je lève le visage vers l'orateur, en ayant l'air d'être suspendue à ses lèvres. J'applaudis, je brandis le poing, hurle avec les autres. Je vomirai quand je serai rentrée. Combien d'années faudra-t-il pour digérer ces images ?

L'ombre de la mort nous recouvre comme une chape. Elle est partout, sur l'estrade où les futurs martyrs viennent s'exposer, et dans la foule ivre de haine.

Je pense à mes amis de gauche, en France, en Israël. Je pense aux associations de soutien aux Palestiniens. Je me retiens avec peine pour ne pas éclater de rire.

JANVIER 1996 : EXÉCUTION DE « L'INGÉNIEUR » DU HAMAS, YEHIA AYACHE, RESPONSABLE DES MISES AU POINT DES BOMBES, TUÉ PAR LE DÉCLENCHEMENT D'UN EXPLOSIF IMPLANTÉ DANS SON TÉLÉPHONE PORTABLE.

4 NOVEMBRE 1995 : ASSASSINAT D'YITZHAK RABIN PAR UN ÉTUDIANT ISRAÉLIEN JUIF EXTRÉMISTE, YIGAL AMIR. SHIMON PERES DEVIENT PREMIER MINISTRE.

DÉCEMBRE 1995 : APRÈS L'ÉCHEC DES NÉGOCIATIONS AVEC LA SYRIE, SHIMON PERES DÉCIDE DE CONVOQUER DES ÉLECTIONS ANTICIPÉES.

24 FÉVRIER 1996 : ATTENTAT SUICIDE À LA BOMBE DANS LE BUS N° 18 PRÈS DE LA STATION CENTRALE À JÉRUSALEM. VINGT-SIX MORTS. REVENDIQUÉ PAR LE HAMAS.

25 FÉVRIER 1996 : ATTENTAT SUICIDE À LA BOMBE À UN POINT D'AUTO-STOP[1] À LA SORTIE D'ASHKELON. UN MORT. REVENDIQUÉ PAR LE HAMAS.

3 MARS 1996 : ATTENTAT SUICIDE À LA BOMBE DANS LE BUS N° 18, RUE JAFFA, À JÉRUSALEM. DIX-NEUF MORTS.

---

1. Station où les jeunes soldats font du stop pour partir en permission. La solidarité à leur égard tient une place importante dans la société israélienne.

**4 MARS 1996 : ATTENTAT SUICIDE À LA BOMBE À L'EX-
TÉRIEUR DU CENTRE COMMERCIAL DE DIZENGOFF,
À TEL-AVIV. TREIZE MORTS.**

**AVRIL 1996 : INTENSIFICATION DES ATTAQUES DU
HEZBOLLAH EN GALILÉE ET AU SUD-LIBAN. EN QUEL-
QUES JOURS, LE HEZBOLLAH TIRE CINQ CENT
TRENTE-TROIS ROQUETTES KATYUSHAS[1] SUR ISRAËL,
SOIXANTE-DIX SUR LA ZONE DE SÉCURITÉ DU SUD-
LIBAN. SHIMON PERES RIPOSTE EN LANÇANT L'OPÉ-
RATION LES RAISINS DE LA COLÈRE.**

**29 MAI 1996 : SON ADVERSAIRE DU LIKOUD, BENYA-
MIN NETANYAHOU, EST ÉLU PREMIER MINISTRE.**

ÉTÉ 1996 :

Un arbre vert dans les premiers rayons doux et dorés du
soleil matinal, sur un fond de ciel bleu, mû par une légère
brise, c'est un peu de la douceur d'un matin de printemps à
Tel-Aviv. Une sensation que j'aime infiniment. En me rendant à la convocation d'Ouri, ce matin-là, je me sens aussi
légère que l'air que je respire.

Deux ans ont passé depuis mon recrutement, je vais bientôt avoir vingt-six ans, je suis jugée mûre pour passer aux
choses sérieuses. Dans un premier temps, j'ai obéi à des
ordres ponctuels, en bon petit soldat, sans connaître la fina-
lité de mes missions successives. Bien vite, travailler ainsi est
devenu impossible. J'ai besoin de m'adapter au terrain, de
choisir mes contacts. Ne pas connaître mes véritables objectifs risque de me faire manquer de bonnes occasions.

---

1. Six cent trente-neuf signalées, cinq cent trente-trois effectivement
retrouvées.

Je signale ce problème sans trop d'illusions. À ma grande surprise, mon rapport est lu, ma demande entendue. Ouri me convoque deux jours plus tard pour m'expliquer ce qui constituera la toile de fond de mes activités pendant les six prochaines années. Cette explication prend deux journées entières, du matin jusqu'après 22 heures, sans pause, avec repas livrés au bureau et défilé de prédécesseurs qui me font part de leur propre expérience.

Je sors de ce briefing déphasée. Peut-être était-ce le but. Oui, c'est bien le but. Ouri a la mine satisfaite du chat qui a croqué la souris. Il a parfaitement su gérer mon recrutement. Casser la première résistance par un entraînement intensif, faire prendre conscience de la réalité du terrain et de la nécessité de ce métier, évaluer ma résistance nerveuse à cette occasion, mes capacités à nager en eaux troubles. Alors, seulement, sortir l'appât, et le poisson vient tout seul mordre à l'hameçon.

Je suis maintenant immergée dans une action qui a pris un sens et une dimension plus importants. C'est une motivation, assurément. C'est comme si je franchissais un nouveau cap. Je commence à gamberger pour optimiser mes déplacements, j'oublie mes rêves de « quille ».

Le lendemain, mon commandant me convoque pour mettre au point mon prochain départ :

— Ouri est passé me voir hier soir, m'annonce-t-il gravement. Il m'a dit du bien de toi.

Ouri ? Dire du bien de moi ? Voilà qui est nouveau, je suis plutôt surprise.

— C'est vrai ?

— Oui, admet-il, moi aussi j'ai eu du mal à le croire. Il m'a dit qu'on pouvait compter sur toi. Je lui ai dit que tu étais plutôt du genre à te barrer à la première occasion, mais il m'a affirmé que tu avais une conscience patriotique et que tu ferais des étincelles. Essaie de ne pas le décevoir. Il a dit aussi qu'il n'était pas certain que tu emploierais les méthodes les plus académiques. Mettons les choses au point : agis comme tu veux, mais surtout pas de vagues, compris ?

— Oui...

— En parlant de vagues, conclut mon commandant, Ouri a suggéré de te donner *Hadag*[1] comme pseudonyme. Style poisson qui nage en haute mer et ne reste pas dans une crique à l'abri des courants, ou je ne sais quoi de ce genre. Quand Ouri veut quelque chose...

Il soupire et me raccompagne à la porte avec un haussement d'épaules fataliste qui n'a rien à envier à ceux d'Eldad.

Une fois dans le couloir, je l'entends encore grommeler pour lui-même :

— Pauvre gamine, quand même ! Non seulement elle est embarquée dans un métier de dingue, mais en plus elle est affublée d'un pseudonyme ridicule.

La première étape pour bien travailler est de créer mon propre réseau de « relais » à l'intérieur des pays où je vais être amenée à me balader. Les « relais » sont des citoyens arabes en lutte contre la dictature en place dans leur pays, soit par idéal démocratique, soit parce qu'ils ont fait les frais d'une répression abusive. Ils luttent chaque jour avec un courage extraordinaire mais n'auraient jamais toléré de travailler de mèche avec des Israéliens. Pour eux, j'ai toujours été une combattante palestinienne.

Au Liban où le pouvoir reste partagé entre la corruption et les armes, les habitants, terrorisés, essaient de reconstruire leurs villes et leur vie. Chacun se méfie de tout le monde, les

1. « Le Poisson ».

agents syriens sont partout et les policiers du gouvernement travaillent aussi pour eux. Les Libanais qui ont la chance d'être fonctionnaires se soucient peu de dénoncer leurs concitoyens, ils cherchent à tirer un maximum d'avantages de leur situation. Être payés pour fermer les yeux en est un exemple. De toute façon, ils sont incapables de dénouer les fils des intrigues qui se tissent dans le marasme ambiant. Ils se bornent à quelques arrestations aussi retentissantes qu'injustifiées pour asseoir leur pouvoir et conforter leur réputation. Un grand nombre d'agents en poste au Liban, européens pour la plupart, se prêtent au jeu de l'achat de renseignements, d'autant plus facilement qu'ils n'ont rien à craindre de ces manifestations d'autorité. Il n'en va pas de même pour nous. Il est plus utile de réserver notre argent pour la corruption de membres bien ciblés des organisations terroristes qui n'auront pas de prise sur nous et seront les seuls à payer si les choses tournent mal. Je m'écarte donc de ceux que nous surnommons les « agents de salon ». Ceux qui ne vont pas « au charbon » ne font que rapporter des renseignements que nos adversaires veulent leur faire colporter. Je rejoins le monde des petits et obscurs sans-grade. Eux me conduiront près des véritables ténors du pouvoir armé. C'est plus risqué, évidemment.

Marcher sur ces sols étrangers a le goût émoustillant du fruit défendu. J'apprécie pleinement cette liberté. Je n'ai plus ni passé ni avenir, seul compte un présent où tout est possible, tout peut arriver, le pire comme le meilleur. Ce sentiment est renforcé par l'ambiance qui règne dans les pays d'Orient, où le temps n'a guère de signification. Loin des impératifs d'ordre et de rentabilité qui font loi en Occident, chacun vit à son propre rythme au lieu d'essayer de l'adapter à celui des machines ou des programmes télé. J'apprécie et j'arrive même à me détendre malgré la pression. Le stress de ces « voyages » est un stress de survie, car ici la vie n'a guère de valeur. Cette angoisse est partagée par les habitants. Ils ne le manifestent jamais dans leurs attitudes ni leurs mouvements, mais ces gens que l'on croise dans les souks, aux allures lentes et tranquilles, sont en fait de grands angoissés. À la différence de l'Occident, la pudeur impose de ne pas l'extérioriser. Du coup, on sourit beaucoup, même en parlant de la mort. Surtout en parlant de la mort.

Je me sens bien dans cette peau de couverture, je me suis intégrée dans leur société. Je peux m'offrir le luxe d'apprécier cet étrange retour à la vie civile. La difficulté du travail de terrain m'apparaît moindre que les entraînements. C'est sans doute le but recherché par Dov.

J'utilise ma propre dualité. D'un œil, je porte un regard européen sur ce pays, avec la géopolitique telle qu'on me l'a présentée pendant presque quinze ans, globalement pro-arabe. De l'autre, une vision israélienne, plus proche du terrain, plus réaliste et pas du tout pro-arabe. J'oscille entre les deux, ce qui me permet d'être plus compréhensive que mes camarades israéliens, et infiniment plus méfiante, je dirais même plus lucide, que les Occidentaux.

Le résultat, ce sont de très bons rapports avec les contacts locaux qui vont m'aider dans ma tâche. Victimes du diktat de leur pays pour des raisons multiples, qu'ils soient intellectuels soupçonnés à tort ou à raison d'être des dissidents politiques, médecins refusant de participer aux tortures ou simples marginaux, ils se proposent de nous aider à mettre en place des cellules d'information. Il convient de vérifier leur sérieux et la solidité de leurs nerfs en cas de délation. Dans ce pays, en effet, chacun suspecte son voisin, ses parents, son propre frère. Plutôt donner tout de suite un parent à la police militaire que de se voir collectivement dénoncés par un voisin zélé.

Dans ce climat d'extrême méfiance, rassurer l'interlocuteur sur mon but n'est pas chose aisée. Surtout qu'il faut également juger de sa propre motivation. Il peut très bien être une taupe des services syriens. Une seule méthode : se lancer et apprendre peu à peu à nager dans ces eaux troubles. Certes, je sais repérer les signes qui trahissent la faiblesse d'un interlocuteur, mais seule l'expérience permet vraiment de manœuvrer entre gens fiables et traîtres, double jeu politique ou simple cupidité individuelle.

Curieusement, outre une grande leçon de tolérance, ces activités m'ont appris à apprécier davantage les défauts des gens que leurs qualités. J'ai rencontré des hommes parmi les plus menteurs, veules et cupides qu'il m'ait été donné de connaître, qui se sont révélés d'une fiabilité extraordinaire. D'une part parce qu'ils sont facilement prévisibles et d'autre part parce qu'ils ne cherchent pas systématiquement à nuire aux autres mais simplement à tirer leur épingle du jeu avec le moins de dégâts possible. En revanche, au sein d'élites sociales remplies de droiture et d'honnêteté, j'ai vu certains faire torturer leurs propres enfants parce qu'ils avaient eu le malheur de militer pour des valeurs politiques scandaleuses, par exemple l'instauration d'une démocratie. Ceux qui éliminent de façon drastique toute personne qui ne se range pas à leur style de vie et de pensée sont les plus dangereux. Pourtant la société fait leur éloge. À force de fréquenter ce genre d'extrêmes, j'en suis arrivée à créer ma propre échelle de valeurs. Je tiens depuis lors un discours qui me fait apparaître aux yeux de mes frères humains comme totalement dépourvue de moralité.

Je suis en Syrie depuis à peine deux jours quand je reçois ma première demande de « rendez-vous ». Tout se déroule très vite. Au marché, pendant que j'admire des fruits mûrs à point et d'une parfaite fraîcheur, une vieille femme voilée de noir m'aborde. Elle brandit un légume et commence une longue explication sur la façon de reconnaître la qualité des produits. Paroles vides, exagérées, voix forte et coléreuse. Les commerçants rient de ce déploiement théâtral, ils en ont l'habitude. J'écoute avec attention les mots clés glissés dans ses phrases. Elle finit en me jetant au visage le poivron qu'elle a brandi pendant tout son discours. Je l'attrape en riant et en me moquant d'elle avec les autres. Je finis tranquillement mes achats tandis qu'elle s'éloigne dans l'indifférence générale.

Le lendemain, je me rends à l'adresse qui figurait dans le poivron.

Jusqu'à présent, rien ne se déroule de façon différente de ce que j'avais prévu. Simplement mon attention est plus concentrée, la fatigue, essentiellement nerveuse, plus importante. Il me faudra quelques mois avant d'acquérir l'endurance physique optimale. J'arrive en avance au rendez-vous, inspecte les lieux en passant l'air de rien, puis je repars. Plus loin, à l'écart du village, j'observe mes correspondants vérifier à leur tour la sécurité de la place. Eux aussi sont venus en avance. Tout a l'air normal. À première vue, je ne repère aucun détail suspect. Un seul vigile reste à l'extérieur, et lui-même se sent visiblement fragile. Rassurée, je me rends au rendez-vous à l'heure dite.

À l'intérieur d'une pièce au décor chargé, trois hommes sont assis sur un tapis de laine doux et flamboyant. Je suis accueillie par un silence à la fois méfiant et respectueux. Je m'assieds près de la porte, dans l'angle de la pièce. Chacun sonde l'autre pendant quelques minutes. Je romps le silence la première :

— Quelle est votre motivation ?

— Politique, rétorque celui qui semble être le meneur. C'est sans doute la réponse la plus dangereuse pour lui. Il l'a faite avec une visible franchise, soulagé d'avoir accompli le plus difficile. Ses camarades en sont mal à l'aise. Il est à présent vulnérable et me regarde avec hésitation, cherchant à deviner si j'utiliserai cet aveu comme une arme pour l'atteindre. Sans rien manifester, je poursuis mes questions. Ont-ils déjà fait de la prison ? Sont-ils surveillés actuellement ? Que peuvent-ils apporter ? Dans quelle situation est leur famille ?

Les réponses sont courtes et complètes, visiblement préparées. Puis vient le discours politique, le débordement, le besoin d'être entendus, appréciés comme des êtres cultivés, des intellectuels visionnaires. Je leur accorde ce plaisir et les écoute le visage grave et l'air intéressé. Ils se détendent, s'épanouissent à vue d'œil. Leur motivation est sincère, leur dégoût de la dictature en place évident. La fragilité de leurs nerfs aussi. Je ne pourrai pas travailler avec eux. Ils sont trop sensibles, trop vulnérables. Je le leur explique honnêtement. Ils comprennent, m'indiquent d'autres camarades.

— Eux, ce sont des durs. Plusieurs fois arrêtés, torturés. Ils n'ont jamais dénoncé leurs frères. Va voir le Fou. Il simule depuis sa sortie de prison. Tu peux aller le trouver de notre part.

Je remercie, c'est exactement ce que je cherche.

L'homme en question habite un village perdu en plein désert. Pour m'y rendre, je monte dans l'autobus hebdomadaire lent et surchauffé. Mon estomac se serre au fur et à mesure que je m'enfonce à l'intérieur du pays, franchissant les contrôles avec une certaine tension, augmentant dangereusement la distance qui me sépare de la frontière salvatrice.

Une fois arrivée sur place, approcher directement le Fou est impossible, même en l'absence de police officielle apparente. Il y a des espions placés dans son entourage, reconnaissables à leur méfiance, à leur absence d'intérêt ou de dévouement pour le malade. Grâce à une introduction fournie par mes premiers contacts, je me présente chez le médecin local comme infirmière. Il me loge généreusement avec sa vieille bonne. Autrement dit, il m'autorise à dormir sur une natte usée dans la même pièce qu'elle. Je l'en remercie. Il m'envoie donner des soins quotidiens à droite et à gauche pendant une semaine. Une fois que tout le village me connaît, il m'accompagne enfin où je veux aller.

Allongé dans une chambre aux froides allures d'hôpital, le Fou est flanqué de deux hommes armés qui semblent plus être là pour le surveiller que pour le protéger. Paroles décousues, immobilité totale puis gestes débridés, yeux exorbités, il a en effet l'air complètement disjoncté, si ce n'est ce regard pétillant d'intelligence que je surprends l'espace d'une seconde, qui m'inspecte jusqu'au fond de l'âme. Je souris spontanément. Il rit en retour, sans me quitter des yeux. Puis il reprend son manège insensé. Le médecin l'examine avec des gestes nonchalants, lui prodigue de vagues soins et demande un produit quelconque afin que les indésirables quittent la pièce pour aller le chercher.

Enfin seuls. Brusquement, le regard du Fou m'interroge avec intensité. Je réponds d'une voix douce et ferme.

— Je cherche des nerfs solides. Simples relais. Non impliqués. Avertisseurs fiables.

Il hoche la tête, me fait signe d'approcher. Nos visages se touchent presque, son regard brillant plonge dans le mien :

— Sois à tel endroit jeudi prochain, me dit-il. Tu boiteras. J'ai confiance en toi. Ton cœur est bon, je le sens. Tu apporteras du bien à nos frères. Qu'Allah te garde.

Je le salue profondément et respectueusement. Respect non pas pour ses paroles de sagesse orientale qui m'écœurent comme une pâtisserie trop sucrée, mais pour les épreuves qu'il a traversées et le courage qu'il lui faut trouver pour continuer cette lutte démente jour après jour.

Le Fou s'est révélé un allié courageux et intelligent. J'ai appris sa mort quatre ans plus tard. Dans ce village de deux cents âmes où il vivait, plus de six cents personnes se sont réunies pour assister à son enterrement. Parmi eux, les deux tiers ont été arrêtés par la police, cent quarante-trois ont passé ensuite plus de deux mois en prison. Je sais, ces chiffres ont l'air excessifs, pourtant c'est ainsi que les dictatures fonctionnent. Il faut savoir s'en souvenir de temps en temps.

Le jeudi suivant, j'arrive au lieu indiqué par le Fou. C'est un quartier pauvre d'une ville de taille moyenne qui a bénéficié d'une politique de bétonnage intensif. Je me sais attendue, donc je descends du bus et commence à marcher droit devant moi, lentement et sûrement, boitant comme convenu. J'agis comme si je connaissais les lieux, comme si je savais où aller, sans chercher personne du regard. Ceux qui m'attendent auront vite fait de me repérer, inutile de leur compliquer la tâche en paraissant peu naturelle. Simplement, je reste sur mes gardes, craignant toujours une trahison des uns ou des autres.

Une femme ou, devrais-je dire, une sorte de montagne noire en mouvement m'aborde, la voix consolatrice :

— Ma fille, il ne faut pas rester avec ta cheville dans cet état ! Viens avec moi, viens au dispensaire, nous allons te soigner. Viens ma fille, suis-moi !

Je la suis.

Une fois au dispensaire, je suis accueillie par un médecin bougon qui m'examine, me trouve une entorse imaginaire et me soigne pendant que cinq femmes lui racontent les derniers ragots du quartier de leurs voix fortes et criardes. Cette couverture efficace décourage les badauds de s'attarder dans les parages. Voyant que personne ne m'a suivie ni ne s'interroge sur la présence d'une nouvelle arrivante dans le coin, il me fait passer dans une petite cour intérieure. Nous entrons dans un autre bâtiment, montons jusqu'au toit et commençons une traversée du quartier de toit en toit. C'est, pour moi, une initiation à une méthode que je pratiquerai ensuite régulièrement. Aujourd'hui encore, j'ai du mal, devant une rue envahie par la foule en plein Paris, à résister au réflexe de couper par les toits.

Le toubib me fait signe d'entrer dans une cage d'escalier et fait demi-tour aussitôt. Avant que j'aie le temps de réagir, il est déjà loin.

Je ne suis pas rassurée. Je commence par habituer mes yeux éblouis par le soleil et la réverbération à la pénombre de cet escalier malodorant. À la guerre comme à la guerre, je descends les marches lentement, tenant mon poignard à la main, lame dans la manche contre mon poignet, prête à l'utiliser à la moindre alerte.

Rien n'attire mon attention jusqu'au premier étage, où un groupe de gamins de quatre à six ans barrent le passage. Timides mais décidés, ils m'arrêtent et me retiennent par les pans de ma robe. Gentiment mais tout aussi fermement, je les repousse, leur expliquant que j'ai compris et que je reste ici, mais qu'ils ne doivent pas demeurer près de moi. Ils sont surpris de l'originalité de la demande, habitués qu'ils sont à coller les adultes sans gêne aucune, mais ils acceptent de s'écarter, mal à l'aise. L'un d'eux court sur le palier et pénètre dans un appartement. Il en ressort avec un vieillard et deux hommes d'une quarantaine d'années.

— Qu'est-ce que tu cherches ? me demande le plus âgé.

— Des nerfs solides.

— Viens, dit-il en m'invitant d'un geste à le suivre.

Nous entrons dans un appartement vétuste, pour ne pas dire délabré. Une lourde odeur de crasse et de poussière concentrées me prend à la gorge. Elle semble émaner des multiples tapis et coussins qui meublent la pièce, et qui, fait rare dans ces régions, semblent n'avoir été secoués et n'avoir pris le soleil depuis pas mal de temps. Je surmonte ma répulsion et m'installe « confortablement » parmi mes hôtes. Ils me versent avec hospitalité un thé à la menthe merveilleux dans un verre à l'opacité douteuse.

— Des nerfs solides pour quoi faire ? continue le plus âgé.

— Simplement sentir l'air ambiant et me prévenir en cas de changement de climat.

Ils hochent la tête, m'examinent. J'en fais autant, moins ostensiblement. Ils m'ont l'air plus solides que les précédents. Plus dangereux aussi. Lentement, l'un après l'autre, ils commencent à parler. D'eux-mêmes, de leurs familles, de leurs engagements, d'abord en termes sibyllins. Puis viennent de plus longs exposés sur le début de leur traversée du désert, leur mise à l'écart de la société, les délations, les persécutions, les arrestations, les séances d'interrogatoire, les tortures. Ils exhibent leurs cicatrices. L'un d'entre eux a le dos labouré.

— Lui a eu plus de chance, me dit un de ses camarades.

Ce n'est pas de l'ironie, c'est la vérité. Il a eu la chance d'avoir un « bourreau sympathique ». Au lieu de frapper au même endroit jusqu'à creuser la chair et toucher l'os, il a réparti les coups sur tout le dos. Résultat, un plus grand nombre de marques mais plus superficielles et moins de douleur.

Je comprends. Je reste figée après la vision des deux uniques et larges cicatrices qui traversent en diagonale le dos du plus jeune de mes interlocuteurs. J'ai beau être au courant des pratiques en usage dans ces contrées, la confrontation avec la réalité a des allures de cauchemar. C'est curieux, car l'entraînement que j'ai suivi aurait dû me rendre cynique et blasée. Or, au contraire, je me sens pleine de compassion, animée de cette humilité particulière à ceux qui savent quelle dose de souffrance se cache derrière ces signes et se disent que la même chose peut leur arriver. Reste de sensibilité hypocondriaque ou éclair de prémonition ? Aujourd'hui encore, c'est à lui que je pense quand il m'arrive de regarder dans une glace les trois cicatrices semblables aux siennes qui barrent mon propre dos.

J'ai dû laisser paraître mon émotion, car tous hochent la tête, comme en réponse à mes réflexions secrètes.

— Il était seul quand ils l'ont arrêté. Seul il était quand il est sorti, renchérit son frère d'armes.

Il ne peut décerner plus grand éloge à ses capacités de silence. C'est à mon tour de hocher la tête en signe d'estime.

Je n'ose leur poser la traditionnelle question sur leur motivation. Pourtant, je sais que si je n'apporte pas cet élément à mes supérieurs, j'en entendrai parler. Je prends donc mon courage à deux mains, et commence à parler tout en réfléchissant à la formulation la plus diplomatique. J'opte pour la franchise :

— Je dois vous poser une question qui me gêne, car je la trouve stupide, décalée. Mais j'ai besoin de savoir quelle réponse vous lui donnez. Ou plutôt, la première réponse dans l'ordre d'importance.

Je suis contente de ce dernier stratagème. Il ne s'agit plus de poser bêtement une question dont la réponse est évidente, mais de faire comme s'il y avait tellement de motivations qu'il leur en faut choisir une seule, prioritaire.

L'argument fonctionne. Sans se vexer ni s'offusquer, ils réfléchissent avec cette autosatisfaction qu'ont ces hommes qui préparent une réponse qu'ils croient intelligente. C'est naturellement le plus âgé qui répond :

— La liberté de l'individu à s'intégrer dans un processus démocratique défini par la pluralité de ses concitoyens.

Cette phrase, que je ne suis pas près d'oublier, est énoncée lentement en choisissant chaque mot avec une sorte de délectation. Elle me semble bizarre. Outre son aspect pédant, notamment dans le choix d'un vocabulaire puisé dans un arabe classique littéraire, elle me paraît à double tranchant. Je pourrais passer sans y prêter attention, mais j'en médite le sens comme malgré moi. Je cherche à comprendre cette sourde perfidie. Pourquoi souhaite-t-il que l'individu puisse choisir de s'intégrer ou non à ce processus ? Pourquoi ne pas simplement vouloir l'instauration d'une démocratie qui, par essence, protégerait les droits et les libertés des citoyens ? Pourquoi ce biais ?

À force de chercher, je comprends qu'ils ont tellement peu l'habitude du fonctionnement d'une telle société qu'ils préféreront toujours garder une marge de manœuvre, un léger retrait. La liberté individuelle avant tout et en plus un État libre si possible. C'est très clair : pour eux, le sort de l'individu est déconnecté du groupe. État d'esprit radicalement différent du mien, pour qui la liberté de l'individu est largement cautionnée par celle de la société dans laquelle il évolue. Pendant ces quelques secondes de réflexion, je reste silencieuse, le regard songeur rivé sur le tapis.

Quand je lève les yeux vers « l'ancien », je croise son regard ironique, légèrement méprisant. Je me rends compte qu'il a pris mon silence pour une ignorance de la langue élégante qu'il a utilisée. Alors, je répète lentement sa phrase, pour montrer que j'ai une certaine culture, que je comprends les termes qu'il utilise, que je retiens la formulation complète, que j'y réfléchis.

Il se redresse, visiblement surpris et impressionné. Lui non plus n'oubliera jamais cet épisode. Dorénavant, il m'adressera la parole avec un respect marqué. Bien sûr, j'aurai la même conduite à son égard. L'exemple de son attitude envers moi me vaudra d'être rapidement acceptée par les individus les plus variés. Car si lui me traite en égale, ils sont tenus de faire de même.

Nous continuons à discuter pendant toute la journée, la nuit et une bonne partie de la matinée du lendemain. Je préférerais procéder à des entretiens plus courts et plus nombreux. D'une part rester longtemps au même endroit génère chez moi une insécurité croissante, d'autre part j'aimerais réfléchir au lieu de prendre toutes les décisions d'organisation dans l'instant. Pour eux, au contraire, ce sont les déplacements fréquents qui sont source d'insécurité. Trouver une bonne planque, y rester deux jours et quitter définitivement ce quartier, voilà leur plus sûr moyen de fonctionner. Je les laisse juges. Pour l'instant, je reconnais qu'ils savent mieux que moi nager clandestinement dans ce pays.

Toutes les quatre heures, un groupe de femmes entre avec différentes nourritures, qu'elles nous servent sans un mot avant de repartir dans un brouhaha de commérages, de recommandations criées à leurs époux et d'engueulades lancées à la horde d'enfants qui les accompagnent en les bousculant joyeusement.

La société est nettement découpée entre hommes et femmes, surtout pour les repas. Les femmes servent les hommes et mangent après eux, toujours à part. Au début, je suis mal à l'aise en voyant des femmes me servir de cette façon, ne sachant trop de quel côté me placer. En fait, mon double statut d'étrangère et de combattante m'interdit l'accès aux tâches ménagères. Je me fais vite une raison. Curieusement, je retrouve la même attitude dans n'importe quelle société, même occidentale, où je suis invitée. Comme si une loi tacite interdisait à ceux qui vivent par les armes d'entrer dans l'univers sacré d'une cuisine.

Assise avec les hommes, je suis du regard les gestes calmes et précis de mon hôte qui mélange et aère le thé à la menthe en le transvasant plusieurs fois de la théière dans le verre et du verre dans la théière. Sans tomber dans un cliché, force m'est de reconnaître que ce lent rituel m'entraîne toujours, malgré moi, dans un abîme de réflexions dont la raison m'échappe encore.

Le lendemain je monte dans le bus du matin et j'entame le long chemin du retour vers la capitale. Les yeux engourdis de sommeil, l'estomac alourdi d'une nourriture aussi bonne que calorique, j'ai en tête les détails permettant l'organisation de mon travail dans la région.

Cette promenade est un franc succès. En quelques jours j'ai établi les éléments d'un relais fiable avec lequel je vais pouvoir travailler plusieurs années. C'est heureux, car le temps presse.

21 MARS 1997 : ATTENTAT À LA BOMBE CONTRE LA TERRASSE D'UN CAFÉ DE TEL-AVIV. TROIS MORTS, QUARANTE-HUIT BLESSÉS.

L'air frais du désert syrien au petit matin de juin a une subtile nuance de poussière qui lui donne son arrière-goût, son cachet, cet effluve unique qu'aucun parfumeur n'a réussi à reproduire. Je l'aspire à pleins poumons. Devant moi, tout n'est que sable et cailloux d'un beau jaune doré. Aucune végétation. L'air se réveille doucement ; dans un quart d'heure à peine, il fera chaud et dans une heure le soleil commencera à plomber. Pour l'instant, je savoure le paysage, la légèreté de l'air, le son clair de mes pas sur les pierres. Je n'ai pas envie d'aller quelque part, je veux simplement rester ici et profiter du présent, de la nature calme et silencieuse, de ce moment de communion où elle n'agresse pas l'homme par des conditions de vie impossibles et où l'homme ne l'agresse pas non plus à coups de macadam et de béton.

Lentement, je me mets en route. La marche est aisée aux premières heures du jour, j'arrive sans encombre au village. L'activité est déjà presque retombée. Les habitants se lèvent tôt, très tôt : c'est vers cinq heures du matin qu'on observe les plus longues files d'attente devant les étalages. Ensuite, on ne trouve plus dans les rues que quelques enfants et des inactifs, vieillards ou simples paresseux qui traînent, oisifs, en fumant ici et là et en parlant beaucoup. Ils fournissent aux caméras des équipes de reportage ces scènes millénaires que chacun a en mémoire, sans connaître l'autre face du décor, car les reporters filment rarement la vie des villages avant l'aube.

Je viens dans une optique de « nettoyage ». Mon but est de repérer si des espions de la police sont postés dans le coin. Si oui, cela signifie que la proposition de relais est un piège grossier. La meilleure façon de le savoir est de chercher le ou les concierges — chaque village a le sien —, de le mettre hors-service et de regarder comment il va être remplacé. Si le concierge appartient à la police gouvernementale, son remplacement est rapide et accompagné d'une série d'arrestations.

Pour passer inaperçue, rien n'est plus facile que de marcher en « jeune femme », le pas court et rapide, nerveuse, les yeux pudiquement rivés au sol. Je pourrais aussi la jouer mère de famille respectable, la démarche lente et assurée, la tête haute et regardant bien en face, sans rien voir ni dévier le regard, en image incarnée de la droiture physique et morale. Je choisis au contraire de traverser le village en regardant ostensiblement à droite et à gauche, dans une attitude volontairement

122

peu discrète. Je sens les regards se porter sur moi avec méfiance, parfois je les soutiens, provoquant une sourde colère chez les hommes. Bref, une vraie conduite de prostituée. Une fois sortie du village, je traîne un quart d'heure pour leur laisser le temps de digérer et je recommence. Cette fois, je trouve plus de monde sur mon chemin. J'ai droit à quelques apostrophes ici et là, auxquelles je me garde bien de répondre.

Je ne tarde pas à remarquer le manège d'un marchand qui, en me voyant revenir, laisse son étalage à la garde d'un adolescent et court vers un homme qui fume accroupi sur le perron d'un « café ». Celui-ci m'a déjà repérée. Ou plutôt, nous nous sommes mutuellement repérés car il a pour moi les attributs d'un véritable concierge. Sa jeunesse — il doit avoir la quarantaine au grand maximum — me laisse soupçonner son appartenance à la police. Les concierges « civils » sont en général des vieillards. Sans me quitter des yeux, il écoute le compte rendu du marchand, l'envoie au diable d'un geste et se lève pour me regarder passer. Officiellement je n'ai rien remarqué et je ressors du village par l'endroit où j'étais entrée la première fois, suivie par quelques hommes que j'identifie, le présumé concierge marchant devant eux.

Je les sème rapidement et rejoins ma cache de pierres dans la cambrousse, où je m'endors enfin en priant pour que mes méthodes destinées à éloigner les serpents soient efficaces. La journée passe, entre bons sommeils récupérateurs d'une demi-heure maximum — sécurité oblige —, petites séances d'entraînement mental et physique et pauses casse-croûte à base de figues sèches et de dattes, repas d'une austérité apparente, tant ils sont caloriques et parfaitement adaptés au climat. Bref, des vacances en quelque sorte.

Le soir, je me rends de nouveau au village. Tout est désert. Le seul groupe d'hommes encore dehors travaille sûrement pour le concierge, lequel doit être en train de discuter assis quelque part devant un bon repas. La nuit est tombée très vite. L'obscurité est complète, la lune à peine naissante et il n'y a pas d'éclairage public. Par endroits, les lueurs des habitations suffisent à illuminer une partie de la « rue ». Je repère deux hommes qui parlent entre eux. Visiblement les membres d'une sorte de milice locale, ils vont et viennent d'un pas nonchalant, toujours en papotant, pas vraiment sur le qui-vive. D'ailleurs, que pourrait-il se passer par ici ?

Je les suis une bonne partie de la nuit en restant constamment dans l'ombre, confiante qu'ils m'amèneront sans effort vers celui que je cherche. Juste avant une heure du matin, les voilà qui rejoignent d'un pas plus alerte une maison au centre. Ils y entrent presque en courant, tandis que deux autres hommes sortent à leur tour. C'est donc dans cette maison qu'est situé leur QG.

J'ai ce que je voulais et je repars lentement dans le désert en prenant avec soin mes appuis dans la pénombre.

16 JUILLET 1997 : DOUBLE ATTENTAT SUICIDE À LA BOMBE AU MARCHÉ MAHANE YEHUDA À JÉRUSALEM. SEIZE MORTS, CENT SOIXANTE DIX-HUIT BLESSÉS.

Dans ce village de réfugiés palestiniens au Sud-Liban, contrôlé par un groupe allié au Hezbollah de Faridj, Azeb se rend au marché. Traversant les rues à grandes enjambées, il vient voir son père qui vend des fruits à un étal. De carrure imposante, grand, musclé mais quelque peu enrobé, Azeb est l'opposé de son géniteur, petit vieillard maigre et aussi usé que ses vêtements. Azeb le méprise, lui et sa vie de commerçant. Il aurait voulu être le fils d'un héros, d'un homme qui lui aurait parlé des heures durant de Septembre noir et de son engagement dans la « résistance armée ». Or, toute sa vie, son père s'est levé à l'aube pour vendre des fruits au marché. Ils ont habité la Palestine, la Jordanie, puis la Syrie et enfin le Liban. Indésirables partout. Leur vie a connu malgré tout une certaine régularité, grâce justement à la persévérance de ce père pour qui le seul vrai changement consistait à voir sa famille s'agrandir et son étal rapetisser à chaque déplacement. Que ce soit l'unique ressource du foyer n'a jamais ému Azeb. Lui est un combattant. Un vrai.

Parvenu devant l'étal, comme d'habitude il saisit plusieurs fruits sans prêter attention au soupir résigné de son père qui contemple son fils avec ambiguïté. Il en est fier mais il redoute aussi sa violence et ne cesse d'être blessé par la pitié dédaigneuse qu'il lui manifeste trop souvent.

C'est la fin de la matinée, autrement dit le début de la journée pour Azeb. Son père Khaleb lui pose invariablement la même question :

— Que fais-tu aujourd'hui ?

Chaque matin la réponse est la même, ponctuée du même sourire satisfait :

— J'ai une réunion avec le mouvement.

Ayant affiché une fois de plus son militantisme, Azeb lance un regard autour de lui, remarque avec plaisir les regards admiratifs ou craintifs qu'il suscite. Il repart la tête haute, laissant son père réorganiser son étal.

Ces fameuses réunions auxquelles il fait allusion prennent des formes variées. Il s'agit parfois de véritables assemblées de concertation sur les politiques à suivre, mais dans ce cas Azeb n'y est pas convié. Lui et ses amis se bornent à refaire le monde en fumant du shit ou en buvant du thé, selon l'état des livraisons et de leurs finances. Ensuite, ils vont manifester, coller des affiches ou sillonner les rues à la recherche de nouvelles recrues. Parfois, il participe à un stage de formation paramilitaire pour les jeunes. En tant qu'instructeur, bien sûr, car cela fait longtemps qu'Azeb boude tout exercice physique. Il n'est pas question que des spectateurs le voient s'essouffler. Son image d'armoire à glace invincible doit demeurer intacte. Pour le mouvement. Toujours pour le mouvement. Le soir venu, il va rendre visite à un « ami », en profite pour accepter l'invitation à dîner qui ne manque pas de se produire, fume et discute des diverses dissensions qui se forment au sein du groupe. Les journées se suivent dans une douce oisiveté qui ne laisse pas un moment de libre et exige qu'il se donne un air important.

Ce jour-là, Azeb arbore son habituelle allure préoccupée. Seulement, ce n'est pas qu'apparence. Il veut demander conseil à son père :

— Qu'est-ce qui te tracasse mon fils ? s'inquiète ce dernier devant les yeux rougis et l'air hagard de son fils.

— Rien, ment Azeb. Tu n'en as pas marre de vendre tes fruits ?

— Inch'Allah, il faut bien amener de l'argent à la maison tu sais, s'excuse son père.

— Si nous étions chez nous en Palestine, grommelle Azeb, tu n'aurais plus besoin de travailler. Tu toucherais une retraite.

— Bien sûr, mon fils, répond patiemment Khaleb qui n'y croit pas une seconde.

— Mais si ! s'énerve Azeb, tu toucherais une retraite ! Ces salauds de sionistes nous ont pris notre terre. C'est à cause d'eux que tu dois travailler comme un esclave !

— Bien sûr, mon fils, ne crie pas. Dis-moi ce qui ne va pas.

— Comment, ce qui ne va pas ? N'est-ce pas évident ? À cause d'eux nous mourons à la tâche !

126

Khaleb regarde d'un air sceptique le corps bien gras de son fils. Celui-là, au moins, il n'y a guère de danger que quiconque le fasse mourir à la tâche.

— Tu entends ? Réponds quand je te parle ! s'emporte Azeb.

— Oui, mon fils.

— J'ai un problème.

— Je vois bien que tu as un problème Azeb. Parle-moi.

— Un camarade soupçonne un de nos contacts de vouloir travailler pour les sionistes. Il y aurait un traître parmi nous.

— C'est grave ! s'écrie son père, subitement inquiet.

— Il faut trouver ce salaud, ce pourri pro-sioniste qu'Allah le..

— Fais attention mon fils de ne surtout pas accuser quelqu'un à tort ! As-tu des preuves ?

— Il y a un traître, je te dis ! Encore un comme toi qui doit travailler comme un âne au lieu de rejoindre la cause et s'affranchir de ce statut d'esclave des sionistes !

Le père soupire. Il espère que son fils va se calmer et que les clients reviendront. Pour l'instant, effrayés par la violence d'Azeb, ils préfèrent attendre à l'écart. Le marchand voisin fait moins de sentiments.

— Va crier ailleurs Azeb, tu fais fuir les clients ! lui lance-t-il.

— Allez au diable ! hurle Azeb, vexé. Vous êtes tous des lâches ! Vous êtes tous à la solde des sionistes !

Bon gré mal gré, il est contraint de repartir sans le renseignement qu'il était venu chercher. Car le traître semble habiter dans un village que son père connaît bien. S'il lui avait donné le nom de quelques personnes de confiance, il aurait pu aller leur rendre visite, squatter chez eux le temps de tirer cette affaire au clair, et gagner du galon dans le groupe.

L'idée ne vient pas de lui. Son chef lui a confié cette mission car il sait que le vieux Khaleb a de la famille dans cette région. Pour une fois, son imbécile de fils allait pouvoir servir à quelque chose.

Nous sommes trois fedayin qui observons Azeb discuter avec son père. Nous le raccompagnons à travers les rues jusqu'au quartier général. Quand il voit revenir notre groupe qui entoure un Azeb titubant, je peux lire dans le regard sombre de son chef qu'il comprend que la partie n'est pas gagnée. Il l'interroge :

— Alors, tu lui as demandé ?

— Non..., bafouille Azeb. Nous étions en train de parler mais un marchand nous a interrompus. Je l'interrogerai ce soir.

— Comment, un marchand t'a interrompu ? Depuis quand un marchand passe avant la cause ? Va-t'en et ne reviens que quand tu seras prêt à accomplir ta mission !

Azeb ne se le fait pas dire deux fois. Il repart prestement et traîne autour du marché jusqu'à ce que son père ait fini de remballer ses invendus. Il revient alors à la charge :

— Tu te souviens de ce village au nord du Golan où nous avons habité en revenant de Jordanie ?

— Bien sûr !

— Il y a eu des meurtres. Nous pensons qu'un agent sioniste s'est infiltré.

— C'est affreux ! s'exclame Khaleb avec vigueur. (Puis il réfléchit une seconde et reprend d'un ton apaisant :) Mais en quoi nous concernent-ils ? Laisse les Syriens s'occuper de leurs affaires...

— Ce sont « nos » affaires, proteste Azeb. C'est un village de réfugiés palestiniens ! Nous avons toujours de la famille là-bas, n'est-ce pas ? Je pourrais leur rendre visite ?

— Toi ? Pourquoi toi ?

— Parce que j'ai des papiers syriens et que le chef vient

de me confier une unité spéciale. Ma mission est de remettre de l'ordre sur place.

— N'y va pas, mon fils, c'est une mauvaise affaire. Tu ne sais même pas qui chercher !

— Je vais diriger une unité, tu entends ? Je ne veux pas passer ma vie à vendre des fruits qui pourrissent plus vite qu'ils ne se vendent. Moi je combats, je vais libérer la Palestine !

— Ne crie pas, je te ferai une lettre, soupire son père résigné, mais fais attention. Je n'aime pas cette histoire. Qu'Allah t'ait en Sa sainte garde !

— Allah est toujours du côté des partisans de l'islam ! *Allahou akbar !*

— Oui, mon fils.

J'en ai entendu assez. Je les laisse continuer à discuter entre eux et je rejoins Faridj. Il est en train d'observer le chef d'Azeb se disputer avec un responsable d'une de ces multiples brigades armées du Hamas.

— Tu te trompes, grogne ce dernier. Azeb n'est pas à la hauteur pour cette mission, c'est un incapable.

— Pourquoi ? proteste le chef dudit incapable. Il a été l'instructeur de plusieurs groupes...

— Instructeur ? On n'en voudrait pas comme animateur de colonie de vacances !

— Il a des papiers syriens et il a encore de la famille sur place, continue son chef sans se démonter.

— Plutôt faible pour lui confier la responsabilité d'un groupe !

— Il n'en aura pas la responsabilité. Je vais le faire escorter par un vrai commando détaché par le Hezbollah. Après tout, c'est leur tour d'intervenir.

— Ce n'est pas leur domaine. Tu crées bien des complica-
tions. Qui va diriger ?

— Lui, dit le chef en désignant Faridj. Azeb ne servira
que de vitrine. S'il dit quoi que ce soit, il saura le remettre à
sa place.

Le responsable du Hamas croise rapidement le regard de
Faridj.

— Bon, *Inch'Allah,* lance-t-il, fais au mieux et que cette
affaire soit réglée !

Deux jours plus tard, notre groupe, mené par Faridj,
accompagne Azeb en Syrie, dans le village voisin de celui où
s'est déroulé le meurtre du « concierge ».

— Je suis venu avec mes hommes pour piéger le traître
sioniste responsable du meurtre odieux qui a eu lieu la
semaine dernière, annonce fièrement Azeb à son oncle, en
louchant vers les plats chargés de mets succulents mijotés en
l'honneur de son arrivée.

La pièce où ils se tiennent assis sur des tapis est très simple.
La maison de son oncle est encore plus pauvre que celle de
son père et ne comporte que deux pièces, le « salon » et une
chambre dans laquelle s'entasse toute la famille. Pour la première fois de sa vie, Azeb a le sentiment confus que son
propre père ne s'est pas si mal débrouillé, en fin de compte.

— Ces hommes qui t'accompagnent... c'est toi qui les
diriges ? interroge son oncle Kamal.

— Oui, bien sûr ! déclare Azeb avec orgueil.

— Ils sont shiites...

— Et alors ? s'énerve Azeb. Ce sont de vrais combattants
de la liberté, comme moi, comme nous devrions tous l'être,
au lieu de participer par votre lâcheté et votre immobilisme
à l'implantation des sionistes sur notre terre de Palestine !

130

— Tu parles bien, dit son oncle en espérant le calmer. Comment allez-vous procéder ?

— Pour quoi faire ?

— Mais... pour trouver l'assassin !

Azeb prend un air grave et mystérieux. Il n'a aucune idée de la façon de s'y prendre et espère vaguement que le tueur, terrorisé par leur présence, se dévoilera tout seul.

— Allah le Miséricordieux et le Tout-Puissant sait tout et voit tout, commence-t-il...

— Allah est grand ! approuve son oncle. Mais tu ne me dis pas ce que tu vas faire concrètement.

— Tu le sauras quand il sera temps, coupe Azeb sèchement.

Faridj, ses hommes et moi-même écoutons ce dialogue quelques minutes, amusés. Puis Faridj décide que cela suffit. Il pousse la minuscule porte d'entrée.

— Paix sur vous et sur cette maison, annonce-t-il en parcourant la pièce d'un regard glacial. Azeb, nous partons en reconnaissance maintenant, nous rentrerons demain soir. Reste ici. *Salam* à tous, salue-t-il une dernière fois d'un ton sec qui se voulait respectueux en ressortant prestement.

— En vérité, tu commandes à cet homme ? interroge encore Kamal, soupçonneux.

— Je dois lui laisser un minimum de liberté d'action, question de diplomatie entre nos groupes, se justifie Azeb, écumant de rage.

Pendant qu'Azeb dîne confortablement, nous nous dirigeons vers le village où le meurtre a eu lieu. Les faits sont simples. Dix jours plus tôt, quelqu'un, soupçonné d'être un traître à la solde des Israéliens, a démantelé le système de police et tué le responsable de la sécurité du secteur. Officiel-

JE DEVAIS AUSSI TUER

lement, le fait ne concerne que la police syrienne, car l'homme était leur premier informateur. Il serait facile pour eux de le remplacer et de clore l'affaire. En pratique, les choses ne sont pas aussi simples. Non seulement il y a eu meurtre, mais des livraisons d'armes entre la Russie, la Syrie, l'Iran et le Hezbollah ont été révélées aux Israéliens, qui ont pris un malin plaisir à les faire connaître par des groupes de presse... arabes, et en premier lieu égyptiens. Que ces trafics soient portés sur la place publique est loin de faire le bonheur des autorités russes qui ont sonné les cloches des services secrets de leurs « partenaires ».

Il y a pire aux yeux du Hezbollah. Les tirs de l'aviation israélienne démontrent que les routes empruntées par les armes et les lieux de stockage sont connus. Le dernier raid a provoqué d'énormes dégâts dans leur arsenal. Or, le plus grand secret a toujours été gardé sur ces points. Il est donc clair qu'Israël bénéficie de renseignements depuis l'intérieur du mouvement.

Les services syriens ont relevé quelques coïncidences troublantes. Un de leurs miliciens chargé de surveiller un camp de réfugiés palestiniens au sud du pays a été assassiné. Au début, ils ont pris ce crime pour un des multiples règlements de comptes et n'y ont pas prêté attention. Depuis, aucun des remplaçants mis en place n'est demeuré vivant plus de cinq mois. En outre, d'inexplicables pannes informatiques se sont multipliées sur un arc de cercle allant du sud-est vers l'ouest, traçant une sorte de route entre la frontière jordanienne et la frontière libanaise. Pour comble, depuis quelques mois cette ligne semble s'incurver plus avant à l'intérieur des terres. Si un processus d'infiltration israélien est en cours, ils doivent à tout prix arrêter son expansion.

Une première rafle de la police n'ayant donné aucun résultat, ils ont décidé d'envoyer sur le terrain des combattants palestiniens qui pourront faire entendre raison à leurs compatriotes. Une seule condition : qu'ils restent encadrés par un groupe de confiance. Et ce groupe, c'est nous, menés par Faridj. Nous entrons en pleine nuit dans ce village perdu au milieu des pierres ocre.

— Dans cette maison se tenait le chef de la police quand il a été tué, nous explique un vieil homme qui habite à l'entrée du hameau.

— Aviez-vous remarqué quelque chose ? questionne Faridj.

— Oh oui ! Nous l'avons expliqué aux militaires. Une jeune femme est entrée au petit matin. Elle a traversé le village dans un sens puis dans l'autre, avant de continuer sa route. C'était la première fois que nous la voyions.

— Seule ? s'étonne Faridj.

— Oui. Des hommes l'ont suivie mais elle a disparu dans le désert.

Le vieil homme fait un signe avec la main, comme si elle s'était purement désintégrée.

— Ce n'est pas le travail d'une femme seule, grogne le milicien. Elle devait être venue en éclaireuse.

— C'était horrible ici, il était dans une mare de sang quand nous l'avons trouvé, mais seulement deux coups de couteau, tu sais...

— Personne n'est intervenu ? continue Faridj avec mauvaise humeur. Les autres miliciens n'ont pas réagi ?

— Nous en avons retrouvé un étranglé à l'entrée de la maison. Les autres patrouillaient ou dormaient... ou étaient de mèche. Les Syriens les ont emmenés.

Comment trouver un sioniste infiltré qui est reparti depuis belle lurette ? Il suffit de compter avec les rancœurs personnelles, les querelles de voisinage, les vendettas familiales diverses : elles offrent une multitude de coupables. Un défilé quasi ininterrompu de délateurs font part de leurs « intuitions » à Faridj.

De retour au village où vit Kamal, l'oncle d'Azeb, une piste se détache. Un de ses cousins a effectué un curieux manège d'allers et retours au cours du mois dernier. Certes, il prétexte ses affaires, mais c'est Kamal qui est en charge des déplacements et il n'a pas interrompu les siens. Alors, pourquoi ces courses supplémentaires ? Interrogé sur cette rumeur « spontanée », Kamal renforce la suspicion. Il ignore tout des raisons de ces voyages qui n'ont aucun rapport avec le commerce. Il n'est pas mécontent de récupérer ainsi les parts d'un associé volage et encombrant. De son côté, peu importe que l'homme soit ou non coupable, Faridj est décidé à faire un exemple. Il réunit son groupe, convoque le malheureux, lui demande de s'expliquer. La raison de ces voyages est simple : le pauvre homme est amoureux d'une jeune Libanaise. Ce n'est pas une excuse : un bon musulman ne peut pas mener une affaire sentimentale de cette manière. Un homme capable de se conduire aussi mal peut aussi bien trahir la cause. Le cousin pleure, supplie, implore Azeb de prendre sa défense. Le jeune homme est bouleversé, flanche, pleure à son tour. Autour d'eux les rumeurs de mépris montent de la foule de villageois qui viennent assister à ce qu'on appelle déjà « l'exécution du traître ». Faridj se retire avec Azeb et lui explique qu'il est de son devoir de punir son cousin. Question d'honneur de famille et de dignité de chef. Azeb essaie de discuter faiblement, appelle Kamal à son secours. Son oncle est inflexible :

— Fais ce qui est juste, et sois un homme, Azeb ! Ton père, mon frère, sera fier de toi.

Le regard perdu, comme traqué, Azeb pointe son arme

vers le cousin affalé en pleurs et, comme un automate, enclenche et tire.

Faridj fait alors un signe. Azeb sent quelqu'un s'approcher, le réconforter d'une voix calme.

— Allah est témoin, tu as fait du très beau boulot. Tu étais obligé d'en arriver là. Voilà un faible qui ne trahira plus notre cause, mais il reste encore un...

Le teint livide, l'air hagard, Azeb se retourne vers cette voix, comme l'avait fait le concierge dix jours plus tôt. Comme lui il reçoit le premier coup de poignard sans réagir ni comprendre ce qui lui arrive. Je place le second coup avec soin afin de lui permettre une mort plus rapide, dernière manifestation d'un soupçon d'humanité auquel je tiens encore.

Deux minutes plus tard, notre groupe se prépare à repartir. Pour tous, l'affaire est close.

Ces couteaux pliants sont pratiques et j'y suis attachée, mais ils nécessitent un nettoyage minutieux pour retirer les lambeaux de chair et autres débris pris dans les crans de la lame et dans la rainure. Tout en l'essuyant consciencieusement, j'échange un regard discret avec Kamal. Il ferme doucement les yeux avec approbation. Le voilà débarrassé des deux membres les plus dangereux de sa famille. Convaincu par mon action, il supervisera mes relais dans la région, qui ont dorénavant le champ libre pour opérer en toute tranquillité. Je trouve en lui un allié qui se révélera précieux.

4 SEPTEMBRE 1997 : TROIS TERRORISTES ACTIONNENT LEURS CHARGES EXPLOSIVES DANS LA ZONE PIÉTONNE COMMERÇANTE BEN-YEHUDA À JÉRUSALEM. CINQ MORTS, CENT QUATRE-VINGT-UN BLESSÉS.

5 SEPTEMBRE 1997 : DOUZE MEMBRES D'UN COMMANDO D'ÉLITE DE LA MARINE ISRAÉLIENNE

SONT TUÉS DANS UNE EMBUSCADE MONTÉE PAR LE
HEZBOLLAH, LORS D'UNE OPÉRATION AU NORD DE
TYR.

« Tu choisiras la Vie », prescrit le Seigneur à Abraham.
« Tu n'assassineras point », commande-t-il plus tard à Moïse.

Je contemple impuissante le désarroi de Noam. Ce jeune
soldat n'a pas vingt ans et cite ces versets. Il m'interroge,
bouleversé par la mort d'un de ses camarades tué dans une
embuscade du Hezbollah. Noam a déserté la cellule psychologique de crise pour venir me questionner. Je ne suis pas
qualifiée pour l'aider. Il s'en moque. Il ne cherche pas mon
soutien, il veut simplement sentir ce côté implacable qui
m'envahit subrepticement. Il m'observe, me dissèque, me
parle comme si à travers moi il cherchait à discuter directement avec la mort en personne. C'est un combattant, il est
membre d'une unité d'élite, il voudrait, il devrait comprendre. Ce n'est pas compliqué : c'est la guerre, on se tire dessus
et voilà tout. Pourtant il ne comprend pas, parce qu'il n'a
encore jamais rien détruit.

— Tuer est un boulot comme un autre, un boulot
très technique, en somme.

— À quoi penses-tu en le faisant ? me demande-t-il.

— À rien.

Ma réponse m'étonne par sa froideur. Je cherche, je me
creuse la tête pour trouver à quoi je peux penser dans ces
moments-là.

— Décidément, à rien. À rien du tout.

J'aurais été plus éloquente s'il m'avait demandé : « Que
ressens-tu alors ? » Quelque part je continue de regretter la
« facilité » des combats dans les patrouilles du Sud-Liban :
des tirs lointains, tuer quelqu'un que je ne vois pas mourir.
Car certaines morts sont, selon une subtile graduation, trou-

blantes, traumatisantes, et d'autres pas du tout. En mourant l'homme prend en quelque sorte conscience du phénomène : il devient comme un enfant étonné et interrogateur. Cet état ne se situe pas dans l'émotionnel courant, mais à un niveau plus subtil. C'est une sorte de perception à la fois tranchante comme une lame et violente comme un coup de poing, difficile à décrire. L'entourage le ressent également, en sort remué. Oui, cela laisse des séquelles. La plupart des gens qui n'ont pas vécu ce traumatisme ne comprennent pas quand je leur en parle, ils ricanent, me jugent d'un psychisme fragile, une sorte d'hypersensible dégénérée. Qu'ils en parlent à leur aise, eux qui n'ont jamais sali leurs mains ; quand il faut passer à l'acte, j'agis, seule. Ce qui gêne Noam est plus grave à mes yeux, car il n'est pas victime d'un de ces traumatismes post-mortem, mais d'un manque de sens du devoir militaire.

— Tu ne dois pas te torturer ainsi, lui dis-je, mal à l'aise dans le rôle qu'il veut me faire jouer. Arrête de gamberger, tu es un adulte maintenant, tu dois savoir affronter les scènes de mort, ne pas te laisser perturber, mais aller de l'avant et...

De la main, je fais le geste de balayer. Il opine d'un mouvement de tête, essuie rapidement ses yeux et pousse un profond soupir.

— Mais à quoi penses-tu en le faisant ? me redemande-t-il avec insistance.

— À rien.

J'aurais pu répondre en évoquant l'étrange sensation de pouvoir absolu, l'absence totale de limites, les barrières sociales et religieuses repoussées à l'extrême, la libération des instincts les plus sauvages. Être autorisé à faire ce que toute morale réprouve présente un côté fascinant, enivrant. Bien qu'en fait ce soit profondément affligeant.

— Tu n'as jamais de regrets ?

— Non, pourquoi des regrets ? dis-je, agacée. Il faut le faire, je le fais, voilà tout.

— Alors, ça ne te fait rien de tuer si souvent ? répète-t-il, incrédule.

— Non.

C'est la vérité. Tuer une de ces ordures ne me dérange pas. Ce qui me gêne parfois, c'est d'être capable de tuer, d'avoir basculé sur le versant sombre de la pente et perdu cette sorte d'innocence que lui possède encore. C'est une autre histoire et il est trop tard pour changer quoi que ce soit.

— D'accord, lui dis-je, il n'y a aucune grandeur dans le meurtre. Tout ce qui nie la vie est diminuant, déprimant. « Tu choisiras la Vie » : il n'y a rien de plus juste. Mais pour ma part, je trouve qu'à partir du moment où certains assassinent, c'est un crime contre la vie d'attendre les bras croisés en tendant la gorge. Six millions de victimes sont un sacrifice suffisant sur l'autel de ces beaux principes.

Il me regarde, embarrassé. Ce discours lui a déjà été servi plusieurs fois, il est émoussé, il n'y croit plus mais n'ose pas le manifester. Je ne suis pas douée pour parler, ce n'est pas mon métier et je n'ai pas envie de continuer ce dialogue de sourds. Je conclus, assez énervée :

— Alors oui, je tue, sur ordre, pour la sécurité de mon peuple, dans un cadre déterminé, contrôlé, raisonné, dans l'optique du choix de la Vie, justement. Il ne s'agit ni de haine aveugle ni de boucherie gratuite mais d'urgences, d'impératifs de sécurité, de cas où aucune alternative n'existe. Et non, ça ne me fait rien. Si c'était nécessaire, je le referai sans la moindre hésitation.

Je me lève pour partir et conseille à Noam de rejoindre la cellule psychologique. Il a un mental faible, je ne peux rien pour lui.

J'apprendrai plus tard qu'il a démissionné et rejoint les rangs de *yesh gvoul*[1], une organisation pacifiste.

_____

1. « Il y a une limite. »

25 SEPTEMBRE 1997 : CRISE DIPLOMATIQUE APRÈS L'ÉCHEC DE L'ASSASSINAT DE KHALED MECHAAL PAR LES ISRAÉLIENS EN JORDANIE. EN ÉCHANGE DU RETOUR DE SES AGENTS, ISRAËL LIBÈRE TRENTE-CINQ PRISONNIERS PALESTINIENS ET LE CHEF SPIRITUEL DU HAMAS, LE CHEIKH AHMED YASSINE, QUI FAIT UN RETOUR TRIOMPHAL À GAZA LE 5 OCTOBRE.

Sur le terrain, la situation est de plus en plus tendue. Je commence à craindre un sursaut d'intelligence de la part des Syriens. Un après-midi, je me rends dans le bureau de mon commandant, décidée à lui confier mes inquiétudes. Il accepte de me recevoir immédiatement, à condition que ce soit bref. Il est en train de lire un rapport qui n'a pas l'air de le mettre de bonne humeur. C'est tout juste s'il lève les yeux vers moi pendant que je me lance dans une explication hésitante.

— Ils vont m'arrêter à la première occasion, même sans preuve. J'apparais dans trop de coïncidences pour qu'ils passent l'éponge.

139

— *Az ma*[1] ? réplique mon commandant d'un ton sec et indifférent.

— Quoi, « et alors ? » Alors je sais bien qu'ils sont cons, mais...

— *Never presume he's a stupid animal*[2].

— S'ils sont intelligents, c'est encore pire, répliqué-je. Il vaudrait mieux que je me mette à l'abri un moment.

— Hors de question, rejette-t-il, tu te trahirais plus sûrement.

— Que suis-je censée faire alors ?

— Continuer ton job, répond-il sobrement.

— Je te dis que je vais me faire arrêter, c'est du cousu main !

— *Az ma* ? Laisse-les t'arrêter. Ils n'ont rien contre toi et si tu fermes ta gueule, ils n'auront rien de plus et ils te relâcheront.

— Il y a un problème dans ton raisonnement : c'est le sale quart d'heure que je risque de passer avant d'être relâchée, en admettant que je le sois, ce qui n'est pas garanti non plus...

— *Az ma* ?

Il commence à m'agacer. Je refrène un geste d'énervement. Il hausse la voix et prend un ton autoritaire, me parlant comme à un enfant qui ne veut pas aller à l'école.

— Tu ne vas pas faire une histoire pour un éventuel petit passage à tabac ! Ce n'est pas si terrible, tu es formée pour ça, non ?

— Formée pour quoi ? Entraînée au cas où, OK ; mais de là à aller au-devant des problèmes...

— *Az ma* ? Fais ton job. La discussion est close.

Voilà une situation que je n'avais pas prévue. Cet échange

---

1. « Et alors ? »
2. « Ne fais jamais l'hypothèse que ton adversaire est un imbécile. »

confirme mon instinct : les loulous sur place vont faire le rapprochement entre leurs problèmes et mes balades dans le secteur. Si j'y retourne sans effectuer mon travail, j'arriverai peut-être à les rassurer, mais je perdrai le fruit de mois de patience. Professionnellement, ce n'est pas concevable. Ne pas y aller revient au même, ce serait une faute profession-nelle.

— Après tout, tu as raison. Il faut y aller pour finir le boulot.

— Te voilà raisonnable, acquiesce mon commandant, le nez toujours dans ses papiers.

— Si quelqu'un d'autre que moi y va, tout est réglé, sug-géré-je, enchantée par cette idée.

Pour le coup, il se redresse et me regarde intensément :

— Tu es devenue idiote ou c'est une crise de lâcheté hor-monale ? me demande-t-il en se levant de sa chaise pour venir s'asseoir sur son bureau face à moi, son visage à quelques centimètres du mien.

— Hmm... le second, j'imagine...

Il éclate de rire et pose sa main sur mon épaule d'un geste qui se veut rassurant :

— Allez, tu n'es ni la première ni la dernière ! Tu verras, tu es beaucoup plus forte que tu ne penses. Qui sait, peut-être que tout se passera bien ?

Ses propos produisent l'effet inverse de celui désiré. Plus il cherche à me rassurer, plus je comprends que j'ai vraiment des raisons d'être inquiète.

Je retourne à Damas. Je m'immerge dans le souk, histoire de me replonger dans la langue et les manières, de sentir le climat ambiant et de retrouver un contact qui pourra, si tout va bien, me donner des nouvelles récentes. Quelqu'un me suit. Je n'ai pas de peine à m'en rendre compte. Le même homme est derrière moi, se détournant quand je le regarde par-dessus un étalage, feignant de marchander des épices qu'il n'achète jamais. Sa présence, guère discrète, fait fuir le contact qui devait m'aborder. Je n'accomplirai pas grand-chose au cours de ce voyage. Je pourrais aussi bien repartir, mais autant leur fournir l'alibi le plus solide possible. Je reste-rai plusieurs jours sur place, bien sage, « en famille ».

Le soir même, des soldats frappent à la porte. Ils n'ont pas attendu d'avoir un rapport sur mes activités en ville. Ils ne me suivaient pas dans le cadre d'une surveillance mais sim-plement pour être sûr de savoir où m'arrêter.

En prison, l'officier qui m'interroge n'a pas l'air d'en savoir beaucoup plus que moi sur l'origine de la délation. Simple exécutant, il se contente de chercher à me faire peur par des menaces d'emprisonnement et par un premier interrogatoire musclé. Je feins l'ahurissement. Il ne me croit pas, je ne crois pas ses menaces non plus. Il me garde quatre jours en prison et me laisse partir après un nouvel interrogatoire infructueux.

Je retourne dans ma « famille », dont les membres ont aussi été interrogés, mais moins « vivement » que moi et n'ont pas été emprisonnés. Dehors, un homme surveille tou-jours mes allées et venues. Je quitte Damas pour retrouver directement le groupe du Hezbollah. Je me plains à Faridj du traitement que les Syriens m'ont infligé.

— Bizarre, remarque-t-il, justement, Abou Shadouf se posait des questions à ton sujet l'autre jour.

Abou Shadouf est un des meneurs du FLP tendance Abd al Fatah Ghanim. Autrement dit, un homme de paille des Syriens. Feindre l'innocence serait pire que tout, je préfère prendre un ton agressif :

— À mon sujet ? Pourquoi posait-il des questions ? Je lui en pose, moi, des questions, à ce lèche-bottes ?

— Hé..., énonce Faridj en cherchant à me ménager, parce que... tu sais comme il est, soupçonneux, limite parano...

— Non, je ne sais pas ! Mais s'il m'a dénoncée, Allah est témoin, je...

— « Tu » rien du tout ! reprend Faridj sèchement. Ils t'ont relâchée, non ? Alors ? Tu dois pouvoir supporter un peu de prison. Pense à nos frères qui sont enfermés chez ces chiens de sionistes !

« Pouvoir supporter »... c'est généralement l'argument des gens qui n'ont jamais essayé. Évidemment je n'insiste pas.

Quand je retourne à la base, le discours est à peu près le même :

— *Beseder*[1], admet mon commandant, ils t'ont arrêtée, *az ma* ? Tu dois pouvoir supporter quelques jours de prison ! Pense à tes camarades qui ont passé des mois dans ces prisons libanaises pourries.

Lors du débriefing sur cette incarcération, un détail va particulièrement attirer l'attention de mes p'tits chefs : l'informatisation des locaux militaires syriens, où les rapports commencent à être saisis sur des ordinateurs. Qui sait les informations que nous pourrions obtenir en court-circuitant quelques échanges de données ? Évidemment, il faudrait que quelqu'un puisse implanter un petit programme espion sur le disque dur de leurs PC... quelqu'un qui manie bien l'informatique... quelqu'un qui puisse se faire arrêter presque sans raison pour être relâché un peu plus tard... quelqu'un qui soit entraîné à tenir sa langue et qui...

— Entendu, j'ai pigé. De toute façon je me demande depuis plus de trois ans pourquoi vous m'avez recrutée après un test d'informatique sans plus jamais m'en demander par la suite !

---

1. « Très bien. »

— Quelqu'un de malin aussi, ce serait bien, ironise le major.

— C'est évidemment la première fois que vous entendez parler de leur informatique, continué-je.

— Non, mais c'est la première fois que nous pouvons y renvoyer celui qui en revient.

— Vous vous rendez compte de ce que vous me demandez ? Comment vais-je faire pour entrer sur leur ordinateur ? Je vais dire : « 'Scusez, vous pouvez me passer le clavier cinq minutes ? merci » ?

— Non bien sûr, reconnaît mon commandant. Tu trouveras une approche plus subtile.

— Je trouverai ?

— Nous t'aiderons, voyons, si c'est la seule chose qui t'inquiète. Une fois que tu auras infiltré leur réseau, on pourra prendre le relais à distance. Enfin, je suppose que nous pourrons... Il faut voir avec les ingénieurs, ajoute-t-il, perplexe.

Les ingénieurs ! Espèce redoutable s'il en est. Ils ne m'impressionnent guère puisque je possède un diplôme équivalent, mais il faut reconnaître qu'ils ont un talent unique pour compliquer une situation qu'on s'efforce de simplifier. Dignes représentants de « l'*intelligence*[1] scientifique », ils méprisent les brutes épaisses que nous sommes censés être.

Cette mini-guerre de bureaux entre les « intelligents », aux objectifs irréalistes élaborés confortablement assis sur une chaise, et les « terrains » qui, à les croire, ne chercheraient qu'à en faire le moins possible et à leur saper constamment le moral en rejetant leurs plans et leurs gadgets comme inapplicables, se déroule à tous les niveaux : exécutants, p'tits chefs... La moindre réunion est prétexte à invectives qui culminent lorsqu'on évoque la question des budgets.

---

1. « Intelligence », au sens anglais d'espionnage.

144

Les torts sont partagés. Les « intelligents » ont tendance à créer des outils... « lourds ». Pour eux, un produit au fonctionnement simple et efficace est incomplet. Ils ne le considèrent comme achevé que lorsqu'il frôle délicieusement les frontières de l'inutilisable et commence à présenter ces « quelques bugs » qui permettent d'obtenir des crédits supplémentaires pour lancer une seconde version ou « mise à jour ». Les « terrains », quant à eux, mettent la plus extrême mauvaise volonté à étudier le fonctionnement de ce qui leur est fourni. Si tout ne marche pas immédiatement avec le moins possible d'explications, c'est déclaré inutilisable. De nombreuses créations sont ainsi envoyées au placard à la première difficulté, le plus souvent pour des broutilles. Il faut dire que la réalité de terrain ne permet pas de perdre de précieuses secondes pour régler un dysfonctionnement, sans parler du surcroît de stress.

L'état d'esprit des ingénieurs est bien rendu par l'histoire du verre : « Le gradé militaire s'inquiète de voir le niveau du verre baisser dramatiquement et fera un rapport d'alerte pour annoncer qu'il est déjà à moitié vide. Le politique rassurera en annonçant qu'il est presque rempli. Les ingénieurs expliqueront qu'il est en fait deux fois trop grand, qu'on peut donc le réduire et l'alléger de moitié, quitte à avoir un léger bug au remplissage, et que, quant à réduire, on devrait essayer de gagner une étape supplémentaire en le réduisant des trois quarts. S'il y a un problème on rectifiera dans la prochaine version... »

Mis au courant des idées du staff, les ingénieurs se montrent ravis de pouvoir infiltrer un réseau ennemi sans bouger de leur chaise. Ils concoctent, en deux semaines, un premier prototype très complet, véritable bijou mais lourd à souhait et surtout extrêmement fragile car programmé trop rapidement. Le jour de la présentation aux officiels arrive. Celle qu'ils préfèrent, avec posters, transparents et jolis schémas démontrant les atouts du système. Ils reçoivent les compliments et félicitations d'usage. Puis viennent les démonstrations techniques, en cercle plus restreint, auxquelles je suis conviée. Trois années de statut de « terrain » ont effacé mon passé d'informaticienne « douée ». Les ingénieurs s'adressent à moi comme à une attardée mentale, avec une bienveillante condescendance. Je frôle la crise cardiaque en découvrant ce qu'ils m'ont préparé.

— Vous êtes complètement fous ! C'est inutilisable !

— Mais non ! proteste le p'tit chef « intelligent ». Pourquoi ?

— Premièrement, c'est trop lourd. Je vais devoir me promener avec une unité de stockage démente. Je vous rappelle que je suis fouillée quand ils m'arrêtent. Deuxièmement, l'implantation va demander un transfert de plus de dix minutes, je n'aurai jamais ce délai. Troisièmement, ils se rendront compte de cet ajout dans leur système, ce n'est pas assez discret. Quatrièmement...

Au fil des neuf points qui suivent, j'expose les bugs techniques que j'ai pu entrevoir malgré leur démonstration volontairement évasive sur les sujets délicats. Ils ne s'attendaient pas à un interlocuteur capable de comprendre les faiblesses de leur technologie. Ils appellent un des développeurs afin de soutenir la discussion technique. Ce dernier ne peut que m'approuver Le produit n'en est qu'au stade expérimental.

— Après tout, il faut bien l'implanter un jour, argumente son commandant.

À force de protestations, j'obtiens le soutien de mes supérieurs. Ils ne comprennent pas grand-chose à l'informatique, mais quand j'évoque le temps qu'il m'est possible de passer seule dans le bureau de l'officier responsable d'une caserne, cela parle à leur imaginaire. Ils demandent aux ingénieurs

146

d'alléger leur programme de façon à réduire le temps d'installation et les capacités de transport.

— Revoyez vos objectifs, leur ordonne mon commandant, vous êtes trop gourmands ! Mieux vaut un petit script qui donne un premier accès, les laisser s'habituer et additionner les modules discrètement, *quitte à enchaîner les missions.*

Cette solution ne m'enchante guère. Je le reprends :

— Comment, « enchaîner les missions » ? Je te rappelle que je dois me faire arrêter pour entrer dans ces locaux ! Tu penses vraiment que je vais pouvoir remettre ça souvent ?

— En vérité, oui, énonce-t-il, implacable. Autant te faire une raison tout de suite.

— Nous avons besoin de crédits pour nos développements, explique le p'tit chef « intelligent » pendant que je digère péniblement les nouvelles perspectives qui s'offrent à moi. Pour cela, il faut des résultats. Alors, implantez ce système et nous verrons bien s'ils le trouvent. Nous ferons ensuite des rectifications si nécessaire.

— S'ils le trouvent, vous ne rectifierez rien parce que je ne pourrai plus rien infiltrer !

— Tu dramatises toujours, me reproche mon commandant. Tu pourrais faire un effort. Tout marchera, tu verras.

Je me bats encore un quart d'heure puis j'abandonne, écœurée.

Devant une telle aberration, je prends la décision de créer mes propres outils. Pendant quelques jours, je dissèque méticuleusement leur programme, je discute technique avec les développeurs afin de savoir quels protocoles ils utilisent. Ensuite je réécris tout. À ma manière. Le résultat est simple. Bien moins performant, certes, mais beaucoup plus fiable. Surtout, il tient sur une disquette. Reste à savoir comment je vais me promener là-bas avec elle, mais c'est plus facile et

plus naturel que de trimbaler l'espèce de monstre d'électronique qu'ils m'avaient préparé.

Restent à régler quelques « détails » pratiques. Je me
retrouve une fois de plus à discuter avec mon commandant
qui a toujours l'air de considérer les problèmes qui me préoc-
cupent comme des broutilles sans importance.

— Ce ne sera pas facile de me faire arrêter sans raison, lui
dis-je. Je suis de leur bord, je te rappelle.

— Il suffit d'analyser pourquoi ils t'ont arrêtée une première fois.

— C'est ce Abou Shadouf qui m'a dénoncée.

— Bien, qu'il recommence !

— Cela m'étonnerait, Faridj m'a dit qu'il lui parlerait. Tu
sais ce que ça signifie.

— Il n'ira pas jusqu'à l'éliminer. Si tu t'en chargeais ?

— Sans le dire à Faridj ?

— Évidemment, sans le lui dire ! Tu commences à me les
briser, toi, avec ton Faridj !

— Sur ma vie ! tu es jaloux ?

— Pas du tout, proteste-t-il, vexé, mais ta fidélité envers
ce Faridj m'inquiète. Parfois, je me demande si tu sais qui
est ton chef.

— Fidélité ? Je te rappelle que mon but est de le démolir
et que je passe mon temps à le trahir !

— OK, grommelle-t-il, retourne là-bas, renifle l'air du
temps et essaye de trouver quelle parade te permettrait de te
faire arrêter à répétition à travers ce beau pays. Avec le moins
de dommages possible, bien sûr.

— Bien sûr ! C'est si simple.

— Dans un État policier comme le leur, certainement !

— Se faire arrêter, ce n'est pas un problème, être relâchée
si !

— Nous trouverons, dit-il confiant. Essaie au moins.
« Essaie. » Essayer ne coûte rien, dit-on. Quelle blague !

Je retourne auprès de mes « frères d'armes ». Je suis de
mauvaise humeur et ne cherche pas à le cacher. Un sale caractère est signe de force par ici. Quand il me voit revenir, Faridj
ne me dit rien de spécial. De mon côté, je ne lui pose aucune
question. Je passe mes journées à réfléchir sans trouver de
solution au problème. J'ai une certitude : Abou Shadouf
constitue un début de piste. La seule façon pour moi d'avoir
des différends avec les Syriens sans nuire à ma position dans
le groupe des combattants est de créer un conflit mineur
entre lui et Faridj. Je prends mon courage à deux mains et
vais parler à ce dernier :

— As-tu discuté avec ton copain poseur de questions ?

— Qui ? demande-t-il surpris. Ah, lui... non.

— Je peux rentrer chez moi ou je risque encore de passer
trois jours en prison ?

— Rentre chez toi en paix. J'irai le voir dans deux jours.
Je dois aller à Beyrouth, je ferai un crochet, répond Faridj
en cherchant à me calmer.

Voilà qui est excellent pour mes affaires. Je décide de faire
moi aussi un léger détour par Beyrouth en cette fin de
semaine.

Faridj tient parole et va discuter avec Abou Shadouf. Il
reste à peine une demi-heure chez lui, signe que l'entente
n'est pas au beau fixe. Encore un point qui sert mes plans.
Dès qu'il s'est éloigné, je vais à mon tour frapper à la lourde
porte de bois. Abou Shadouf m'ouvre lui-même, désagréable-
ment surpris.

— Toi ici ? grogne-t-il. Que veux-tu ?

149

— Faridj a oublié quelque chose, commencé-je d'un ton doucereux.

J'entre en l'écartant violemment de mon chemin, vérifie qu'il n'y a personne dans la pièce et lui place un coup de couteau mortel, en veillant bien à ce qu'il ne meurt pas trop vite. J'ai besoin qu'il ait le temps de prévenir ses amis.

Quelques heures plus tard, je passe la frontière syrienne. Je me rends dans le premier village qui contient une caserne suffisamment moderne pour que je puisse me faire arrêter de façon « rentable ». Il suffit d'une délation subtilement orchestrée qui donne lieu à une vérification de routine pour que les militaires décident de me garder « quelque temps à titre de sécurité ». Je ne suis pas particulièrement maltraitée. La seule difficulté est d'assumer la fatigue et les longues heures d'interrogatoire. Heureusement, eux aussi se lassent. Je vois une opportunité se présenter lorsqu'ils vont fumer en me laissant seule, gardée par un soldat, lui-même occupé à papoter à l'extérieur de la pièce.

Lentement, mais sans perdre de temps en hésitations, je me lève et vais devant le clavier. Il suffit d'un peu de culot... non, rectification, il en faut beaucoup. Je dois travailler vite et demander une performance exceptionnelle à mon cerveau en dépit des nuits blanches et d'une hypoglycémie massive. Faire le tour des possibilités matérielles de leur système et de ce poste en particulier, repérer le protocole de transfert de données qu'ils utilisent, adapter mon programme, l'implanter, le tester, tout cela en l'espace de cinq minutes. Quand je regagne ma chaise, j'ai les nerfs à vif et le cœur qui bat la chamade. J'applique nos méthodes pour me reprendre et retrouver mon calme. Je pense à un p'tit chef « intelligent » qui, au même moment, à huit cents kilomètres, doit pousser la porte du bureau de mon commandant pour crier victoire. Espérons qu'ils auront la décence de me laisser le temps de

150

repartir avant d'essayer de se « connecter ». Je les connais, ils sont certainement comme des gosses pressés d'utiliser leur nouveau jouet.

Je suis libérée après deux jours de détention et un tabassage en règle. Quand je rentre au Pays, je trouve mes p'tits chefs en train d'analyser les premiers résultats de mon implantation informatique. Ils sont en pleine réunion.

— Ah ! te voilà enfin ! me lance mon commandant. Tu en as mis du temps ! Qu'as-tu aux pieds ? Tu nous raconteras plus tard. Tu as fait un rapport ? Parfait, je n'ai pas le temps de le lire. Viens voir, ça va te remonter le moral. Le système a donné des résultats étonnants !

Sur ce, il retourne discuter avec les autres sans plus faire attention à moi. Je suis trop fatiguée pour me frayer un chemin vers la table de réunion. Pour le moment, je me fiche des résultats. De toute façon, je serai au courant de ce qui me concerne bien assez tôt. Je les observe un moment, fais demi-tour et me dirige vers l'infirmerie afin de trouver un produit cicatrisant pour soigner mes plantes de pieds bastonnées.

En me voyant sortir, Ouri, l'officier responsable de mon recrutement qui me suit toujours avec une attention particulière, se détache du groupe et me rejoint dans le couloir :

— Tout va bien ? me demande-t-il. Tu as l'air de souffrir. Où vas-tu ?

— Chercher une pommade.

— Je t'accompagne. Nous discuterons en chemin.

— Pas envie de discuter.

— Je me moque éperdument de ce dont tu as envie ou non. Tu ne le sais pas encore ?

Sur ce, il m'assène une claque dans le dos dont je me serais bien passée. Il s'en aperçoit, sans en être gêné le moins du monde.

151

— Je t'ai fait mal ?

— Que veux-tu me dire ?

— Oh, moi rien ! C'est toi qui vas m'expliquer pourquoi le système parle comme un « poisson » au lieu de parler comme un « intelligent ».

J'ai l'impression qu'il veut dire que le protocole de transfert que j'ai utilisé n'est pas le bon et que la communication ne fonctionne pas faute de parler le même langage informatique de part et d'autre. Je m'arrête net et le regarde, ahurie :

— Qu'est-ce que tu me chantes ? C'est le même protocole que celui qu'ils utilisent !

— *Ma pitom*[1], « protocole » ? Tu ne veux pas parler un hébreu clair, de temps en temps ?

— Tu me dis que le système ne marche pas alors qu'il donne des résultats, je n'y comprends rien.

— Mais non, *rosh katan*[2], je n'ai jamais dit que ce système ne marchait pas ! Je dis seulement qu'il parle le « poisson ». Ou, si tu préfères, il marche trop bien pour être celui qu'ils t'ont remis pour ta mission. Exact ?

— Dis-moi pourquoi c'est toi, qui n'y connais rien, qui me fais cette remarque ?

— Je ne connais pas l'informatique, c'est vrai, admet Ouri, mais je te rappelle que je t'ai observée en train de travailler pendant cette fameuse nuit. Eux, je les regarde travailler depuis presque trente-cinq ans. Tu te souviens de notre discussion sur la grammaire des raisonnements logiques ? Encore une fois, je te redis : ce système, il parle le « poisson ». Maintenant, tu m'expliques, m'ordonne-t-il.

— Leur programme... il est... Ah, il est trop lourd, difficile à transporter, à installer. Il est trop voyant, il monopolise

---

1. « Comment ça ? »
2. « P'tite tête. »

trop de bande passante quand il est actif. Il a des bugs en prime... J'ai essayé de le leur dire, personne ne m'écoute jamais... « Fais un effort », qu'ils disent.

Cette fois, Ouri s'arrête net. Il se plante en face de moi, saisit mon bras et me regarde avec une intensité qui me met mal à l'aise :

— Alors ?

Sans trop savoir s'il le prendra bien ou mal, je décide de lui avouer ma stratégie :

— Alors..., alors j'ai tout réécrit à ma façon. Plus simple, moins lourd, plus fiable. Il en fait peut-être un peu moins, bien sûr... Ils ont remarqué qu'il en faisait moins ?

— Moins ? s'écrit-il, prêt à éclater de rire. Tu es loin du compte ! La vérité est qu'ils n'ont jamais eu autant de résultats. Tu l'as écrit entièrement seule ?

— Oui. J'ai juste discuté avec eux pour connaître leurs standards et faire un produit compatible avec les leurs, mais sans préciser que je programmais quelque chose. Ils ne m'auraient pas crue de toute façon.

— Probablement pas, reconnaît Ouri. Tu as mis combien de temps ?

— Une semaine pour analyser leurs outils. Deux jours pour créer le mien.

— Qui d'autre est au courant ?

— Personne. Ça t'ennuie que j'aie agi ainsi ?

— Non. Je ne t'ai pas recrutée pour que tu te suicides en essayant d'implanter bêtement leur dinosaure. Si j'avais voulu quelqu'un qui obéisse sans réfléchir, je n'aurais pas choisi un *black sheep* dans ton genre et je n'aurais pas eu besoin de quelqu'un qui connaisse l'informatique, pas vrai ?

— Dans ce cas, pourquoi ne me l'as-tu pas dit tout de suite au lieu de me laisser gamberger ?

— Parce que c'est seulement si la décision vient de toi

153

que tu auras le cran de l'implanter chez eux. Et aussi parce qu'il fallait que je sache si tu étais capable de ce double courage, vis-à-vis de tes commandants d'une part et des ennemis d'autre part. C'est évidemment plus facile de travailler avec ton produit que tu connais bien.

— D'accord, mais maintenant, pourquoi ne pas me donner carte blanche ? Ce serait plus facile ! Je dois constamment jongler et biaiser entre les ordres des uns et des autres, que ce soit ici ou sur le terrain. J'ai l'impression de ne jamais avoir d'allié nulle part !

— Parfait, approuve Ouri avec une mine satisfaite. C'est très sain. Sans aucun doute le meilleur moyen pour toi de rester en vie. Continue sans rien changer.

— Tu en parles à ton aise. Ce n'est pas simple !

— Rien n'est simple sur terre, acquiesce-t-il d'une voix douce.

— Que faire avec les « intelligents » ? Je leur dis que ce n'est pas leur programme ?

— Un jour, il le faudra, mais je me charge de choisir le moment. Ce sont mes affaires. En revanche, il est impératif que tu me tiennes personnellement au courant des programmes que tu implantes et de leurs fonctions. Tu vas me mettre tout par écrit, avec un listing du programme dans une belle enveloppe, bien fermée, que tu me remettras en personne. Tous tes rapports « annexes », tu me les donneras uniquement de la main à la main, jamais dans mon bureau, jamais devant témoin. Ne te fatigue pas à chercher des occasions, c'est moi qui te trouverai. Tu as autre chose à me dire ?

— Qui me dit que tu ne cherches pas à me rouler comme la dernière fois ?

— Personne. Autre question ?

— Non.

154

— Alors va chercher ta petite crème hydratante. Moi je retourne admirer les résultats de... *leur* travail.

Lorsque je regagne les rangs des fous d'Allah, l'accueil est mitigé. Sans m'en émouvoir ou, pour être plus exacte, sans manifester mon inquiétude, je me dirige vers Faridj qui m'invective :

— Ah ! te voilà ! s'exclame-t-il. Qu'est-ce qui t'a pris ? Tu as complètement disjoncté, ma parole !

Je disjoncte ! Mais oui, il a raison. La voilà la solution magique ! Feignant la surprise :

— Pourquoi ?

— Comment pourquoi ? Ta façon d'assassiner Abou Shadouf juste après mon départ, voilà pourquoi ! Tu sais que j'ai dû rendre des comptes ? On a cru que tu exécutais mes ordres !

— Tu sais que tu peux compter sur mon dévouement.

Je sais cette phrase capable de le calmer instantanément. En effet, il arrête de crier et me regarde, perplexe.

— Ton dévouement, oui, approuve-t-il. Mais il faut que tu fasses attention, tu es trop impulsive. Tu comprends ce que je veux te dire ?

— Il n'y a pas de place pour les traîtres parmi nous.

Il pose sa main sur mon épaule, exhale un soupir triste.

— Qu'Allah ait pitié. Tu es malade. Ce n'est pas grave, mais ne prends plus d'initiative. Ne fais rien sans m'en parler, d'accord ?

Je répète, le regard fixe :

— Il n'y a pas de place pour les traîtres parmi nous.

Je m'éloigne à une distance qui me permette de l'entendre parler.

155

— Qu'est-ce qu'elle a ? demande un fedaï. Elle fait une drôle de tête.

— Elle a disjoncté, lui explique Faridj. Sans doute pendant son arrestation. Elle a dû prendre un mauvais coup ou elle n'a pas supporté la captivité, ça arrive.

— On la met sur la touche ?

— Non, elle va nous servir. Plus rien ne l'arrêtera dans cet état. Il n'y avait déjà pas grand-chose qui l'arrêtait avant... Elle reste avec nous. En cas de problème, elle ira en première ligne. En plus, sa parano me protège, calcule Faridj.

— Que disons-nous aux Syriens ? Ils la recherchent pour le meurtre d'Abou Shadouf. Ils n'abandonneront pas.

— Elle n'a qu'à rester ici, c'est simple. Ils oublieront.

Je sais ce qu'il me reste à faire. Jouer les cinglées, flinguer quelqu'un de temps en temps, et faire quelques visites ciblées à mes voisins syriens pour que, justement, ils ne m'oublient pas. Finalement, tout s'arrange.

Je rentre un peu plus tard mettre mes p'tits chefs préférés au courant de la tournure des événements. Ils sont sceptiques sur le succès de ma stratégie.

— C'est de la folie pure, affirme mon commandant. Ils vont bien finir par se rendre compte que tu te fous de leur gueule et alors tu vas morfler !

J'essaie de lui expliquer que j'en doute. Pour qu'ils me démasquent, il leur faudrait admettre qu'eux, grands guerriers machos devant l'Éternel, puissent être roulés par une gamine comme moi. Impossible. Face à Ouri, seul à seul dans son bureau, je renchéris en prenant l'exemple des programmes échangés au nez et à la barbe de tous :

— Même chez nous qui avons soi-disant intégré la mixité, personne ne pense qu'une femme puisse oser un coup pareil, alors eux !

— Personne ? proteste-t-il. Je te signale que j'avais

compris ton manège. Soit, je veux bien faire ce pari avec toi. Je ne vois pas de meilleure idée pour le moment. Nous verrons bien.

Sur ces bonnes paroles, il replonge le nez dans ses papiers, signe que je peux me retirer. J'ai un moment d'hésitation. Je le regarde. Cet homme a toujours l'air perdu dans des pensées qui dépassent le commun des mortels, et tous les mortels sont communs à côté d'Ouri. Il relève la tête, étonné de me voir encore devant lui.

— Qu'attends-tu ? Tu as autre chose à me dire ?

— Non.

— Alors va. Quand tu reviendras, passe me voir pour me raconter.

Commence pour moi une longue période d'errance savamment organisée. Je passe la plus grande partie de mon temps, profil bas, dans le groupe de Faridj, avec parfois quelques coups de folie indispensables à mon image de marque. Dans ces cas-là, je n'agis pas dans la dentelle. Comme dit le proverbe : « On ne fait pas peur aux prostituées en leur montrant le bout du doigt. » Le reste du temps, je fais le tour de mes relais et motive mes contacts. À l'occasion, j'implante mes programmes espions dans un nouvel ordinateur.

Ces séances « techniques » passent par une arrestation « de routine » éprouvante. Avec les militaires, le scénario est immuable : les « discussions » ne débutent qu'après un passage à tabac en règle, viennent ensuite les heures d'interrogatoires, un séjour en prison plus ou moins long selon l'humeur du p'tit chef local et une remise en liberté effectuée de mauvaise grâce sous la pression d'un de mes « protecteurs ».

Connaître ne signifie pas s'habituer. Les tabassages laissent chaque fois des traces. En outre, il m'est difficile de garder l'esprit lucide quand je viens de recevoir une série de coups de matraque sur la tête. Je commence à craindre que des mois de ce régime ne finissent par me rendre réellement dingue.

Ces « détails » mis à part, la partie informatique de ma mission est intéressante. Quand j'installe quelque chose sur un ordinateur, rien ne se passe jamais comme prévu. C'est « ludique » et créatif. Je découvre au cours de mes voyages tous les problèmes possibles et imaginables. Matériel vétuste à double lecteur de disquette et sans disque dur, les derniers ordinateurs du genre qui soient encore en état de marche, mémoire vive totale de 1 Mo, processeurs XT 8086 sans co-processeur arithmétique, modems ramant à 14 400 bps trônent aux côtés de PC dernier cri aux disques durs saturés. Je résiste héroïquement à l'envie de corriger un défaut d'installation, de faire de la place sur le disque dur ou de réinstaller le système d'exploitation proprement.

Parfois, il m'arrive d'être en face d'un officier tellement dépassé par les bugs qu'il rencontre chaque jour qu'il accepte mon aide spontanément. Cela simplifie grandement ma tâche et améliore les conditions de ma courte détention. Pour couronner le tout, je repars avec des remerciements. En outre, ce genre de chance facilite les « mises à jour ». Il suffit de télé-provoquer une légère panne et de me trouver ostensiblement dans les parages au même moment. Neuf fois sur dix, un soldat vient alors me chercher pour dépanner. Comme j'ai bon cœur, je les aide toujours. Les dysfonctionnements des logiciels Microsoft sont la clé véritable de la fraternité universelle.

À chaque retour au Pays, je prends la direction de l'hôpital. Les médecins me font passer une foule d'examens au cours desquels ils diagnostiquent de multiples œdèmes, dont quelques-uns contre le cervelet provoquent des troubles de la vision, des malaises et des sortes de tics. Ils traitent. Ma situation s'améliore mais n'est jamais complètement rétablie. Les passages à tabac à répétition laissent leurs séquelles. Les médecins me parlent un jour de nystagmus multidirectionnel au lieu de l'unidirectionnel qu'ils avaient décrit le mois précédent. Ils m'expliquent que ce sont deux symptômes différents qui se mélangent, l'un dû à la pression sur le cervelet et l'autre à l'oreille elle-même. Concernant celle-ci, une lésion du rocher provoque des saignements réguliers. Pour la soigner, ils effectuent des injections d'eau froide dans l'oreille. Très agréable. Quand les caillots sont évacués la pression baisse. Si les saignements recommencent, ils refont des injections. Bref, tout est « normal ». C'est le moment ou jamais de m'en convaincre.

Le plus souvent je quitte l'hôpital pour aller directement au débriefing. Nous finissons tard le soir et je reprends l'avion pour quelques jours de vacances-convalescence, fatiguée, écœurée, saturée. Comme je n'ai jamais le temps de manger, je grappille deux ou trois beignets sur le chemin... un soda et un sandwich-schnitzel[1] à l'aéroport... Bon sang, quelqu'un peut-il m'expliquer comment je fais pour chaque fois emmagasiner plus de trois kilos en deux jours sans jamais prendre un seul repas ?

AVRIL-MAI 1998 : CINQUANTIÈME ANNIVERSAIRE DE L'ÉTAT D'ISRAËL.

23 OCTOBRE 1998 : ACCORD DE WYE RIVER, « DES TERRITOIRES CONTRE LA PAIX ». LES PALESTINIENS RÉCUPÈRENT TREIZE POUR CENT SUPPLÉMENTAIRES DE LA CISJORDANIE EN ÉCHANGE DE L'ENGAGE-

---

1. Escalope de poulet panée, spécialité juive d'Europe de l'Est aussi banale en Israël qu'un jambon-beurre à Paris.

MENT À RÉPRIMER LEUR TERRORISME PAR LEUR PROPRE POLICE.

DÉCEMBRE 1998 :

Les sites que je dois « équiper » ne sont pas choisis au hasard. Le but est de localiser un serveur secondaire, les principaux étant trop protégés, et d'avoir accès à des informations intéressantes. La technique est désormais au point mais la récolte est maigre. Il ne se passe pas grand-chose de passionnant dans les bleds où je me fais la main. Néanmoins, mes programmes ont l'avantage de faire miraculeusement disparaître les traces de mes arrestations successives, ce qui évite que je me fasse remarquer. Seuls les rapports envoyés par fax ou courrier parviennent aux services secrets syriens. Au bout d'un an cela fait trop pour leur paranoïa naturelle. L'accusation pour le meurtre d'Abou Shadouf, leur confiance limitée dans les Palestiniens et leur horreur des éléments incontrôlés les conduisent à lancer un avis de recherche me concernant. Dès que Faridj en est informé, il se répand en imprécations :

— Où est cette tête de bourrique ? s'énerve-t-il. Qu'Allah la protège, je vais lui briser les os ! Les Syriens la soupçonnent d'activités contre leurs intérêts. Cette fois je ne pourrai rien pour l'aider.

— Tu crois, toi, qu'elle puisse être antisyrienne ? lui demande son lieutenant.

Faridj fait taire ses propres doutes et le rassure :

— Mais non, impossible ! Elle est simplement barge. La vérité, ajoute-t-il avec conviction, c'est qu'elle est « anti-tout bon sens ».

J'ai pu quitter la Syrie à temps, mais je ne suis pas passée voir Faridj et j'ignore tout de cet avis de recherche. J'ai préféré rentrer au Pays. Les fedayin me rapporteront la scène plusieurs mois plus tard. Cette dernière expression de Faridj à mon sujet, « elle est anti-tout bon sens », deviendra la boutade à la mode pendant quelques mois.

À mon retour à la base, je suis loin de me douter que je le cite presque mot pour mot en répliquant à mes p'tits chefs, alors qu'ils m'expliquent le plus tranquillement du monde que je dois retourner dans le dernier village où je venais juste d'être arrêtée.

— C'est contre le plus simple bon sens !

Ce cri du cœur n'est pas du goût de mon commandant.

— Je te demande pardon ? C'est pourtant clair : ta dernière implantation ne fonctionne plus. *Ma kara*[1] ?

— Comment veux-tu que je sache ce qui s'est passé ? Peut-être que leur disque dur est plein ou n'importe quelle bêtise de ce genre.

— Il faut que tu ailles voir. C'est d'autant plus rageant que c'est la meilleure source d'informations que nous ayons eue jusqu'à présent.

— Attends, vous n'avez même pas réussi à supprimer mon dossier. Les services secrets sauront que j'ai été arrêtée à cet endroit. Ils peuvent très bien m'y rechercher.

— Tu t'en fais une montagne ! Ils ont autre chose à faire qu'à s'intéresser à une jeune folle, surtout si elle est couverte par les chefs fedayin.

— Ah ? ils ont autre chose à faire ? Et quoi donc ?

— Je ne sais pas moi ! Organiser les prochaines élections à 100 % des voix par exemple.

— J'ai été un peu fort en tuant Abou Shadouf, dis-je songeuse. Je ne pensais pas qu'il puisse être aussi difficile à remplacer pour les Syriens.

_____

1. « Que s'est-il passé ? »

— Bah, fait mon commandant de son ton désinvolte, c'est peut-être ce que tu as fait de mieux. Assez discuté, tu repars là-bas et tu te débrouilles pour arranger ce programme.

— Directement ? Sans retourner voir Faridj ?

— Bien sûr, sans revoir Faridj ! La guerre risque d'éclater d'un moment à l'autre, nous n'avons pas de temps à perdre en mondanités.

17 DÉCEMBRE 1998 : DÉBUT DE L'OPÉRATION RENARD DU DÉSERT.
PREMIERS TIRS AMÉRICAINS CONTRE L'IRAK À MINUIT (HEURE D'ISRAËL).

Puisqu'il faut y aller, j'y vais, en maudissant mon obéissance suicidaire, sentiment mêlé d'une forme de conscience professionnelle qui me donne envie de réparer ce programme défectueux.

Par prudence, je choisis de faire un détour avant de regagner la Syrie par un point de passage que je n'ai pas souvent utilisé et avec un passeport différent. J'en ai quelques-uns en réserve. Ces précautions rallongent mon voyage d'une bonne journée. J'atteins le village où je dois effectuer la réparation le soir, quelques heures seulement avant le premier tir américain contre l'Irak, le genre d'action qui n'est pas fait pour diminuer la tension des militaires dans les pays arabes.

Je tente de prendre contact avec mon relais. Il est introuvable. Je m'inquiète, cherche de ses nouvelles. Un voisin m'ouvre sa porte, m'invite à boire un thé pour « me reposer de mon voyage ». Rien n'indique que je viens d'effectuer un voyage. Flairant le piège, je décline son invitation et repars. Quelques minutes plus tard, une voiture de police militaire

162

remonte la route et s'arrête à ma hauteur. J'hésite. Faut-il accepter cette opportunité de me laisser arrêter et finir mon travail, ou vaut-il mieux fuir ? Pour aller où ? Ces deux secondes d'hésitation sont trop longues. Déjà les armes sont braquées et le choix n'existe plus.

Arrivée à la caserne, je comprends que la situation est grave. Devant l'entrée, plusieurs dizaines de personnes, familles et proches de prisonniers, protestent de leur innocence. Les soldats ont du mal à se frayer un chemin. Ils me conduisent directement dans le bureau de leur commandant sans passer par le bureau ordinaire d'« enregistrement ». Ils viennent de procéder à une vague d'arrestations. Qu'en est-il de mon cas ? Est-ce personnel ou seulement parce que je suis venue prendre des nouvelles de mon contact ? A-t-il été arrêté à cause d'un lien avec moi ou pour une autre raison ? Le commandant syrien ne tarde pas à m'éclairer.

— Tu as eu tort de revenir, me lance-t-il. Pas question de te laisser repartir. J'ai des ordres de Damas.

— Je ne comprends pas, dis-je sans trop mentir.

— Nous savons qui tu es et ce que tu viens faire. Tu comprends mieux maintenant ? Les services secrets veulent t'interroger. Je viens de les prévenir de ton arrestation. Ils arrivent.

Brusquement, je crains le pire. Tant qu'ils n'ont pas établi clairement ma culpabilité, il est toutefois hors de question que je flanche. Après tout, c'est peut-être du bluff et je dispose toujours de mes protecteurs palestiniens.

— Je ne comprends toujours rien !

— Te fatigue pas. Inutile de compter sur tes amis. Depuis qu'on leur a expliqué ton double jeu, ils ne veulent plus entendre parler de toi !

Tout est clair : mon relais arrêté, le programme qui ne répond plus..., assurément le dernier rapport a été lu par des types malins qui ont découvert le pot aux roses. Qu'importe, je conserve la même défense.

— Double jeu, moi ? Allah est témoin, c'est un mensonge effroyable !

— Tais-toi ! hurle le commandant en frappant du poing sur la table et en se levant. Tu as abusé les fedayin ! Tu les as utilisés pour ta lutte antisyrienne ! Nous venons d'arrêter tout ton réseau, tous, tu entends ? Ils ont avoué. Tous les huit !

Les huit ? Quels huit ? Connaissant leurs méthodes d'interrogatoire, je ne m'étonne pas vraiment : sept sont interrogés et huit avouent.

— Impossible ! Je ne connais personne ici.

— Vraiment ? Alors, pourquoi tu as frappé à la porte de X ce soir ?

— Je viens d'arriver, je cherchais l'hospitalité.

— Justement chez lui ! Inutile de nier, nous savons que tu es membre d'une organisation terroriste palestinienne aux activités antisyriennes.

Tout s'explique ! Ce crétin de relais — maudit soit-il ! — ne m'avait pas tout dit sur ses activités. Je suis réellement surprise et, pour une fois, je n'ai pas à faire semblant d'être innocente. Le commandant le remarque.

— Inutile de faire ton numéro.

— Ce n'est pas un numéro, tu te trompes à mon sujet. Je suis membre du Front du Refus, je combats au côté du Hezbollah. Je ne suis pas du tout antisyrienne !

— Nous verrons si tu diras toujours la même chose demain matin.

Il fait signe aux soldats qui m'emmènent vers une prison pleine à craquer. La semaine précédente nous n'étions que deux. Ce soir, il doit y avoir une cinquantaine de personnes.

164

Il s'agit de prouver aux fonctionnaires de Damas l'efficacité des responsables locaux.

Je suis enfermée dans une cellule contenant déjà une dizaine d'hommes. À tout hasard, je cherche mon contact : il n'est pas là. Je m'assieds dos au mur et somnole en écoutant d'une oreille des conversations qui ne m'apprennent rien. Le lendemain matin, j'ai droit à un réveil musclé. Amenée — portée serait plus juste — dans une salle d'interrogatoire, je retrouve mon relais et sept hommes que je ne connais pas, tous salement amochés.

— Je ne la connais pas, nie vivement le relais dès que je franchis le seuil.

Ce à quoi j'ai bien envie de répliquer « je ne le connais *plus* » tellement j'enrage qu'il ait pu me cacher certaines de ses activités, élément pourtant essentiel à son dossier. Il perçoit mon reproche et baisse les yeux.

J'en profite pour reprendre l'initiative :

— Qu'est-ce que c'est que cette comédie ?

— Tu travailles avec eux ! accuse l'officier présent.

— Absolument pas !

Je suis jetée au sol tandis que commence un matraquage en règle. J'ai beau avoir l'habitude... non, décidément, je ne m'habitue pas. Quand je me réveille péniblement, je suis seule. Des cris s'échappent de l'autre bout du couloir. Je me redresse avec difficulté en essayant d'apprivoiser les vertiges. J'ai perdu le sens de l'équilibre : déplacement des cristaux de l'oreille interne suite à un « mauvais » coup. Le genre de chose que je suis censée savoir réparer seule par un brusque déplacement latéral... dans quel sens déjà... et comment faire quand je ne maîtrise plus mes mouvements... « marche pas du tout leur truc... » faudra que j'explique ça à Dov quand je rentrerai... si je rentre... Ne sautons pas les étapes, d'abord il faut sortir d'ici.

165

J'essaie de me relever en m'appuyant au mur. Impossible de rester debout, je m'effondre. Alerté par le bruit, un soldat entre et me demande ce qui se passe. J'essaie de lui expliquer ce que je devrais faire pour remettre ces foutus cristaux en place. Il ne comprend rien et appelle un sergent. Lui comprend, il a l'habitude. Avec l'aide du soldat, il me redresse sur mes pieds puis me projette violemment sur le côté. Ma tête cogne contre le mur et je retombe inconsciente.

À mon réveil, le tourbillon a cédé la place à de légers vertiges et à un bon torticolis. Le gros du rétablissement semble être fait. J'arrive à me lever et je me dirige vers la porte restée ouverte. Au fond du couloir, les cris ont cessé. Plusieurs soldats qui papotent se tournent vers moi. Pour une sortie discrète, c'est râpé. L'un d'eux frappe à une porte et annonce que je suis réveillée. Un officier passe la tête.

— Parfait, fais-la venir.

C'est la première fois que j'entre dans une salle de torture. On m'en a parlé durant ma formation, on m'a montré des photos, des films, on m'a fait lire des témoignages, des rapports, on m'a entraînée par des « mises en situation », fort pénibles d'ailleurs. Rien qui égale cette atmosphère de peur irrespirable qui habite les lieux. Les huit suspects sont là, certains inconscients, d'autres en larmes. Mon contact semble tenir le coup, du moins nerveusement. Finalement, je ne m'étais pas tant trompée en le choisissant. En le voyant accroupi sur le sol, le regard courageux, j'oublie mon ressentiment à son égard. Après tout, nous avons un ennemi commun. Si j'arrive à nous sortir de là, il fera un relais plus fiable que les autres. Ils sont sept entassés dans cet angle mais où est le huitième ? Je me retourne et je le vois, allongé sur une table avec quatre hommes autour de lui qui sont en train de finir de le torturer. Malgré moi, j'ai un haut-le-cœur et manque de m'évanouir.

— Assieds-toi, me murmure le relais dans un souffle, cela t'aidera.

— Ça va aller, dis-je en suivant son conseil tandis que je sens revenir mes forces.

Il me regarde. Si son visage n'était aussi enflé et esquinté, je jurerais qu'il essaye de sourire.

L'homme sur la table est inconscient. Ils le portent rejoindre ses camarades allongés contre le mur. Ils passent au suivant. Les heures s'écoulent lentement. Très lentement.

Mon tour vient avant celui du relais. Deux des hommes qui m'interrogent se présentent comme des membres des services secrets. De nouveau je clame mon innocence et récite mon curriculum vitae. Sait-on jamais si c'était efficace...

Coups, noyade, torture à l'électricité. Je suis étonnée de leur classicisme, je redoutais comme la peste d'autres pratiques. L'entraînement porte ses fruits. J'arrive à tenir le coup et à donner des signes de faiblesse avant d'être vraiment limite. Je simule une perte de conscience. Une chance, ils ne vérifient rien et me jettent sur le sol près des autres. Ma tête heurte violemment le dallage et je perds connaissance pour de bon.

Je me réveille en suffoquant sous un flot d'eau. Pendant quelques secondes je ne me souviens de rien. Puis mon regard tombe sur le relais qui est debout, non loin de moi. Les souvenirs reviennent aussitôt. Je me sens épuisée, les nerfs à fleur de peau, le corps horriblement douloureux, mon cœur bat par vagues, puis semble s'arrêter de longues secondes.

Cette pièce, aussi lugubre que la précédente, est ouverte sur un pan de mur complet et donne sur l'arrière-cour de la caserne. Une potence rudimentaire est fixée au plafond. Sur les huit hommes arrêtés, cinq sont étendus au sol, apparemment morts. Les autres sont assis en larmes. J'essaie de comprendre ce qui se passe. Des soldats me soulèvent et m'amènent vers le commandant et les deux agents.

— Tu persistes dans tes déclarations ?

Quelles déclarations ai-je pu faire ? J'espère que je n'ai pas parlé. Impossible d'en être certaine. Je ressens encore une telle douleur... Un soldat me bouscule, je fais un signe de tête affirmatif.

— Dans ce cas, si tu n'as rien à voir avec lui, tu n'as rien contre le fait qu'il paie pour sa trahison, n'est-ce pas ?

De nouveau bousculée, toujours ahurie, je reste sans réaction. Le relais est conduit vers la potence. Un soldat le fait monter sur un tabouret qui me semble ridiculement bas, ajuste la corde autour de son cou. Un autre m'amène près de lui. Je crois à une mise en scène montée pour m'impressionner. Les autres prisonniers conscients commencent à supplier. Je reste pétrifiée et incrédule.

— Alors ? me demande un des « fonctionnaires » de Damas, tu changes d'avis ? Si tu avoues, je transforme votre peine de mort en prison. Nous n'avons rien contre vous ; ce qui nous intéresse, c'est d'arrêter les activités antisyriennes qui ont lieu sur notre territoire. Il me semble que c'est assez naturel.

— Je suis combattante pour Allah, la Palestine... et la Syrie. Mes chefs peuvent en témoigner. Je n'ai jamais comploté et je ne connais pas ces hommes.

Je ne reconnais pas ma voix faible et cassée. J'ai toujours les yeux rivés sur le relais. Lui aussi me regarde. Son regard est vide de tout espoir, de toute demande. Il n'exprime que haine et épuisement. Brusquement, je réalise qu'il est très jeune.

— Très bien, dit le Syrien. Tu le condamnes toi-même.

Il fait signe au soldat.

Incrédulité.

Un dixième de seconde plus tard, le son atroce de sa glotte broyée, sa tentative désespérée pour se dégager, ce sursaut de dernière chance et de souffrance...

J'ai le réflexe de me précipiter vers lui, les soldats me retiennent. Je me débats en le voyant bouger encore. Il est à deux mètres, pas plus. Je n'arrive pas à croire qu'ils ne le sauveront pas au dernier moment. Deux secondes plus longues qu'une éternité et son corps se balance, lourd, sans vie.

Responsabilité. Culpabilité.

Si j'avais joué le jeu, dit quelque chose, n'importe quoi, il serait encore en vie... Serait-il encore en vie ? Si, il serait encore en vie...

Je dois réagir, prendre conscience que ce n'est pas mon silence qui l'a tué mais l'action du militaire qui d'un coup de pied a envoyé le banc au loin. Contrairement à ce qu'ils veulent me faire croire, ce n'est pas moi qui l'ai tué. Non. Ce n'est pas moi. Pourtant, des années plus tard, ce son effroyable, cette image ne me quittent pas. Pourquoi vis-tu ainsi en moi ?

Les séances de torture se poursuivent toute la journée. Mes nerfs lâchent et je pleure comme les autres. Je m'accroche à mon histoire. De leur côté, les deux survivants passent aux aveux. Les militaires semblent prêts à se contenter de leur version, mais pas les agents des services spéciaux, qui ont décidé de se débarrasser une fois pour toutes de la meurtrière de leur relais à Beyrouth.

Le soir venu, deux soldats m'emmènent dans un bureau à l'étage. Les soldats me posent sur une chaise et ressortent. Malade, tremblante, les nerfs brisés, j'essaie de me reprendre et de retrouver au moins la force de réfléchir. Entre un sous-officier. Il passe derrière le bureau, face à moi et met l'ordinateur en marche.

L'effet est magique.

169

Le doux son familier et chaleureux de l'ordinateur qui démarre me rend mes repères, me ramène à une vie moins pénible, à un autre défi. Une série de bips courts indiquent un dysfonctionnement de la carte contrôleur. Voilà donc l'explication de la panne de mon programme ! Comme la souris semble fonctionner, c'est le port parallèle, celui de l'imprimante, qui doit être hors-service, rendant impossible de contrôler les impressions comme je voulais le faire et bloquant tout. Idiot de ma part, j'aurais dû prévoir la panne. Je m'efforce de mieux regarder le matériel pour évaluer son âge et le type de carte contrôleur qu'il utilise. Je dois faire des efforts surhumains pour retrouver une vue potable. Je décide de demander un coup de main au sergent.

— C'est un 386, n'est-ce pas ?

— Je ne sais pas, mais il ne marche pas bien. Nous taperons tes aveux ici et ensuite nous irons sur un autre PC pour les imprimer.

— Dommage... je pourrais le réparer, ainsi plus besoin de faire la navette. C'est mon métier.

— Ah bon ? Mais pas question de démonter la bécane !

Comment faire sans la démonter, bougre d'andouille de toi-même ! Même en la démontant, sans pièce de rechange je ne peux pas grand-chose. Ce n'est pas grave, la seule chose qui m'importe est d'avoir accès au clavier. Je m'empresse de le rassurer.

— Inutile de démonter, je peux le faire depuis le clavier.

— C'est vrai ?

— Laisse-moi te montrer, tu peux le faire toi-même. Tu connais l'anglais ? Non ? Alors regarde, tu vas voir...

Je rassemble ce qui me reste d'énergie pour me lever et passer de l'autre côté du bureau. Je m'installe au clavier, assure mes mains et commence à reprendre mon programme pour le corriger. Le sergent ne comprend rien et ne regarde même pas. Quand j'ai fini, je teste : la connexion fonctionne de nouveau. Je me tourne vers le militaire en lui avouant mon échec avec un air triste.

— Non, rien à faire, désolée. La carte est complètement grillée.

— C'est pas grave. Retourne t'asseoir, ils vont arriver pour enregistrer tes aveux.

Un bon quart d'heure s'écoule. Personne ne vient. Le sergent fait patiemment les cent pas dans la pièce.

— Quand doivent-ils venir exactement ?

— Plus tard. Ils mangent maintenant.

Nous sommes en plein Ramadan. Ils ne se contentent certainement pas d'un sandwich sur le pouce. S'ils sont tous occupés, c'est sans doute le moment d'essayer quelque chose.

— C'est toujours pareil, les puissants se gavent et les petits attendent leur tour...

Il ne répond pas à ma provocation, mais ne me contredit pas non plus.

— Bon, moi j'en ai assez... Tu veux que je te les fasse, ces aveux ? Nous pouvons au moins commencer. Qui sait, ainsi tu auras peut-être de l'avancement ?

— Tu veux parler maintenant ? Tu as changé d'avis ?

— Comme si j'avais le choix ! Tu penses que je peux tenir autrement ? Ces types de Damas veulent ma peau.

— Tu as raison. D'accord, je peux commencer... Attends une seconde...

Cinq bonnes minutes s'écoulent tandis qu'il cherche à faire fonctionner le logiciel de traitement de texte. Je commence à perdre patience, d'autant qu'il faut absolument finir pendant que les autres mangent. Quand il est prêt à écrire, je récite une fois de plus mon curriculum vitae, en insistant fortement sur les noms des chefs qui me soutiennent. Je vois qu'il est impressionné et je m'arrête net.

— Voilà, c'est tout.

— Comment, c'est tout ? Ce ne sont pas des aveux, tu ne dis rien !

— Aucune importance. Mes chefs ont payé le commandant pour qu'il me laisse sortir. C'est pour cette raison qu'il ne remonte pas. Maintenant, donne-moi les clés des menottes.

— Tu rêves !

— À toi, je peux le dire : nous avons payé le commandant une petite fortune. C'est vrai que j'ai assassiné Abou Shadouf et les agents ne me le pardonneront pas. Ce ne sont pas des combattants, ce sont des fonctionnaires. Ils ne se battent pas, ils trahissent, ils dénoncent, ils torturent. Abou Shadouf était un traître. Toi, tu es un combattant, tu connais la vraie valeur des hommes, ton commandant aussi. Vous êtes traités comme des larbins pendant qu'eux ils ont le beau rôle... et les gros salaires.

Ce dernier argument fonctionne. Le sergent me regarde avec intérêt mais surveille la porte, inquiet. J'avance un chiffre.

— Je ne peux pas, refuse-t-il à contrecœur.

— Ne t'inquiète pas, je te jure que personne ne pourra rien te reprocher. Je sais y faire, si le commandant le fait, tu peux aussi ! D'ailleurs, s'il t'a confié cette garde, c'est parce qu'il t'estime et qu'il veut que tu profites toi aussi de l'aubaine.

— Quoi ?

Bon, j'ai peut-être été un peu fort dans la flatterie. Je rectifie mon discours pour le rendre plus pragmatique :

— Évidemment, le fait que tu partages le même secret l'assure de ton silence. C'est à double effet : si tu refuses, tu deviendras un danger pour lui et dans ce cas...

Je hoche la tête d'un air de dire qu'il n'en tirera rien de bon.

— Allez, la clé des menottes, c'est tout.

— C'est tout ? Et tu t'arranges pour qu'ils ne sachent rien ?

— Promis.

Plus nerveux que moi, il pose les clés sur l'angle du bureau et va se poster à l'entrée de la pièce pour surveiller le couloir. Je me détache puis, lentement je le rejoins. Il me tourne toujours le dos. Je l'étrangle prestement.

— J'aime tenir mes promesses. Tu vois, tu n'auras plus aucun ennui.

Je prends son arme et pars en traversant les couloirs désertés. Les rares soldats qui ne sont pas en train de manger attendent fébrilement leur tour et ne me prêtent aucune attention. Je sors sans encombre, monte dans une voiture et prends la route.

La réussite de mon plan et l'air frais de la nuit m'enivrent. J'accélère et roule d'une traite jusqu'à la frontière. Elle est fermée à cette heure tardive. Pour ne pas éveiller les soupçons, je me dirige vers un camp de réfugiés où j'ai des contacts. Je tombe en panne sèche. Me voilà bien ! Je suis trop loin du village pour le rejoindre à pied et je peux aussi bien attendre une semaine entière avant que quelqu'un ne passe par cette route. La seule chose à faire est de marcher vers la frontière en espérant l'atteindre avant que l'alerte soit lancée. Je marche plus de cinq heures dans la pénombre avant d'arriver en vue du poste. Je m'écroule épuisée sur le bas-côté pour profiter des dernières heures de la nuit.

Le bruit d'une camionnette bringuebalante me tire d'un sommeil peuplé de cauchemars. Je me réveille pleine de fièvre et de courbatures, conséquences des traitements de la veille et de l'humidité nocturne. Mon corps pèse une tonne. La vie aussi semble lourde à porter tout à coup. Le chauffeur de la camionnette me fait signe en me voyant me redresser.

— Que fais-tu là ? Que t'est-il arrivé ?

Craignant qu'il ne me dénonce, je lui tourne le dos et lui fais signe d'avancer sans s'occuper de moi. Il n'obéit pas. Au contraire, il arrête sa caisse et descend.

— Rien. Laisse-moi. Pars.

— Tu veux passer la frontière ? Tu as des papiers ? Tu n'as pas de papiers, hein ? insiste-t-il. Monte dans le camion, je vais te faire passer, moi.

Je le regarde, interrogative.

— Mais oui, moi aussi je suis palestinien, je sais ce que c'est. Sois sans crainte, je ne te trahirai pas, Allah est témoin ! Monte ! Dépêche-toi, ils vont finir par remarquer que je me suis arrêté... pour vérifier le pneu... le pneu avant gauche, dit il en marquant bien les mots et en donnant un grand coup de pied à sa roue. Toujours il est plat, le pneu avant gauche... toujours ! Tiens, prends ton passeport dans la boîte à gants... c'est celui de ma femme, elle ne quitte jamais la maison, elle n'a pas besoin de papiers, mais elle m'a tanné pour avoir son passeport. « Je dois avoir un passeport », elle disait. Elle avait tellement peur de le perdre qu'une fois qu'elle l'a eu, « garde-le pour moi, Ramzi », elle m'a dit. Oui, Allah est grand et ce passeport, il a servi, tu as vu les visas ?

En effet, je tourne les pages et je trouve une quantité impressionnante de tampons.

— Tu n'es pas la première que je ramasse à cet endroit, mais Allah est miséricordieux, tu vas voir, tout s'arrangera !

Nous passons la frontière sans encombre.

— Depuis trente ans, je passe ici tous les jours pour aller travailler au Liban. Tous les jours je suis passé ! Même avec la guerre et tous les problèmes, toujours je suis passé ! Ma femme, elle me dit : « Ramzi, pourquoi on ne s'installe pas au Liban directement ? » Mais au Liban, c'est toujours des problèmes... pas vrai ? Des siècles que c'est toujours des problèmes ! Et les enfants ils sont syriens, c'est mieux. Mais moi, je suis palestinien, alors leur frontière je m'en fous. Je passe.

Il me dépose au premier village. Je vole un peu d'argent et continue ma route en autobus. Il me faut deux journées pour atteindre le sud. Je suis de plus en plus affaiblie et malade.

Je rejoins un de mes relais, récupère quelques médicaments et des papiers. De là, je préviens mes p'tits chefs que j'arrive « en passant par le jardin » et que j'aimerais bien un coup de main pour rentrer. Impossible de franchir la grande porte, la frontière ouverte aux travailleurs chaque matin. Si les combattants me voyaient dans la longue file d'attente, je ne resterais pas longtemps en vie. En temps ordinaire, je ferais un détour par la Grèce ou la Turquie, mais cette fois je n'en ai pas la force. Sans attendre leur réponse, j'emprunte la voiture de mon malheureux relais et roule vers le secteur occupé par Faridj et ses hommes.

J'abandonne la voiture à l'écart de la route et continue à pied. Arrivée à une position que je connais et que j'apprécie pour sa vue panoramique, je m'assieds et j'attends le soir. Il est classique pour le Hezbollah de lancer des attaques contre Israël depuis ce point, même les soirs de Ramadan. Surtout ces nuits-là, d'ailleurs.

Le crépuscule n'est pas encore tombé quand je distingue un groupe d'hommes devant moi. Je les suis à vingt minutes de distance, ils « m'ouvrent les portes ». Je n'ai plus qu'à tenir encore le coup, à continuer de marcher. Ce n'est pas facile. La fièvre atteint son paroxysme, certaines plaies sont infectées, j'ai des courbatures insupportables, chaque pas résonne dans tout le corps. Je reconnais l'itinéraire suivi par les fedayin. Le seul problème est de rester sur mes gardes au cas où ils feraient brusquement demi-tour. Ou si mes chers p'tits chefs ont pris mon message en considération et m'envoient un commando en aide... qui serait bien capable de me tirer dessus.

J'entends au loin, sur ma droite, les tirs d'un de nos hélicoptères. Si le commando du Hezbollah est devant moi, sur qui diable tire-t-il ?

Nous continuons notre progression. La nuit est tombée. L'obscurité est maintenant complète. J'ai beau avoir l'habitude, je trébuche sans cesse, je m'endors en marchant. La fatigue finit par avoir le dessus et je m'écroule dans les broussailles.

Des échanges de tirs à l'arme automatique... quelques cris... des hommes qui courent... quelqu'un qui me secoue... me fait une piqûre dans la jambe... me déboîte l'épaule en me hissant sur son dos... c'est pas de cette façon qu'il faut s'y prendre, il faudra que je lui explique... oui... il faut qu'on lui explique... son cou sent le savon... je n'ai pas senti cette odeur de propre depuis si longtemps... sûrement un Israélien. Je me détends.

Quand Amir, le commandant de l'unité partie me récupérer, s'est présenté au rapport le lendemain matin, il a dû, m'a-t-il raconté, affronter les foudres de son propre p'tit chef... et du mien.

— Tu es fou ! Qu'est-ce qui vous a pris de descendre ces mecs ? lui reproche son commandant. C'est ce que tu appelles un sauvetage discret ? En plein Ramadan en plus !

— Pardon ? réplique Amir sèchement. Nos propres hélicos nous ont tiré dessus et tout ce que tu trouves à dire, c'est nous reprocher de nous être défendus contre ce groupe de brutes ?

— Nous vous avions dit : pas de vagues ! C'était clair, non ?

— Nous avons fait de notre mieux, proteste Amir. Le plus important, c'était quand même de ramener mes types en un seul morceau !

— Tes types et le Poisson ! rectifie mon commandant.

— Elle, elle était déjà en pièces détachées, style kit prêt à l'emploi avec piles fournies et batterie pleine...

— Très drôle !

— Tu as lu la presse ? reprend le p'tit chef du commando. « Raid israélien hier soir, dans la zone de sécurité : six morts, dont un jeune homme qui portait un dîner à sa grand-mère pour le soir du Ramadan. » Était-ce indispensable ?

— Je n'arrive pas à le croire, reprend Amir parfaitement scandalisé. Nous ramenons ce Poisson déglingué qui ne tient plus debout, et tu me fais un esclandre pour cette histoire de petit keffieh rouge qui va porter un paquet de *pitot* à sa grand-maman ? Je te signale qu'il nous tirait dessus à bout portant !

— Vous n'aviez qu'à vous coucher et filer. Cette histoire, comme tu dis, va faire miauler à la prochaine réunion du comité de surveillance. Merci du cadeau ! Dorénavant, quand on vous dira d'être discrets, comprenez : ne tuez personne dans la zone de sécurité. C'est plus clair de cette façon ?

— Pas croyable ! En plus, on doit se laisser mitrailler ?

— Je t'ai demandé si c'était clair ?

— *Ken hamfaked*[1], très clair, répond Amir, écœuré.

23 DÉCEMBRE 1998 : LE HEZBOLLAH BOMBARDE LE NORD D'ISRAËL AVEC UNE TRENTAINE DE ROQUETTES KATYUSHAS.

---

1. « Oui, chef. »

Ces souvenirs sont pénibles. En sortant de l'hôpital une semaine plus tard, après deux jours de demi-coma et cinq de convalescence, je sombrerais volontiers dans un oubli bienfaisant, mais je dois rédiger un rapport.

Alors je vais voir ma plus fidèle amie, toujours patiente, toujours énergique, toujours consolatrice : la mer. Seule source de sérénité en ce monde. Elle me connaît, elle me comprend. Elle est là depuis si longtemps, elle est notre mémoire. Elle est au courant de tout, elle a tout vu, tout entendu. Elle a vu les marchands, les galères, *Exodus*. Elle porte les touristes sur des voiliers et des petits yachts au milieu des pêcheurs aux rites immuables. Ici, passé et modernité se côtoient sans l'affecter. Elle abolit le temps. Elle relativise tout.

Je la retrouverai telle qu'avant mon départ. Elle m'accueillera sans jugement ni critique, comme si rien ne s'était passé. Elle noiera ce chapitre de ma vie dans l'immensité de son étendue. Elle en fera une simple virgule dans l'histoire de l'humanité dont elle est la garante.

Je vais rendre visite à Eldad, dans son bureau qui a vue sur la mer. Impossible d'ouvrir les fenêtres de ces bâtiments modernes climatisés. Ce soir, le simple fait de voir mon amie ne me suffit pas. J'ai besoin de sa présence, de l'entendre, de lui parler. Eldad souffre de me voir tourner en rond comme un ours en cage.

— Que veux-tu ? Fais un vœu ! Grouille-toi car si tu continues ainsi tu vas me déprimer et je ne pourrai plus travailler !

— Tu t'en moques de travailler. Shabbat arrive et tu as déjà ton sac sur l'épaule.

— Eh bien je ne pourrai pas me reposer non plus ! Et tu m'énerves ! D'abord tu as tort.

— Je voudrais entendre la mer.

— *Tov*[1]. Va sur la plage.

— Il faut que je fasse ce rapport.

— Ah, tu t'es foutue dans un beau pétrin. Attends-moi.

Il revient avec un sac carré, assez lourd.

— Un ordinateur portable avec ses batteries. Il me sert quand je vais dans des bleds perdus, sans courant. Ou quand je vais écrire un rapport au bord de la mer, ce qui m'arrive tous les jours bien sûr. Souvent, je suis là, et je me dis : « Tiens, ce soir je vais écrire un rapport au bord de la mer. » Couvre-toi, la nuit est fraîche.

— Tu sais que c'est parfaitement contraire au règlement ce que tu me proposes ?

— En vérité, je n'arrive pas à croire que ces mots sortent de ta bouche. C'est toi qui me parles de règlement maintenant ?

Comme j'essaie de le remercier, le grincheux hausse les épaules une fois de plus :

— Ne parle pas ! Va-t-en ! A-t-on idée de faire des bêtises pareilles tout le temps ! Allez, sauve-toi, « empêcheuse de shabbater en rond ! ».

Il parle, il parle, mais il tient à m'accompagner.

Il me guide vers une jolie plage préservée des foules de jeunes du vendredi soir. Deux mots d'explication au patron d'un restaurant du coin et ses deux fils installent une petite table sur la plage, avec deux chaises. Pourquoi deux chaises ? Nous sommes au pays du Prophète. Toujours une chaise de plus, c'est dans les mœurs. Personne n'est jamais seul ici. Plus prosaïquement, si quelqu'un passe, il faut pouvoir lui proposer de s'asseoir pour causer.

Me voilà confortablement installée. Sur la table sont disposés l'ordinateur, une lampe-tempête, une Thermos de thé et

---

1. « Bon. »

un vrai repas dans une multitude de petits récipients qui gardent tout bien au chaud.

L'un des fils pose son téléphone portable près de moi. Sacrifice ultime, exécuté volontairement, avec grâce. Je suis consciente de la valeur du geste, presque émue.

— Tu téléphones à qui tu veux, même en international. Si tu as besoin de quoi que ce soit, tu m'appelles en appuyant sur cette touche. Tu n'oublieras pas, hein ? Tu as bien vu ? C'est celle-là. Je ne dors pas cette nuit. Je passerai de temps en temps. Cette touche-là. N'hésite pas. Ici, celle-là. Tu as vu ?

Il passe chaque heure voir si tout va bien. Pas une seule fois il n'arrive les mains vides.

Cette nuit-là, j'écris mon rapport sur la plage. C'est vrai que le vent est frais.

FIN DÉCEMBRE 1998 : LA KNESSET VOTE SON AUTO-DISSOLUTION ET CONVOQUE DES ÉLECTIONS ANTI-CIPÉES POUR LE 17 MAI 1999.

AVRIL 1999 : LE KRAV MAGA, « VIS ET EXISTE ».

La ligne de conduite de notre unité stipule qu'une bonne préparation militaire est nécessaire en « temps normal » mais que nous devons rester « passifs » lorsque nous sommes arrêtés : « Pas de clash, surtout pas de clash. » Cela fait bientôt cinq ans que je travaille ainsi. Au départ, j'étais rebelle tant face à mon embrigadement forcé qu'à cette passivité devant les mauvais traitements. Depuis, je me suis plus ou moins « rangée ». J'ai même fini par croire à leur discours. Je me suis écrasée, quoi.

Avec les missions qui deviennent plus difficiles, je recommence à ruer dans les brancards. Leur réponse par la passivité m'insupporte. À mon avis, il existe une meilleure solution pour se tirer d'affaire dans ce genre de guêpier : le Krav Maga, des techniques de défense israéliennes, efficaces et spécialement étudiées pour le terrain. Reste à obtenir l'autorisation de le pratiquer. La bienséance politique met un frein à son enseignement. S'engage donc un véritable parcours du combattant, qui commence auprès de Dov.

Ce soir-là, je l'attends près de la porte au lieu de filer directement après l'entraînement comme d'habitude. Il comprend qu'il y a un problème et me regarde avec inquiétude :

— Tu es blessée ? demande-t-il en me scrutant de la tête aux pieds.

— Pas du tout. Je voulais te parler : je veux apprendre le Krav Maga.

— Pour quoi faire ?

— Pour me défendre, tiens !

— Contre qui ?

Parfois, il faut une telle patience dans ce métier...

— Contre les ours polaires ! répliqué-je, agacée. Alors je peux, oui ou non ?

— Non, répond Dov tranquillement. Pourquoi veux-tu te défendre ? Ce n'est pas ton job. Tu n'es pas dans les commandos.

— Sont-ils les seuls qui ont le droit de vivre ?

Dov décide de tenter une approche fine et psychologique :

— Écoute, je sais que c'était dur récemment, mais reprends confiance, tu t'en es très bien sortie.

— Je ne te demande pas ton avis, je veux une autorisation.

— Je ne peux pas te la donner, désolé. Essaie auprès d'un gradé sup'. Moi je dois t'entraîner d'une façon et ce n'est pas celle du Krav. Bonne nuit et oublie cette histoire, crois-moi !

J'essaie auprès de mon commandant, même réponse. Je décide de tenter le tout pour le tout : j'intercepte Ouri, l'officier responsable de mon enrôlement, au détour d'un couloir. Je l'interroge sans préambule :

— Pourquoi ne nous entraînons-nous pas au Krav Maga ?

Il s'arrête net et me regarde fixement :

— *Ma ze habdi'ha ha zo*[1] ?

---

1. « C'est quoi cette plaisanterie ? »

— Ce n'est pas une blague, j'ai besoin d'un coup de main pour me tirer d'affaire.

Sans répondre, il me fait signe de le suivre, retourne dans son bureau, ferme la porte et me scrute de nouveau intensément.

— D'où connais-tu le Krav Maga ?

— Du peu que j'en ai vu à l'armée. Mais je me suis renseignée récemment sur les techniques de self défense et...

— Pourquoi t'es-tu renseignée ?

— Pour apprendre des techniques...

— Pour quoi faire ?

— Pour me défendre.

— Contre qui ?

Cette fois il m'exaspère.

— Sur ma vie ! Vous êtes tous devenus amnésiques ou quoi ?

— Qui t'a dit que tu devais te défendre pendant une mission ? demande Ouri comme si cette idée était complètement incongrue.

— Mon instinct de survie ! enfin, ce qu'il en reste.

— Fais-le taire.

J'essaie de prendre un ton convaincant :

— Ce serait plus facile pour m'échapper... si je pouvais envoyer efficacement promener les soldats qui me surveillent... Souvent ils ne sont que deux, parfois même un seul.

— Si tu t'entraînes, tu risques de prendre des allures de combattante, grogne Ouri du ton de celui qui compense par un surcroît d'autorité l'absence d'arguments valables. Déjà, avec ta carrure, tu es limite... Pas question d'acquérir des attitudes ni des réflexes « entraînés ». De toute façon, le Krav Maga ne sert à rien, nous avons ce qu'il faut, comme ces stylos qui envoient des décharges paralysantes par exemple...

— Ouah ! dis-je, impressionnée. Je peux en avoir un ?

— Bien sûr que non ! S'ils le trouvent sur toi, ils te prendront tout de suite pour un agent.

La logique de son raisonnement m'échappe.

— Dans ce cas, qui peut l'utiliser au juste ?

— Personne de chez nous. Donc, il ne sert strictement à rien mais il fait fureur dans les salons.

Je proteste une nouvelle fois :

— Mais...

— Quoi, « mais » ? rétorque Ouri avec exaspération. « Mais » rien ! D'accord, de temps en temps, les choses tournent mal pour toi, et alors ? Aujourd'hui tu es là, non ? Et sur tes deux jambes. Donc, ils savent ce qu'ils font. Nous essayons, ils acceptent plus ou moins, ils répliquent pour nous faire comprendre où se trouve la limite. De temps en temps, nous la franchissons, alors ils font un exemple sur un agent.

— Je n'ai pas envie d'être celui-là.

— Bien sûr que non, tu n'as pas envie. Nous non plus, nous n'avons pas envie. Simplement, c'est ainsi que tout fonctionne.

— Je propose de faire évoluer, d'accord ?

— On voit bien que tu as grandi en France ! ironise Ouri avec une pointe de mépris. Dans le fond, tu n'as pas vraiment une attitude orientale.

— Va mourir avec ton attitude orientale ! Je veux vivre, moi !

— Ah si ! Finalement tu l'as bien, rectifie-t-il, amusé.

J'abandonne. Ces discussions sont stériles. Je décide de me passer d'autorisation. Je pars à la recherche d'un instructeur de Krav Maga dans le civil, hors d'Israël, et donc hors de portée de l'influence de mes chers p'tits chefs.

Le premier contact est le bon. Je trouve un instructeur de haut niveau et commence par m'entraîner trois mois dans l'anonymat de ses élèves, histoire de me faire une idée plus précise avant de prendre mon courage à deux mains et de lui expliquer ma situation à demi-mots. Je m'aperçois qu'il devine les non-dits, mieux, il complète mon récit. J'apprends ainsi qu'il a lui-même réussi à envoyer promener Ouri, à peu près à l'époque où j'étais recrutée. Autrement dit, il est lui aussi une sorte de *black sheep*, mais de dimension supérieure, il tiendrait plutôt du « bélier noir ». Il me comprend d'autant mieux et accepte de m'aider. Je lui en suis reconnaissante, sachant qu'il n'a pas grand-chose à y gagner.

Avec une patience infinie, il m'entraîne à supprimer les blocages de passivité acquis pendant cinq ans et à retrouver les réflexes de survie les plus élémentaires. Ensuite, il trouve et m'enseigne des parades adaptées aux situations de terrain et d'interrogatoire que je rencontre. C'est plus que je n'osais espérer. Je me rends compte que ses cours amorcent un tournant majeur dans ma vie. En faisant sauter les verrous péniblement installés et mal acceptés, le Krav Maga me permet de revenir à ma véritable nature, de rajeunir en quelque sorte, et de retrouver un certain goût à la vie. Il me permet surtout de me rendre compte de l'étendue du désastre.

Car je m'aperçois subitement que les miroirs me renvoient une silhouette gauche, coincée, lourde, et même molle à force de retenir chaque mouvement, de contenir chaque émotion. J'en pleurerais de rage. Ce n'est pas moi, je ne me reconnais pas. Certains soirs, j'ai besoin de bien plus de courage pour descendre les escaliers qui mènent à la salle de Krav que pour affronter un interrogatoire des militaires syriens. Je me sens comme handicapée après un accident et réapprenant péniblement à marcher. J'y crois. J'arrête mes exercices de conditionnement mental quotidiens à « l'endurance ». À la place, je passe une ou deux heures, matin et soir, à me mettre psychologiquement en condition de réagir, de me défendre, de vivre, de ne pas bloquer mes réflexes comme j'en avais reçu l'ordre. Peu importe le temps que cette rééducation prendra, je sais que j'ai trouvé la bonne thérapie et qu'un jour, enfin, je redeviendrai telle que j'étais : vive, sportive, et surtout bien dans ma peau. Alors je continue. En évitant les miroirs. C'est une lutte sans répit contre une partie de moi-même, un conflit qui se manifeste à chaque instant. Parfois la coupe déborde et je m'en prends à Dov que je tiens pour responsable des dégâts de son entraînement.

— J'ai l'air molle !

— Mais non tu n'es pas molle..., répond Dov, surpris de ma réflexion.

— Regarde ! dis-je en désignant mon reflet dans la glace. J'ai l'air molle. C'est horrible ! Je ne supporte pas la mollesse, tout sauf ça ! Je ne supporte plus ma propre image. Je m'horripile.

— Tu n'es pas molle, me console Dov d'un ton peu convaincu. Tu es la première à te baisser pour ramasser un papier par terre, tu es dynamique dans tes décisions, dans tes actions...

— Pas dans mon corps, bon sang !

— Il n'est pas mou, il est juste... euh... « désactivé », c'est tout.

— Désactivé ? dis-je en reprenant ses termes, étonnée par son culot.

— Voilà.

— Je suis quelqu'un de dynamique dans un corps désactivé, c'est ce que tu m'expliques ?

— Oui... Cela crée un petit conflit psychologique mineur, mais ce n'est pas grave si tu considères que la passivité est une activité à part entière, en d'autres termes que tu participes pleinement à sa construction au lieu de subir ces entraînements comme une plaie.

186

— Je serais molle dans un corps désactivé et c'est ce que tu appelles un « petit conflit psychologique mineur » ?

— Tu es dynamique dans un corps activement passif ! rectifie Dov avec conviction. Actuellement tu rejettes ton corps pour sa passivité au lieu de le réconforter pour créer une passivité activement voulue et soutenue. Il en sera ainsi tant que tu entreras en conflit avec la méthode.

— Pas demain que tout changera, alors.

Dov a un haussement d'épaules à la Eldad.

— Depuis le temps que je leur dis qu'ils n'obtiendront rien de bon en « cassant » les recrues. Enfin, tu fais le job après tout, c'est ce qui compte. Arrête de râler maintenant.

— Je ne veux pas avoir l'air molle et coincée !

— Ça passera, tu feras sauter ces blocages. Malheureusement.

— Pourquoi malheureusement ?

— Parce que alors ta couverture aussi sautera.

17 MAI 1999 : EHOUD BARAK EST ÉLU PREMIER MINISTRE.

18 MAI 1999 : QUARANTE-NEUF KATYUSHAS SONT TIRÉES SUR LA VILLE DE KIRYAT SHMONA ET SUR LE NORD DE LA GALILÉE.

Je me précipite pour travailler le Krav Maga à chaque période de « vacances » hors d'Israël au retour de mission. Parfois, la transition est tellement rapide que je suis un soir « sur le terrain » parmi les fous furieux et le lendemain directement dans la salle d'entraînement après quelques heures d'avion. Sans mentionner la fatigue dont je sais ne pas tenir compte, je dois consentir des efforts pour changer d'attitude à grande vitesse, passant du statut de fedaï sauvage à celui de pratiquante occidentale civilisée, en dissimulant l'agressivité et les angoisses qui m'habitent. Parfois, il m'arrive d'avoir tué quelqu'un quelques heures plus tôt et de me retrouver face à un partenaire d'entraînement avec qui je dois simplement simuler une attaque. J'ai l'impression qu'une telle violence m'anime que même en réduisant chaque geste d'un facteur dix, j'utilise encore trop de force contre ce malheureux. D'un autre côté, il ne faut pas non plus retenir tous mes gestes sinon je rebascule instantanément dans les schémas « passifs » dont je veux sortir. C'est loin d'être évident.

À la base, mes chers p'tits chefs sont mécontents. Ils n'apprécient pas ce Krav Maga qu'ils qualifient d'« entraînement parallèle ». Ils ne m'en parlent pas directement. Par contre, ils m'adressent une liste de reproches de cinq pages sur mon entraînement pas assez poussé sur tel ou tel point et sur le fait que je consacre trop de temps aux activités « extérieures », c'est-à-dire bien sûr au Krav.

Leur opinion est que je peux suivre l'entraînement que je veux à condition que ce ne soit pas au détriment du leur. Or, il y a conflit entre les deux méthodes. Dov joue au yoyo entre l'épreuve de force et une sorte de comportement de paterfamilias auquel je ne crois pas. Il désespère de m'inculquer les techniques militaires qui lui sont chères et qui me paraissent d'une inutilité grave. Avec la pression que je subis, je n'ai pas la tête à jouer au petit soldat. Aux yeux de Dov, il s'agit au contraire d'un bon dérivatif : « Un peu d'entraînement physique pour se changer les idées. » J'essaye de lui expliquer qu'avec le Krav Maga j'ai déjà « l'entraînement physique pour me changer les idées », mais il refuse de le prendre en compte. Retour au point de départ.

Ce matin, nous effectuons des exercices d'endurance et de

résistance à la torture, il paraît que j'ai beaucoup baissé. C'est
bête... J'ai tellement été testée et retestée pendant ces deux
derniers jours que je n'ai plus l'impression d'être un humain,
mais du matériel qui passe au service qualité.

Ayant enfin quelques jours de repos, je me précipite pour
reprendre les cours de Krav. Un après-midi, à la fin d'une
séance d'entraînement, alors qu'il me regarde remettre en
place mon épaule autodéboîtable, l'entraîneur me suggère
quelques exercices de remise en forme. Jamais je n'oublierai
cette phrase extraordinaire prononcée le plus naturellement
du monde :

— Tu devrais faire des mouvements d'assouplissement.
Tu verras, tu souffriras moins.

Je le regarde, ahurie. « Moins souffrir » ? Pourquoi faire ?
C'est « normal » de souffrir. Seul compte l'objectif à atteindre, peu importe la souffrance. Voilà des années que je n'ai
pas le droit d'y penser et que ne m'en soucie même plus. Je
« fais avec » et c'est tout. Or, voilà qu'un as dans son
domaine, qui est loin d'être douillet, s'autorise à prendre en
compte ce paramètre ? Cela signifie-t-il que nous avons le
droit de chercher à « moins souffrir » ? Voilà un concept nouveau, magnifique, merveilleux.

Je suis trop stupéfaite pour répondre et repars, perplexe,
savourant ce que je considère comme un délicieux comble de
l'égoïsme.

Qu'est-ce qu'un casse-pieds ? Quelqu'un qui casse les
pieds. Donc, mes chers p'tits chefs sont des casse-pieds, c'est
officiel, parce qu'ils m'ont cassé les pieds. Plutôt les orteils.
Enfin, j'espère qu'ils ne sont pas tout à fait cassés. Disons que
si je pouvais bouger le plus petit du pied droit, s'il arrêtait ses
élancements, s'il perdait cette jolie barre violette, s'il redeve-

nait droit et si je pouvais m'appuyer dessus, je serais plus rassurée.

Reste que je suis furieuse contre eux car, lorsque ce dingue d'instructeur a demandé s'il poussait « jusque-là », j'ai entendu mon cher commandant répondre « oui » et ajouter le plus sérieusement du monde :

— Ne t'inquiète pas, même si tu les casses, ce sera bien parce qu'elle arrêtera ces entraînements de Krav idiots pendant quelques semaines pour se consacrer aux choses importantes.

Le p'tit chef confirme d'ailleurs ce souvenir comateux lorsque je lui en parle.

— S'il faut aller jusque-là pour que tu arrêtes le Krav, ce n'est pas plus mal, juge-t-il bon de me dire avant de conclure : avec un plâtre, tu risques moins de faire de bêtises durant ta mission et ta couverture est bien plus solide.

Il est sérieux. Je ne lui casse pas la figure. Je veux surtout partir loin d'eux quelques jours.

Mon changement d'attitude me surprend. Avant, j'aurais fait le deuil de ce pied et basta ! Aujourd'hui, il a pris de l'importance. C'en est presque gênant. Je fais part de mon étonnement à l'entraîneur de Krav. Il me regarde interloqué, puis marmonne en hésitant :

— Mais... c'est ça la vie !...

Une fois de plus je quitte la salle avec mille questions qui se bousculent dans ma tête. Comment, « c'est ça la vie » ? D'être gêné par les réactions disproportionnées de ce corps qu'on traîne comme un boulet ? Décidément, quelque chose m'échappe.

Au fil des mois, une sorte d'attachement revient pour mon corps, dont la fonction est maintenant revalorisée puisqu'il n'est plus passif ou victime, mais acteur du processus de survie. Je constate un changement jusque dans ma façon de parler : je passe de « faire une défense » à défendre « ce corps » puis à « me » défendre. Progrès qui peut paraître minime mais qui représente pour moi un effort énorme. Remettre ainsi en question un entraînement, un conditionnement, est extrêmement difficile. Ma vie n'est plus que souffrance : intérieure, extérieure, mentale, physique, tout est pénible.

21-23 DÉCEMBRE 1999 : LES ISRAÉLIENS DÉCRÈTENT UN CESSEZ-LE-FEU AU SUD-LIBAN POUR PERMETTRE AU HEZBOLLAH DE REPRENDRE LES RESTES DE SES COMBATTANTS TUÉS.

10 JUIN 2000 : DÉCÈS DU PRÉSIDENT SYRIEN HAFEZ EL-ASSAD. SON FILS BACHAR LUI SUCCÈDE SANS ORGANISATION D'ÉLECTIONS.

Je ne dirai rien sur l'effet ressenti en retournant en Syrie alors que je m'étais juré de la quitter définitivement quelques mois plus tôt. Rien sur ce petit pincement au cœur en revoyant ces charmants uniformes à un mètre de moi. Quand je dis au cœur, je devrais parler d'estomac, d'épaule, de coude, de première côte, de seconde côte, de genou et de la jointure entre le temporal, l'occipital et le je-ne-sais-plus-quoi. J'en oublie et c'est aussi bien. Donc je n'en parle pas.

Un camarade m'a préparé le terrain. Il a identifié des relais potentiels. À moi de les valider puisque je vais travailler avec eux. Je dois établir une relation de confiance, si tant est que ce soit possible. Mon collègue est méfiant ; aussi quand il dit avoir trouvé « la crème de la crème[1] », je sais pouvoir y aller presque les yeux fermés.

---

1. En français dans la conversation.

191

Il est difficile de voyager dans ces contrées sans être stoppé à des points de contrôle et sans assister à quelques arrestations. Je subis pas moins de seize contrôles et assiste à neuf arrestations, toutes menées sans délicatesse. Les soldats sont plus nerveux que jamais. Les bavures se multiplient. Les malheureux arrêtés sont si effrayés qu'ils n'obéissent pas à des ordres qu'ils n'entendent plus de toute évidence. Un paysan tombe et se replie sur lui-même par réflexe. Craignant qu'il ne sorte une arme, les soldats tirent et le tuent sur le coup. Un homme, terrorisé, recule quand ils lui disent d'avancer. Lui aussi est tué sur-le-champ. Ces deux victimes n'étaient à l'évidence que de pauvres types, l'un berger avec des chèvres faméliques et l'autre cordonnier encore plus famélique que le troupeau du premier.

Cette nervosité des soldats s'explique : l'ambiance est à l'émeute en soutien aux Palestiniens. La rue s'échauffe et les timides sont mal vus. Ceux qui ne veulent pas participer aux manifestations sont assimilés à des traîtres. Comme j'en ai assez d'être bloquée par des contrôles ou des manifestants, je coupe à pied à travers champs, histoire de respirer. J'arrive donc au bled avec deux bonnes heures de retard pour le rendez-vous. C'est aussi bien, si des indésirables m'attendaient, ils se seront découragés.

Le village est lui aussi au bord de l'émeute et même au-delà : foule en délire, casses, brûlages divers, hurlements hystériques... À quatre-vingts mètres, j'aperçois celui que je cherche. Il me voit lui aussi et vient à ma rencontre. Je vérifie que personne ne nous surveille. Un meneur s'égosille au micro et lance un cri de ralliement que tous reprennent en chœur, moi comprise. Mon futur relais, qui continue de se frayer un passage, reste muet. Un jeune, surexcité, l'interpelle. Il doit participer au ban. Au lieu de jouer le jeu, cet imbécile se détourne avec une mauvaise volonté évidente.

Tout s'enchaîne très vite. Un autre type le bouscule, il répond je ne sais quoi qui les fâche, ils lui tombent dessus. Je fonce, me mets au milieu de la bagarre et réussis à éloigner les fous en distribuant des coups à mon tour. Je suis d'autant plus à l'aise que leur agressivité n'est pas dirigée contre moi. Je m'applique à cette séance de travaux pratiques. Je comprends chaque fois mieux les entraînements de Krav, en fonction de la position des autres et de la mienne. J'arrive même à éviter un coup. Scoop! C'est la première fois que j'y arrive... Bon d'accord, je le voyais venir depuis Téhéran, mais j'ai quand même réussi. Une minute plus tard, ils n'insistent plus, reculent et s'en vont. Mon contact est inconscient et leur colère est retombée.

Je le soulève et l'emmène à l'écart. Là, je me rends compte qu'il est mort : il a le crâne brisé. Pourtant, je l'ai rejoint très vite, il a dû rester seulement quatre ou cinq secondes à terre avant que je n'intervienne.

Je me retrouve sans relais et avec un mort sur les bras. Comment vont réagir ses amis en apprenant son décès ? Peu probable qu'ils aient envie de continuer avec nous. Heureux même s'ils ne me dénoncent pas. Je réfléchis puis me dis qu'il est quand même mort en héros. Il mérite mieux que de rester dans le caniveau. Je prends donc le risque de le ramener chez lui.

Bien m'en prend car je fais la connaissance de gens de la même trempe. Ils apprécient la folie de mon geste et feront sûrement des relais corrects. Je découvre la région en toute tranquillité et vérifie ce que je veux. Le site est parfait : je peux m'y rendre et y résider sans problème ; de plus, il comprend un serveur secondaire qui a un niveau d'autorisation suffisant pour me permettre d'accéder à des données importantes. La technologie que j'implante est au point. Succès complet de ce côté-là. C'est reparti pour une longue série de voyages de même nature.

193

Le problème est toujours le même : survivre dans ce monde de brutes. La tension est vraiment, *vraiment* élevée. Tout se joue si vite, trop vite. Il suffit d'un quart de geste pour être vivant ou mort, que ce soit lors de contrôles par des soldats qui n'ont plus de nerfs ou au milieu de ces foules hystériques où chacun soupçonne et dénonce son voisin. J'ai l'impression d'être entourée de centaines de fous hurlant et lançant des coups en même temps. Pas un dixième de seconde pour souffler ou réfléchir.

Dov estime qu'en cas d'attaque en foule il est impossible de s'en sortir. Il veut bien admettre à la rigueur qu'un expert en Krav Maga leur donnerait du fil à retordre, mais que je ferais mieux quant à moi de m'ôter cette idée du crâne.

L'analyse des données obtenues par mes dernières installations de terrain ont permis de récupérer des informations plus tôt que prévu. Du coup hier soir, alors que je passais enfin une soirée tranquille à la maison avec des amis, un fedaï qui faisait la navette entre les bases terroristes implantées en Syrie et les Territoires a pu être arrêté comme une fleur à la frontière au moment où il s'apprêtait à entrer au Pays. Certains de ses relais ont été interpellés par la même occasion. Il paraît qu'ils en ont même parlé à la radio. Ce n'est pas le plus intelligent mais je n'ai pas à en juger.

Leur interrogatoire a donné des résultats et c'est donc l'euphorie générale chez nos p'tits chefs. Ils gambergent de plus belle et échafaudent les plans les plus rocambolesques. Pour ce qui me concerne, je redoute le pire.

— Cela te permettra d'y retourner tranquillement plus souvent, sur une plus longue période, m'annonce mon commandant.

Comme d'habitude, tout est logiquement articulé par un

194

tas de gens qui ne quittent pas leur fauteuil. Or, il y a un risque important dans ce genre de manipulations. Les excités-de-là-bas peuvent ne pas gober les couleuvres que nous voulons leur faire avaler. Une fois de plus, mon commandant temporise.

— Tu as l'habitude des « quitte ou double ». Chaque fois, c'est passé, n'est-ce pas ?

Toujours la même politique du « ça passe ou ça casse » ; et si ça passe, défense de protester. On parle de « risque calculé ».

Je me demande pourquoi ils m'empoisonnent avec leur réunion alors qu'ils ont déjà tout décidé et mis au point. Je n'ai pas mon mot à dire. Ces stratégies en chambre me dégoûtent, mais les objectifs fixés ont une réelle utilité si nous voulons que le Pays subissent le moins d'ennuis possible.

Parfois, le hiatus entre le rejet des p'tits chefs et l'adhésion aux finalités de leur action me pose un réel cas de conscience. Enfin, pas trop grave, il me reste si peu de conscience maintenant.

24 JUIN 1999 : PRÈS DE SOIXANTE KATYUSHAS SONT TIRÉES SUR LA VILLE DE KIRYAT SHMONA ET SUR LE NORD ET L'OUEST DE LA GALILÉE, FAISANT DEUX MORTS, TRENTE-SEPT BLESSÉS ET CAUSANT D'IMPORTANTS DÉGÂTS.
EN RÉPONSE, L'ARMÉE DE L'AIR ISRAÉLIENNE BOMBARDE LES INFRASTRUCTURES LIBANAISES.

Mon travail consiste à ramener le plus d'informations possible en Israël : des noms, des lieux et des dates. Une autre équipe est chargée de démêler les fils de cet écheveau. Parfois je n'ai même pas connaissance des informations que je leur obtiens, car elles sont parvenues directement grâces aux technologies que je mets en place sur le terrain.

— Moins tu en connais, meilleur est ton moral, décrète mon commandant.

C'est gentil à lui de prendre ainsi soin de moi, mais il lui arrive de convenir qu'il me serait utile de savoir dans quel nid de guêpes je mets les pieds. Dans ces rares cas, une réunion d'information est organisée. Reste que je dois considérer avec prudence les éléments qu'ils me distillent : ils sont souvent « déformés ».

— Il faut bien nous protéger pour ne pas tout perdre si tu craques un jour, expliquent-ils lorsque je m'en rends compte.

Il n'est pas besoin d'être un expert de la cellule d'intelligence de mes collègues « analyseurs d'infos » pour comprendre les alliances qui se forment. Au Liban, je ne peux pas faire un pas sans tomber sur un agent syrien. Dans les rangs du Hezbollah, nous recevons régulièrement des visites d'inspection des Iraniens. En Iran, ce sont les Russes que je rencontre à chaque tournant. Dans mon idée, ils appartenaient au passé de la Syrie. Je savais qu'ils fournissaient aide et matériel, mais je ne les croyais pas aussi présents.

Dans le cadre de la lutte contre le terrorisme international, un accord a été signé entre les États-Unis et la Russie, prévoyant que celle-ci interrompra ses ventes d'armes et « assistances techniques » à Téhéran avant la fin de l'année 1999. En Israël, nous ne croyons pas que cet accord sera tenu, la Russie a trop à y perdre [1]. Raison de plus pour garder un œil sur ce qui se passe.

Mon chef de groupe hezbollah de l'époque souhaite exploiter mon habitude supposée des milieux financiers pour défendre le point de vue des « hommes de terrain » face à des bailleurs de fonds qui ont tendance à les mépriser. Côté israélien, j'arrive en Iran avec peu d'informations sur le dossier en cours. Que Téhéran fournisse le Hezbollah en armes, ce n'est pas un grand secret. Que la Russie arme l'Iran non plus. De toute façon, les filières de livraisons sont tellement particulières qu'en infiltrant les rangs du Hezbollah je me suis retrouvée nez à nez avec des missiles antichars américains livrés par l'Iran qui les avait achetés, pendant la guerre contre l'Irak, à Israël, lequel les tenait directement des États-Unis...

---

1. Moscou se retirera de l'accord l'année suivante.

Pour moi, c'est nouveau comme milieu. Il me faut apprendre le russe et le farsi. Je ne joue pas les indigènes, une connaissance superficielle suffit et je garde l'accent baroque qui fait mon charme. J'ai droit aussi à des cours supplémentaires de politique « soviétique », enfin « russe » maintenant. Je rejoins pour cela un groupe d'« anciens » qui me font part de leur expérience. Parmi eux se trouve Zac, un collègue très remonté contre les Russes. Il me dresse un tableau de leurs ambitions géopolitiques à faire froid dans le dos d'un ours de Sibérie.

— À t'entendre, lui dis-je impressionnée, on se croirait en pleine doctrine communiste des années les plus froides !

— Tu ne crois pas si bien dire. Ce communisme-là n'a pas encore disparu et il continue, discret et oublié, à officier dans ces zones de non-droit où aucun Occidental n'ose mettre le pied !

— Tu es complètement parano, le rabroue un de ses collègues, tu vois des Russes partout !

Zac entre dans de grandes explications. Nous l'écoutons en silence. Je reste persuadée qu'il est proche de la vérité. Nos chefs présents se taisent obstinément, le visage fermé.

Aucune confirmation officielle ne viendra valider ses conclusions. Aucune ne viendra non plus les contredire. Dans les semaines qui suivent, Zac est mis en congé « pour raison de santé ». Officiellement, il souffre d'une dépression paranoïaque aiguë. Certains murmurent que ses opinions, et surtout la ferveur avec laquelle il les divulgue, n'ont pas été appréciées. Une fois de plus, le message est clair : quoi qu'il se passe dans les hautes sphères, nous n'avons pas à le savoir. Nous sommes des pions, notre capacité de compréhension et d'investigation a une limite. En ce qui nous concerne, elle se situe à la frontière de l'ex-Union soviétique.

JUILLET 2000

La remontée de la filière de livraisons d'armes m'amène au sein de la haute société iranienne, parmi les plus riches d'entre les riches. Signe distinctif : ils arborent un club de golf, le gardent à la main toute la journée, comme d'autres portent une Rolex ou une paire de Nike. Il leur arrive bien d'effectuer quelques parcours d'un pas nonchalant, suivis d'escouades de caddies qui ressemblent à des esclaves et reçoivent plus de coups de club qu'il n'y a de balles jonchant le précieux tapis d'or vert. Inutile d'en faire trop. Porter un club suffit. Le green sert de country-club, le sport proprement dit n'intéresse que quelques rares touristes. Le snobisme et le goût du luxe sont des constantes universelles. Ils se manifestent dans les déserts sous la forme d'un goût immodéré pour le gazon. Tant d'eau gaspillée pour une herbe qui n'alimente même pas les troupeaux... qu'importe.

Nous ne sommes pas censés pénétrer sur ce territoire. La police locale voit des espions israéliens partout. Le malheureux arrêté sous ce chef d'inculpation risque la peine de mort. Ce genre de condamnations existe, même si elles sont rarement rendues publiques. Les quelques procès retentissants ne sont, en général, que des écrans de fumée à titre d'avertissement, ou pour se venger de véritables agents qui, eux, ont réussi à passer entre les mailles du filet.

Les affaires d'espionnage ne sont pas gérées par la police. Des « agents gouvernementaux », comme disent les Américains, se chargent des enquêtes et des « interrogatoires ». Que l'individu soit ostensiblement coupable, suspect ou parfaitement innocent, le scénario est le même : il est enlevé, c'est-à-dire drogué dans un premier temps puis emmené à l'écart et séquestré en général deux ou trois jours, pour interrogatoire musclé. Puis il est relâché, après avoir été à nouveau drogué. Il se réveille en pleine campagne ou au milieu d'une décharge. À lui de reprendre ses esprits et de se traîner jusque chez un médecin, un hôpital, son hôtel, des amis... Il est évidemment suivi et ses déplacements en apprennent souvent plus que l'interrogatoire.

En me confiant ce dossier, mes p'tits chefs ne me parlent que de « rares enlèvements » qui « se passent bien », avec, « bien sûr, un interrogatoire, mais l'agent est relâché deux jours plus tard ». Bref, une broutille, à peine besoin de le mentionner. J'apprends pourtant que le dernier qui a subi ce sort a été relâché dans un tel état qu'il est mort quelques heures plus tard. La date de mon départ pour ces contrées accueillantes est fixée : juillet 2000. Pour une fois, elle m'est annoncée plusieurs semaines à l'avance.

Mise au courant de ces petites traditions, j'évalue l'avantage du Krav Maga pour me tirer d'affaire : la première chose consistera à éviter d'être enlevée. Inutile de subir trois jours, deux jours ou même deux heures de passage à tabac intensif. Ce n'est pas l'avis d'Ouri qui s'empresse de mettre les points sur les « i » en me fixant gravement :

— Je te rappelle le mot d'ordre de ton métier : surtout, pas de vagues.

Je soutiens son regard suspicieux de mon air le plus angélique.

— Ne me regarde pas avec ces yeux-là, c'est pire ! Tu as compris ce que tu as à faire. Si ta mission tourne mal et qu'ils t'arrêtent ou qu'ils t'enlèvent, peu importe, tu n'as qu'à serrer les dents deux jours et c'est fini. Compris ?

Je comprends surtout que ce n'est pas lui qui doit serrer les dents. J'entrevois en outre un petit détail qui semble lui échapper.

— Si je prends un mauvais coup ? Tu y as pensé ?

— *Ma pitom*[1], un mauvais coup ? questionne Ouri, l'air sincèrement étonné. Ils savent ce qu'ils font, ils ne veulent pas te tuer.

J'acquiesce avec une lourde ironie.

— Bien sûr, si je peux compter sur leur professionnalisme pour rester en vie, ça change tout.

— Si tu bouges tout le temps en te défendant à tort et à travers comme tu en as pris l'habitude, tu risques de les pousser à la faute et ils peuvent te manquer. Alors, évite ces bêtises, joue le jeu et reste tranquille. Simple, non ?

Simple, oui. Je repense à mon malheureux prédécesseur. Au fait...

— Lui ne faisait pas de Krav Maga, ajouté-je.

— Qui ? demande Ouri avec agacement.

— Le dernier, celui qu'on a retrouvé explosé dans une décharge.

— Il avait dû faire une erreur. D'habitude tout se passe bien. Tu n'as qu'à éviter de déraper.

Bravo pour le respect de sa mémoire au passage. Non seulement il s'est retrouvé dans une situation atroce, mais en plus c'est de sa faute.

Le lendemain, je me mets en route pour Haïfa où vit Amos, un ami, un collègue devrais-je dire. Dans la proche banlieue, il habite une petite maison avec sa femme et leurs deux enfants. La rue est tranquille, plutôt large, bordée d'arbres et baignée de lumière. Je gare ma voiture un pâté de maisons plus loin et décide de lui passer un coup de fil pour le prévenir. Je sais qu'il est chez lui, en vacances pour quatre jours. Il a des informations importantes pour moi, car il a été enlevé quelques semaines auparavant au pays des golfeurs.

---

1. « Comment ça ? »

— D'où m'appelles-tu ? questionne-t-il après que je me suis présentée.

— D'une cabine, à cent mètres de chez toi.

— Bon, je veux bien t'aider. Viens !

J'entre dans sa jolie petite maison de banlieue, comme on m'en a promis une si je suis sage. Sa femme me lance le regard noir d'usage chez celles qui voient débarquer les « collègues de bureau », surtout quand ces collègues sont des femmes. Nous prenons place, Amos et moi, dans le salon tandis qu'un fracas de vaisselle dans la cuisine indique que la maîtresse de maison prépare le thé.

Habitués à ces petites scènes de ménage, nous demeurons impassibles pendant qu'elle nous sert avec mauvaise volonté, puis tourne les talons et part à la recherche du trouble-conversation le plus efficace qui soit : l'aspirateur. Amos se lève et ferme la porte. L'aspirateur cesse aussitôt, remplacé par un fracas de casseroles. Je culpabilise.

— Je vous dérange peut-être en débarquant de cette façon...

— Penses-tu, réplique Amos avec vigueur. Je suis content de te voir. De toute façon dans deux jours je repars chez les Arabes. Parfois, je m'inquiète...

— À cause de ton départ ?

— Non, en pensant à comment je vais m'en sortir avec ma femme quand je serai à la retraite. Vas-y, dis-moi ce qui t'amène.

— Je pars au pays des golfeurs.

— Ah, fait-il l'air sombre.

— C'est si mauvais ?

— Noooon... enfin... oui. Après tout, oui.

— Tu as été enlevé... Cela s'est mal passé ? Selon Ouri c'est ...

— ...deux jours à tirer avec le sourire ? interrompt Amos

202

avec une grimace cynique. En fait, c'est trois. Deux fois trois. Trois jours d'enfer et trois semaines d'hôpital. Disons que ce n'est pas le pire, mais que si tu peux éviter, c'est mieux. Quand pars-tu ?

— Dans deux semaines.

— Selon moi, ils ne seront pas encore calmés. Tu m'aurais dit quatre ou cinq mois...

— C'est vraiment mauvais, hein ?

— Oui.

— Donne-moi des détails sur ton enlèvement. Je n'aurai jamais accès à ton rapport. Raconte-moi avec un maximum de détails. Je travaillerai le même scénario pour éviter le clash.

— Tu es dingue ! Si tu évites l'enlèvement, tu brûles ta couverture !

— Je sauverai ma peau. Chacun ses priorités. De toute façon, ça ne te regarde pas, raconte !

— Il va me falloir du temps..., commence Amos d'un ton hésitant.

Un bris de vaisselle salue ses paroles. Je comprends et décide une bonne action pour la paix de son ménage.

— OK, je te laisse. Envoie-moi un e-mail avec un résumé, mais surtout essaie d'y mettre le plus de détails techniques possible, sur tes positions, tes attitudes, tes mouvements. De même que les leurs, bien sûr.

— Toi, tu vas t'attirer des ennuis. Entendu, je te le fais... ce soir, dit-il en baissant la voix sur ces derniers mots avec un regard inquiet vers la porte fermée.

— Pas un mot au staff évidemment.

— Quel mot ? Quel staff ? Mais tu vas t'attirer des problèmes.

Il parle dans le vide, je suis déjà sortie avec mon plus large sourire à son épouse, brave combattante qui lutte tant bien que mal pour sauvegarder un semblant de vie privée sur son

203

territoire. Elle m'inspire un curieux mélange de pitié et d'envie.

Selon l'expression consacrée, Amos n'a qu'une parole. Donc il la reprend quand il en a besoin. Elle lui est particulièrement nécessaire quand il est en vacances avec sa femme. Je reçois l'e-mail promis pour le soir même une semaine plus tard. Peu importe, l'important est de le recevoir avant de partir.

« Je ne t'ai pas oubliée. Voici une note rapide sur ce qui m'est arrivé cette nuit-là quand j'ai été kidnappé. Comme tu m'as demandé des détails, j'ai fait un sérieux effort pour me souvenir. Il n'y a pas tant à dire, mais j'espère que cela t'aidera. Bonne chance à toi. »

En regroupant le plus possible de témoignages, j'arrive à avoir une vue d'ensemble à peu près claire sur les deux principales méthodes d'enlèvement utilisées : l'une alors que l'agent circule en voiture, l'autre alors qu'il dort dans sa chambre d'hôtel. Quelle idée aussi de dormir la nuit... Ce qui est étrange, c'est que tous affirment avoir effectué les vérifications d'usage. Ils sont formels : il n'y avait personne à part eux dans la chambre. Impossible d'expliquer comment un agresseur a pu s'introduire sans qu'ils s'en rendent compte. Tous les essais menés, les gadgets mis en place, des plus sophistiqués à la simple chaise bloquant la porte, rien n'a fonctionné. Étrange. Cette histoire sonne comme un mauvais Sherlock Holmes et je n'ai aucun goût pour ce genre de mystères.

Il ne faut pas longtemps à l'instructeur de Krav Maga pour m'enseigner des parades efficaces aux tactiques d'enlèvement que je lui décris. Il m'en faut plus pour les assimiler. Il conserve sa patience inégalable pendant que je continue de combattre les années de blocage organisé. C'est loin d'être évident, car, sitôt sortie de la salle, un autre entraînement

m'attend pour avoir le « juste comportement » selon les critè-
res de mes p'tits chefs bien-aimés : avoir l'air d'un amateur,
surtout ne pas paraître entraînée ni bien dans sa peau comme
le serait un sportif, pas de réflexe de combattant, être non
assimilable à quelqu'un d'« envoyé », régler constamment son
corps sur le minimum d'activité pour tout voir, tout entendre
et enregistrer le maximum pendant les interrogatoires en
consommant le moins d'énergie possible.

— Regarde-moi bien dans les yeux, tu n'es plus un être
humain qui réagit, tu es une caméra vidéo, les seules fonctions qui doivent te servir sont : écoute, vue et mémoire.
Tout le reste doit disparaître pour ne pas les gêner. Je ne
comprends pas, tu le faisais très bien avant, alors pourquoi
changer maintenant ? s'exaspère Dov.

Ces entraînements pour en prendre plein la figure sans
réagir me rendent dingue. Alors que nous commençons à
travailler les conditions d'un interrogatoire et que je suis décidée à jouer la passivité pour avoir la paix, catastrophe ! C'est
plus fort que moi, quand il lève la matraque, je réagis et je
me défends en utilisant une technique de Krav Maga. Le
drame que je déclenche alors ! J'ai droit à une mise au point
énergique de mon commandant.

— Des réflexes, encore on peut à la rigueur accepter, mais
te défendre d'une main et attaquer de l'autre, tu es malade !
Personne ne le prendra pour un réflexe naturel ! Agis ainsi
en mission et l'interrogatoire est terminé : ils auront immédiatement la certitude de ta culpabilité et adieu ! Pire : adieu
aux contacts qui t'ont approchée ! C'est une conduite crimi-
nelle envers toi et envers ceux qui prennent des risques pour
toi !

J'ai bien essayé de lui expliquer. En vain. Tant pis, dès
que je retrouverai ma liberté, j'arriverai à les envoyer au diable eux et leur passivité. Surtout ne pas se décourager.

205

Comme disait mon grand-père : « Pour sortir de la forêt, une seule méthode : avancer pas après pas. Personne n'en sort en s'arrêtant sur une pierre pour réfléchir, prier, maudire ou pleurer. » En attendant, j'essaie d'en faire le plus possible en Krav et le moins possible en passivité.

Quand vient le moment de partir au doux pays des golfeurs, j'ai assimilé la défense contre les saisies et les tampons de somnifère, et beaucoup travaillé la parade contre les enlèvements en voiture. Cette seconde technique demande une coordination qui ne m'est pas encore facile. Je la révise en espérant ne pas avoir à m'en servir. Il faut dire que les enlèvements en voiture me font moins peur. J'ai l'habitude de conduire de façon assez sauvage et je n'hésite pas à rouler sur un trottoir ou à travers une foule si besoin est. En revanche, cette histoire de chambre d'hôtel m'inquiète. Je suis obligée de descendre dans l'hôtel habituel pour ne pas attirer l'attention. Changer de point de chute reviendrait à signer une déposition sur mes liens avec mes prédécesseurs.

Une fois sur place, j'examine la chambre sous toutes les coutures, trouve un défaut imaginaire, fais un scandale et demande d'en changer. Impossible me répond-on, tout est occupé. Je sais qu'il n'en est rien mais je n'insiste pas. C'est donc cette chambre-là qui a quelque chose de particulier.

Je dois garder un comportement naturel pour le cas où je serais observée. Pas question de sortir un attirail de détection de micros ou de caméras, ni de les chercher « à la main » en fouillant la pièce. Elle est d'ailleurs meublée de manière rudimentaire : un lit bas, une chaise et une table « à l'occidentale » près de la fenêtre barrée de grilles de fer forgé bien scellées, un placard sans double-fond apparent, un miroir tellement écaillé que je distingue le tain sous-jacent. Je comprends mes camarades : aucune inspection de routine ne permet de déceler quoi que ce soit.

Comme d'habitude, il faut donc ne rien faire. C'est toujours frustrant, tant pis. Je m'installe et somnole d'un œil par séquences de dix minutes. Tout à coup, je me réveille avec un sentiment de vide bizarre. Pas une présence, le contraire, ce vide qu'on ressent lorsque quelqu'un « se décharge », se fond dans le décor pour qu'on ne sente pas sa présence. Une technique bien particulière. Je sors dans le couloir, absolument rien. J'essaie de me raisonner :

— Bah ! tu deviens parano ma fille. Tu imagines n'importe quoi.

Je me rendors dix minutes. Nouveau réveil avec ce sentiment de vide. Cette fois, je suis sûre de ne pas rêver. La sensation est nette. Je me lève très doucement et ouvre brusquement la porte. Vive et silencieuse, une ombre file vers l'angle de l'escalier. Ma chambre est, comme par hasard, juste à côté. Ce départ est si rapide qu'il s'en faut de peu que je ne remarque rien, que je n'y croie pas. Portant toujours sur moi mes seules affaires de valeur, je laisse la chambre ouverte et je me précipite dans l'escalier. Trop tard, je ne le vois plus. J'ai beau traverser tout l'hôtel en courant, sous l'œil désapprobateur du « gardien de nuit » — qui se met comme par hasard en travers de mon chemin —, personne. Je commence à douter qu'il soit parti et surveille la rue par acquit de conscience et sans trop y croire. Quelques minutes s'écoulent et je vois quelqu'un sortir d'une porte à vingt mètres, me regarder bizarrement. Dès que j'esquisse un mouvement dans sa direction, il s'enfuit. Je le poursuis quelque temps, sans succès, il est trop rapide pour moi. Je le perds dans le dédale des rues et rentre à l'hôtel déçue, en pensant que, ma foi, puisqu'il est parti, autant en profiter pour dormir tranquille.

Retour dans ma chambre. Mes affaires sont éparpillées aux quatre coins de la pièce. Je décide que je dormirai plus tard.

Au milieu de la nuit, la chaleur et la fatigue agissent comme un puissant somnifère. À quoi bon lutter, tant de travail m'attend... Je m'éclipse discrètement vers le toit, selon mes bonnes vieilles habitudes. Là, à l'abri dans une couverture, je dors paisiblement les cinq heures dont j'ai besoin, par cycles de « sécurité » de vingt à trente minutes.

Je regagne ma chambre au petit matin, fraîche et dispose, avant le premier appel à la prière. Ce bon vieux cheveu est toujours coincé dans la porte, là où je l'avais collé. Apparemment, mes affaires n'ont plus été touchées. Je renifle l'air de la pièce. Pourtant, aucun doute n'est permis, quelqu'un est venu. Chaque type de peau a une odeur caractéristique, impossible de me tromper.

Je suis sur le qui-vive. J'ouvre violemment le placard, regarde sous le lit alors que même un chat ne pourrait s'y glisser, j'inspecte la grille de la fenêtre. Rien. Aucun son creux, ni au plafond que je sonde avec la chaise, ni dans les murs, ni dans le sol. Si quelqu'un est entré, assurément il n'est plus là. Impossible qu'il soit passé par la porte, alors comment est-il venu ? C'est à n'y rien comprendre !

Énervée, je décide de partir immédiatement. Je dois me rendre dans un bled perdu dans la rocaille, à deux heures de route de la ville. Autant ne pas traîner si je veux rentrer assez tôt pour ne pas éveiller les soupçons. Quand je rends ma clé, le préposé à la réception me lance un regard torve. En voilà un qui aurait sans doute préféré que je reste dans mon lit cette nuit.

— Tu as bien dormi, madame ? interroge-t-il en me scrutant.

— Non, j'ai eu très chaud, je me suis promenée dans l'hôtel pour me changer les idées. Je n'ai pas osé sortir, il était déjà tard.

Son regard change. Visiblement cette explication lui plaît.

— Tu as bien fait, il ne faut pas sortir tard ici. J'espère que cette nuit tu dormiras mieux. Je vais faire monter un ventilateur dans ta chambre pour la rafraîchir.

Je remercie et nous échangeons de grands sourires. Chacun pense avoir roulé l'autre et chacun est satisfait. Je suis certaine de passer les prochaines nuits à la belle étoile.

J'ai loué une de ces voitures américaines des années soixante qu'on trouve dans ces régions. Conduire ce genre de tank me change les idées. Je me méfie à chaque arrêt, chaque ralentissement de la circulation, attentive au moindre individu qui se démarquerait de la foule. Une fois hors de la ville, je respire mieux.

À quelques kilomètres de ma destination, je gare la voiture à l'écart de la route, plus ou moins dissimulée par des rochers, et je termine à pied. Les contacts sont plutôt contents de me voir et la journée se déroule à merveille. J'arrive à travailler, la mission avance comme je l'espérais.

Avec une bonne quarantaine de kilomètres dans les pattes, je reprends la voiture pour rejoindre la ville, tard dans la nuit. Je roule en pleine « campagne » — un désert de pierre et de poussière — quand je vois une lueur de phares sur la route loin devant moi. Elle semble située à une petite vingtaine de kilomètres. Disparaissant selon les détours de la route, elle réapparaît toujours. Un moment je me dis que je suis stupide : il y a d'autres lueurs de phares sur cette route non éclairée et entre deux zones sans visibilité, rien ne me dit qu'il s'agisse de la même voiture. Je dois commencer une crise de parano, inévitable en raison de la tension importante subie depuis deux jours que je suis chez « les golfeurs ». Pourtant, cette lueur, « je ne la sens pas », comme on dit. Sa vitesse de déplacement n'est pas régulière. Elle semble avancer, reculer, stationner. Impossible de faire demi-tour pour des questions de planning et, en raison des roches sur le bord de la route, pas de chemin hors piste envisageable. La lueur ne correspond visiblement pas à un barrage. Je fais taire mon « instinct » et continue de rouler vers elle. Tout à coup, elle se fige.

Je connais la route et sais que j'aborde un mauvais passage, une série de virages sans visibilité assez dangereux. J'atteins les premiers lacets. Au détour d'un virage je vois, à cinquante mètres, la voiture arrêtée en travers de la route. Il me semble distinguer quatre hommes à bord. Doubler en passant sur l'autre voie c'est risquer de prendre une voiture en pleine face. Justement, je vois la lueur des phares d'une voiture qui arrive en sens contraire. Sur les côtés, des rochers dignes d'une défense antichars : impossible de passer. J'enfonce la pédale d'accélérateur, je passe sur l'autre voie en doublant la voiture arrêtée et en évitant de justesse celle qui arrive en sens contraire. Son conducteur n'a pas fini de me maudire pour l'infarctus qu'il a eu. Joli dérapage contrôlé, le char américain tient heureusement la route. Où sont les caméras quand les cascades sont si belles ? Pas le temps de me détendre, la voiture barrage est déjà sur mes talons et tente de me dépasser. Je poursuis donc mes dérapages de moins en moins contrôlés pour franchir les virages en espérant que mon archaïque caisse tiendra le coup. À l'épreuve, elles ne sont pas si mal, ces américaines !

Nous « jouons » de la sorte jusqu'aux portes de la ville. Là, je pense avoir gagné la partie, ils ne peuvent prolonger ce train d'enfer. Sitôt cette pensée formulée, une rafale de kalachnikov arrose ma voiture. Visiblement, « ils » ne tiennent pas à ce que j'aille plus loin. C'est passé tout près de ma tête. Pare-brise éclatés, pneus crevés, ma voiture fait une embardée et un demi-tonneau. Les vieilles américaines de deux tonnes ne se retournent pas facilement. Je m'extirpe de la carcasse, choquée. Pas question de traîner, je cours en titubant me mettre à l'abri. La ville commence à quelques centaines de mètres. Je m'engouffre dans le premier bâtiment, direction les toits. J'ai suffisamment d'avance pour faire un bout de chemin de toit en toit et trouver une cachette en attendant qu'ils me dépassent et que je puisse repartir tranquillement dans la direction opposée.

Sympathique, cette séance de poursuite, mais fatigant. Ce genre d'événement se produit toujours au terme d'une journée infernale, quand je suis claquée, jamais le matin à la fraîche lorsque je me ferais un plaisir de jouer aux petites voitures pour enchaîner ensuite avec un footing.

Je change d'hôtel. Je suis obligée d'en avertir une partie des contacts. C'est impératif pour trouver qui est la taupe. Je ne suis plus en sécurité nulle part et je ne vois pas comment veiller cette nuit en évitant le coup d'assommoir. Donc, retour sur les toits, pour dormir tranquille. J'aime bien les toits. Je peux écraser comme une masse pendant vingt minutes d'affilée sans souci, et reprendre ensuite quelques séquences de dix minutes. Une fois que je me sens reposée, je décide de redescendre veiller sagement dans ma chambre, histoire d'accueillir d'éventuels visiteurs. C'est pratique d'avoir la tête pleine de souvenirs qui rendent insomniaque.

« Stupide. Inconscient. Irresponsable. Lâche. Criminel. Sabotage. » Mes chers supérieurs israéliens enchaînent les adjectifs pour qualifier mon attitude en mission. Ceux-là et d'autres encore que je n'écoute pas, dont je ne connais même pas le sens exact, ce dont je me passe très bien. Motif de leur colère : j'ai osé fuir en voiture au lieu de m'arrêter et de me rendre gentiment.

Ils ont pourtant la réponse à leur question : une tentative

d'enlèvement a eu lieu et nous sommes donc doublés par quelqu'un, qui soit soupçonne que nous avons infiltré le groupe hezbollah, soit s'en prend directement à ces fedayin. Comment savoir ? Les pions avancent sur l'échiquier, mais ils auraient voulu que j'arrête ma voiture, que j'aille avec ces messieurs et que je leur donne l'impression que je ne suis personne. Avec la meilleure bonne volonté, compte tenu de ce que j'avais encore sur moi et d'où je venais — ce qu'ils savaient pertinemment puisqu'ils m'attendaient au retour —, même en étant la menteuse la plus professionnelle, je n'aurais pas pu leur faire croire que j'étudiais simplement la culture des pistachiers.

Peu importe. Les reproches fusent. Grande est ma lâcheté de n'avoir pas affronté des moments certes « difficiles », mais où j'aurais pu apprendre par leurs questions ce qu'ils savaient de leur côté, et consolider ma couverture par mes réponses ou leur absence.

— En jouant les as du volant au lieu de te rendre, tu as détruit tous nos efforts !

Dov se voit reprocher de mal conduire son travail d'entraînement, sous prétexte que mes réactions ne collent plus à ce qu'ils attendent. Il n'a pas l'habitude de ce genre de critiques. Il ne fait pas de scène mais gamberge dur. Quant à moi...

— Si je ne conviens pas, bon sang c'est simple, virez-moi !

— Auparavant, tu convenais très bien. Il suffit seulement de te convaincre de redevenir ce que tu étais.

Ouri, sollicité en qualité d'arbitre et de directeur de conscience, répond qu'en effet la situation est gênante, que du point de vue stratégique il aurait été plus efficace de se rendre et de les infiltrer, bien que du point de vue survie, la solution que j'avais choisie était plus sûre. Me voilà repartie pour une nouvelle leçon de morale :

— Pourquoi fuir au lieu de jouer une partie difficile ? me

demande-t-il. Tu es capable d'affronter ce genre de situation, tu devrais avoir plus confiance en toi, tu devrais *faire un effort* pour choisir la solution plus dure mais plus rentable aussi. Un peu de courage, voyons !

Pour m'en convaincre, re-entraînements : se rendre illico avec de grands yeux étonnés et innocents, répondre ce qu'il faut aux séances de secouage... Bonjour l'oreille qui bourdonne et qui saigne, au revoir ce sens de l'équilibre si dur à conserver quinze jours d'affilée. De Krav Maga, il n'est pas fait mention. Est-ce mon nouvel état d'esprit qui me pousse à suivre les cours de Krav ou ces cours qui me conditionnent à raisonner autrement ? Il n'y a pas de nouvelle mentalité en vérité, seulement l'accréditation d'un goût, par eux jugé honteux, pour la vie et la liberté.

Cette semaine, je viens d'avoir trente ans. Je ne m'imagine pas continuer dans cette voie encore bien longtemps. Dans un an, le fameux « contrat » expire, et alors, à moi la liberté ! Je ne m'en cache pas. Cette revendication me vaut un nouveau chef d'accusation, une sombre histoire d'insubordination ou de manque de respect, un motif quelconque qui permet de doubler les problèmes. Ce n'est pas moi qui trinque le plus. Ma hiérarchie attendait mon retour pour discuter technique. Mon commandant a remis ce débat à plus tard. Il n'en a rien à cirer de la technique, seule la discipline l'intéresse. Ses collègues ne sont pas du même avis, d'où de petits heurts entre eux. Conclusion, j'attends tranquillement en les laissant s'empoigner. Les paris sont ouverts.

Mon commandant perd la partie. Il est remplacé. Je suis bonne pour un énième débriefing. Le premier conduit par mon nouveau p'tit chef. Qui dit nouveau dit besoin d'asseoir son autorité et conflits en perspective, d'autant plus qu'il met le départ de son prédécesseur sur le compte de mon insubordination et qu'il a bien l'intention de ne pas subir le même sort.

Ces récits consciencieusement décortiqués et effectués sous pression dans une atmosphère tendue n'ont rien d'agréable. Pour mettre un peu d'ambiance, je délire un tantinet avec mes camarades.

— Il y a bien longtemps, dans le royaume de Perse, commencé-je sur un ton de récitation, vivait un pauvre cordonnier qui s'appelait Ali Baba. Il avait bien du mal à nourrir sa femme, son fils, et le petit âne maigre qui lui servait à transporter le bois...

— Il était bûcheron, rectifie un collègue.

— Bûcheron ?

— Qu'est-ce qu'il aurait fait avec un âne et du bois s'il avait été cordonnier ?

— C'est un Arabe. Il frappe l'âne avec son bâton pour en faire du cuir tanné.

— Logique, reconnaît Dov qui participe à la réunion.

Mon nouveau comandant décide qu'il est temps de reprendre la situation en main.

— Commençons, ordonne-t-il sans humour. Toi d'abord, le Poisson. Ton rapport est plus que laconique. Ce n'est pas un rapport, c'est un article du *Reader Digest*.

Je proteste pour la forme.

— Tous les faits y sont.

— Possible, mais il faut développer.

— Si je développe, ce rapport deviendra un roman de Stephen King.

— Il y a trop de zones d'ombre pour nous. Reprenons depuis le début.

Cette perspective ne m'enchante pas. Je commence à grommeler. En m'entendant, mon supérieur s'énerve déjà.

— Tu grognes ? questionne-t-il, un rien menaçant.

— Oui.

— Je note ! À ce sujet, avant de reprendre, Dov, dis-moi où en sont ces histoires d'entraînement parallèle ?

De toute évidence il cherche l'affrontement. Dov décide de calmer le jeu :

— Tu ne peux pas vraiment le qualifier d'« entraînement parallèle », commence-t-il. Ce n'est ni le lieu ni le moment d'aborder ce sujet.

— Au contraire, c'est le moment ! Continues-tu ces cours de Krav ? me demande mon nouveau commandant.

— Oui.

— On t'a pourtant ordonné d'arrêter ?

Il commence à m'agacer sérieusement. Je décide de le remettre à sa place en douceur.

— Tu te prends bien au sérieux.

— Réponds simplement, sans commentaire.

— Faudrait savoir, il y a deux minutes tu disais « il faut développer ».

— Tu continues alors qu'on t'a ordonné d'arrêter ?

S'il veut la jouer style « la loi de Los Angeles », il va trouver à qui parler. Je change d'attitude et prends le ton docte et faux de celui qui récite une leçon apprise par cœur :

— Cette question est un raccourci et une provocation destinée à relever dans le compte rendu des charges contre moi. Je n'apprécie pas cette méthode. Donc, je refuse de répondre et demande un avocat.

— Je suis d'accord avec elle, ponctue Dov en se retenant de rire. Tu ne peux pas poser le problème de cette façon.

Il en faut plus pour dégeler un p'tit chef fraîchement arrivé.

— Combien de temps vas-tu continuer ces cours de Krav ?

— Tant que l'instructeur me supportera.

— Donc ce ne sera pas trop long, interrompt Dov une fois de plus. Nous parlerons de cela plus tard. Passons plutôt à la mission.

— Justement, la mission ! Si cet entraînement parallèle l'amène à faire n'importe quoi, il est temps d'arrêter.

Je m'empresse de rectifier :

— Au contraire, travailler encore plus pour ne pas faire n'importe quoi.

— Nous ne pouvons pas te permettre d'utiliser les missions comme terrain d'essai pour le Krav.

— Déformation. Tu te demandes parfois comment j'ai pu rentrer ? Pas en baissant la tête et serrant le ventre.

— C'est toujours ton argument.

— C'est toujours ma préoccupation. Je sais bien que ce n'est pas la tienne, mais pour moi, c'est assez important. Je ne sais pas comment exprimer ce que mon cœur ressent à l'idée de ne plus assister avec toi à ces charmantes réunions.

— Dans le passé, tu es toujours rentrée sans Krav Maga.

— Si cela ne sert à rien, alors en quoi cela vous gêne si je continue ?

— Ce n'est pas seulement le Krav Maga le problème, c'est toute ton attitude.

Cette fois c'est au collègue du p'tit chef de mettre le holà :

— Passons au compte rendu. Nous verrons le reste plus tard, dit-il en espérant couper court à la dispute.

Mais l'autre ne décolère pas :

— L'attitude pendant la mission est truffée d'erreurs dignes d'un « vert[1] » ! me lance-t-il.

— Possible. Si tu penses faire mieux toi-même, prends ma place. Je suis d'accord !

— Pour commencer, ce que je disais n'appelait pas de réponse. Je ne te lâcherai pas tant que tu continueras ainsi. Tu dois reprendre une attitude obéissante et respectueuse.

Pour moi la coupe est pleine. Je me tourne vers Dov :

---

1. En France, on dit plutôt un « bleu ».

— Chaque fois qu'un nouveau arrive, c'est le même cirque.

— Doucement, me prévient-il. Tu vas augmenter les problèmes.

Le nouveau p'tit chef veut reprendre l'initiative :

— Je ne dis rien parce que tu ne te rends pas compte, mais cela confirme tout à fait ce que je pense. Tu as besoin d'être encadrée.

Cette fois je bondis de ma chaise :

— Merci ! la disciplinaire, j'ai déjà donné. Depuis, j'ai servi chez vous en risquant ma vie, pourquoi ? Pour toujours plus de critiques !

— Assieds-toi ! Ces missions ne te donnent aucun droit à des traitements de faveur.

— Si !

— Quoi ?

— Si. Il faut les faire, il faut s'en remettre. C'est difficile. Alors si ! Le reste du temps, il faut me simplifier la vie.

— Exactement le raisonnement faux qu'il faut t'ôter de la tête. Comme le Krav Maga.

— Combien de fois tu t'es retrouvé arrêté et torturé ? Dis-moi ? Trop pour moi. En vérité, je ferai tout pour que cela n'arrive plus.

— C'est une question d'attitude. Si tu suis nos méthodes, tu iras seulement en prison quelque temps.

Je me penche vers lui par-dessus la table, prête à l'empoigner.

— Tu as vu dans quel état je sors ? Tu as lu les rapports médicaux ? Je ne survis pas plus de deux semaines en prison, grand maximum.

— Assieds-toi ! m'ordonne le p'tit chef en se levant à son tour.

Nous sommes visage contre visage, haleine de café contre

217

haleine de jus d'orange, aussi furieux l'un que l'autre, chacun persuadé d'être dans son bon droit. D'ailleurs, en y réfléchissant, nous avons tous les deux raison, mais dans deux modes de valeurs différents. Un autre trait caractéristique des disputes dans ces régions. J'essaie de lui montrer les contradictions du discours officiel.

— Tu veux que nous parlions de la belle attitude de Ravi ? Il a pris une condamnation de quatre mois, vous nous l'avez cité en exemple pour son attitude passive et discrète. Il est mort dans cette prison. Nous n'avons même pas récupéré son corps. Moi, je suis ici.

— Ravi était faible.

— Bravo ! Salis sa mémoire maintenant. Tout mon respect ! Je ne reste pas ici à t'écouter !

Le collègue du nouveau p'tit chef décide d'intervenir pour rétablir le calme :

— Assez ! Le Poisson, assieds-toi et commence ton compte rendu.

— Non, il me fatigue. En plus, je l'ai déjà fait quatre fois depuis mon retour, ce compte rendu.

— Silence !

— Hurle dans l'autre oreille, celle-ci est cassée depuis la dernière mission.

— Pour ce que tu écoutes, ça ne te gêne pas, j'en suis sûr.

Cette fois le collègue se lève à son tour, fait le tour de la table et me tire en arrière par l'épaule.

— Stop tous les deux. Asseyez-vous ! J'ai dit assis ! Toi, le Poisson, je te donne l'ordre d'oublier son attitude et de faire tranquillement ton récit. Toi, dit-il en s'adressant au nouveau p'tit chef d'un ton sec, tais-toi quelques minutes le temps de te calmer. Tu reprendras la parole plus tard. Commence, Poisson.

Je recommence mon récit pour la cinquième fois.

MAI 2000 : L'ARMÉE ISRAÉLIENNE SE RETIRE DE LA ZONE DE SÉCURITÉ DU SUD-LIBAN.

11-24 JUILLET 2000 : NÉGOCIATIONS À CAMP DAVID ENTRE BILL CLINTON, EHOUD BARAK ET YASSER ARAFAT.

À DAMAS : CONSÉQUENCES DES NÉGOCIATIONS BARAK-ASSAD, LES MANIFESTATIONS SE MULTIPLIENT. TENTATIVE DE COUP D'ÉTAT SUNNITE VIOLEMMENT RÉPRIMÉE.

Mes p'tits chefs me renvoient en Syrie. C'est important et urgent, disent-ils. Mission vitale, disent-ils. J'ai beaucoup discuté pour y couper. Trop à leur goût. Ouri lui-même a essayé de m'éviter ce voyage à risques en évoquant diplomatiquement les autres missions en cours. Il a émis des critiques à mi-voix. Venant de lui, cette attitude m'a étonnée, mais il a continué en expliquant qu'il a une expérience en cours à laquelle il tient, que ce n'est pas demain qu'il pourra « remonter » l'équivalent et que donc il y perd. Me voilà rassurée, j'ai failli croire à un geste d'humanité. Ils lui ont répondu qu'il y a quelque chose à obtenir et quelqu'un capable de l'obtenir, donc je dois y aller, point final. Simple question d'efficacité.

Le p'tit chef qui m'empoisonne l'existence en ce moment et qui supervise mon entraînement me fait la morale une fois de plus : dans l'organisation dont j'ai l'infime honneur et l'insigne joie (ou l'inverse) de faire partie, il faut savoir aller au feu plein de fougue et d'entrain car n'oublions pas qu'Israël « est un petit pays entouré d'ennemis, qui a dû et doit encore lutter pour sa survie et... ». Son discours a duré quarante-sept minutes, un collègue a chronométré par jeu. C'est long quarante-sept minutes.

Il m'annonce donc un matin d'août 2000 que je pars le soir même. J'ai répondu non, pas avant après-demain. Je dois quand même organiser ma mission, avoir du temps pour me préparer est essentiel. Rien à faire, c'est important *et* urgent. Tant pis, j'agis quand même à ma guise. Je partirai demain matin. Il ne faut rien exagérer, c'est quand même plus important de réussir que d'obéir à la lettre, me semble-t-il.

Nous sommes jeudi. En principe, j'en ai pour un ou deux jours. Je devrais être rentrée lundi au plus tard.

En vérité, je suis pessimiste. Ou plutôt une appréhension m'habite. Je me suis déjà rendue dans des coins difficiles, ce n'est pas le problème. Me rendre là-bas, ce n'est même pas très difficile, c'est surtout idiot ! C'est aller au-devant des ennuis en faisant comme s'ils n'existaient pas. Nous sommes prêts, dans ce métier, à mourir pour des choses importantes et nous mourrons par et pour des bêtises. C'est tout le problème.

Furieuse et angoissée à la fois, je tourne en rond. Je dois boucler mon sac mais je n'arrive pas à me décider. Mon cerveau fonctionne en régime saturé. L'entraîneur de Krav Maga est en vacances. Je lui envoie quand même un message, expression de mon ras-le-bol. Il me répond aussitôt :

« Ne m'énerve pas avec ton foutu "PP", *"Passive pessimism"*!
Tu vas te débrouiller comme d'hab, en plus je rentre mardi et
j'ai encore pas mal de travail, bref... t'as intérêt à agir le plus tôt
possible, n'oublie pas.
À mardi soir. »

Comme d'habitude j'ai fait un crochet par Zurich avant
de gagner le Liban. Entre tradition et modernité, l'aéroport
de Beyrouth reste semblable à lui-même au fil des années. Le
vent des collines apporte toujours l'odeur familière des quelques chèvres qui subsistent. C'est étonnant comme leur
fumet est tenace et s'impose malgré les gaz d'échappement et
les vapeurs de carburant. Aucun problème quand j'entre dans
le hall d'arrivée ni quand je franchis la douane. Plus loin, je
trouve les relais en place. Chaque contact n'a que de bonnes
nouvelles à me transmettre. La situation est calme, personne
n'a rien d'alarmant à me signaler. À croire que mes pressenti-
ments n'étaient pas fondés. Ma foi, tant mieux.
Je traverse le Liban et passe la frontière syrienne sans
encombre. Là aussi mes contacts se portent bien. J'ai beau
analyser la situation, je ne trouve aucun indice d'une suspicion des militaires envers l'un de nous. Impossible qu'ils nous
surveillent avec une telle discrétion, ce n'est pas leur genre.
Peut-être me suis-je inquiétée pour rien... ou plutôt mon
raisonnement a-t-il de l'avance sur la réalité du terrain. Je
penche pour la seconde explication et décide de boucler mon
programme au plus vite, avant que leur « intelligence » ne se
réveille.
Je reprends donc la route sans dîner ni dormir. J'arrive à
l'endroit voulu vers la fin de la nuit. Je gare la voiture dans
un champ et m'endors un peu. J'entrerai dans la ville à pied,
quand le matin sera suffisamment avancé pour ne pas attirer
l'attention.

Ombre noire semblable aux autres ménagères qui parcourent le marché, je me dirige vers des bâtiments administratifs reliés au serveur auquel je m'intéresse. Je connais le moyen de m'y introduire, je sais devant quel ordinateur m'installer. Le bureau est vide, tout se déroule sans encombre. En revanche, informatiquement, je me heurte à une modification du système de sécurité du réseau. Je le décortique tout en me murmurant : « J'avais donc raison... la voilà la surveillance ! Ils ne sont pas si cons, ces cons-là... »

Ces modifications me ralentissent et m'obligent, pour les pirater, à trahir ma présence sur le réseau. Impossible de faire autrement. Je comprends qu'ils ont mis ce piège en place pour détecter mes mouvements. Je sais ce que je risque à le faire sauter, mais je sais aussi qu'ils n'ont pas vu ce que j'ai installé par le passé. Donc, ils ne détecteront pas non plus la pierre finale de l'édifice que je vais poser. Tant pis si je me trahis en le faisant, les informations que nous en tirerons vaudront bien ce sacrifice. Et puis, c'est mon job après tout.

Tout en travaillant, je surveille leurs logs d'alerte. Je peux voir en temps réel le déclenchement de leur sécurité. Ils remontent le réseau assez lourdement, branche par branche. Je souris : mal conçu comme système, fait dans la précipitation sans doute...

De mon côté, il ne me manque que quelques minutes pour achever la mise en place de mes outils. Il ne faut surtout pas stresser. Le cerveau doit être rapide et performant. Comme d'habitude, je trouve quelques propriétés locales de leur serveur qui m'obligent à modifier mes scripts. Réfléchir, ajuster, tester... Le tout avec une pression énorme sur les épaules. Pendant ce temps, je vois l'alerte remonter la branche sur laquelle je suis. Dans peu de temps, ils identifieront le bâtiment, puis la machine. Mon cerveau et mes doigts, habitués à fonctionner sous une bonne dose de stress, travail-

lent avec une acuité record. Les scripts fonctionnent maintenant de manière optimale. Par contre, mon cœur bat la
chamade... Un dernier test et j'ai la joie de voir la connexion
fonctionner merveilleusement bien. Une sirène retentit, je
jette un œil sur les logs de sécurité, ils indiquent le bâtiment
et l'étage, remontent à présent la chaîne des bureaux.

J'entends des cavalcades dans les escaliers. Il est temps de
filer.

J'ouvre la fenêtre, saute depuis le second étage en maudissant une fois de plus la faiblesse de ma rotule droite et je
cours le plus vite possible en direction du marché.

En principe, je sème rapidement mes poursuivants à travers les souks. Il me suffit de disparaître de leur vue un
moment, de me glisser sous les étalages, d'entrer le plus vite
possible dans l'immeuble d'une ruelle adjacente, puis de
rejoindre les toits. La suite est classique : circuler le plus possible sur les toits, ne descendre que si un obstacle infranchis-
sable apparaît, ne pas s'arrêter au niveau de l'obstacle qui
peut être connu de mes poursuivants, mais revenir en arrière
et descendre ensuite. Au besoin trouver une cachette — il
n'en manque pas — y passer la journée, la nuit, voire la
journée du lendemain si besoin est.

Oui, il suffit d'atteindre les toits pour être tirée d'affaire. Je
suis plutôt optimiste, je suis partie à temps, j'ai suffisamment
d'avance sur mes poursuivants, ils n'oseront pas tirer en plein
souk de toute faç...

Une rafale interrompt mes pensées. Les balles sifflent à
proximité. Plus que quelques mètres à franchir, je prends le
risque de continuer de courir. Mauvaise surprise : la foule,
qui d'ordinaire ne prend pas parti, évitant de se trouver au
milieu de ce genre de scène, se resserre autour de moi. Cinq
ou six hommes du genre armoire à glace se détachent, me
bloquent le passage et m'empoignent. Une surveillance était

bel et bien en place. Je tente de me dégager mais j'arrête quand je sens le canon chaud d'une arme sur ma nuque. C'est étrange comme ces tubes de métal, même brûlants, peuvent vous glacer le dos. Mon cerveau fonctionne à toute allure. Il faut absolument trouver une parade le plus tôt possible. Je me détends brusquement et abandonne toute résistance pour amener les gorilles à relâcher leur prise. La ruse fonctionne. En même temps, je jette un léger coup d'œil pour évaluer si je peux désarmer le soldat qui se tient dans mon dos. Il y a un soldat... non, deux... cinq... d'autres encore suivent... bon, ce sera pour plus tard.

Je me retourne et leur fais face, gambergeant toujours sur la possibilité de m'éclipser. La foule autour de nous se retire comme la mer à marée basse. La rue se vide, seuls quelques marchands surveillent encore leurs étalages. J'obéis docilement aux cris des militaires, lève les mains, les laisse m'entraîner contre un mur et me fouiller. Les soldats se dispersent, partagés entre l'annonce de mon arrestation et la « sécurisation » de la rue, c'est-à-dire l'arrestation d'une dizaine de personnes qui n'ont pas manifesté assez leur joie lors de ma capture.

Nous roulons jusqu'à une caserne proche. Je suis déçue, j'espérais que nous changerions d'air. L'interrogatoire commence. Je connais cette situation par cœur, les questions, les discours, les intimidations, la violence qui monte... J'aimerais autant sauter cette étape mais puisque ce n'est pas possible, je me déconnecte et j'en profite pour essayer de me détendre et de récupérer un peu d'énergie. C'est curieux, je me sens vidée. Je me souviens que, dans ma hâte, je n'ai pratiquement rien mangé depuis mon départ jeudi. Malin, maintenant j'ai une crampe d'estomac. Je me concentre sur cette crampe, je l'aime, je la chéris. Elle me permet d'oublier le reste.

Le capitaine se lève et marche vers la porte. Tiens, c'est fini ? Déjà ? J'aurais peut-être dû écouter ce qu'il disait :

— Avance, nous allons prendre tes empreintes et les envoyer pour qu'ils regardent dans la base.

Il ouvre la porte et se dirige vers le fond de la grande salle d'entrée. Les soldats nous regardent passer en silence. Nous arrivons devant un bureau chargé de tous ces tampons rouges dont raffolent les Orientaux.

— Une seconde, ne bouge pas, nous allons te passer les menottes devant...

Voilà une occasion ! Enfin... je regarde autour de moi. Il y a bien une vingtaine de personnes qui guettent chacun de mes gestes. Après tout, le moment n'est peut-être pas si bien choisi. Je les laisse faire et je reste tranquille pendant qu'ils prennent mes empreintes. Qu'aurait fait l'entraîneur de Krav dans une situation analogue ? Rapide comme il est, il les aurait démolis depuis longtemps. Il n'aurait surtout pas attendu d'en être arrivé là. Qu'est-ce qui cloche chez moi ? Pourquoi ne suis-je pas capable de faire mieux ? Qu'est-ce que j'aurais pu faire plus tôt ? J'ai tout essayé, tout a réussi... puis échoué. Je réfléchis. Non, ici je ne pourrai rien faire. Il faut attendre un transfert, un moment où j'aurai moins de monde autour de moi. Ne pas perdre espoir surtout, le moral, c'est quatre-vingt-dix-neuf pour cent de ma force.

— Attends ici, je descends envoyer ces papiers et attendre leur réponse. Si tu penses en profiter pour nous jouer ta scène du départ, réfléchis, parce que mes gars se feront une joie de vider leurs chargeurs sur toi !

Je ne l'écoute que d'une oreille et continue de réfléchir à mon aise. Soudain, je prends conscience d'une rumeur qui s'amplifie lentement. Je me rends compte que ce guignol m'a laissée seule dans la salle entourée de ces timbrés... et que justement, ils s'énervent et s'approchent. Je regarde les deux gardes qui me surveillaient, plantés dans mon dos. Eux s'éloignent lentement, rejoignant leurs collègues en me tenant toujours en joue. Je me lève d'un bond :

— Que faites-vous ?

— Inutile d'essayer d'ameuter le chef, me répond l'un des hommes, il ne t'entend pas, il est au sous-sol.

— Il va revenir.

— De toute façon, tu es condamnée à mort, alors mourir maintenant ou plus tard, quelle différence pour toi ? Assassin ! Sioniste ! Sioniste assassin !

Je les regarde avancer. Ils prennent visiblement plaisir à ce numéro. Je ne peux les prendre au sérieux tant ils sont caricaturaux. Pourtant, ils vont me tuer.

Un bruit de voix monte du sous-sol. Craignant de manquer de temps, ils accélèrent le mouvement. Quelques-uns se précipitent vers moi, je riposte par une série de coups de pied qui les surprennent. Ils reculent, réessaient, reculent de nouveau, tournent autour de moi. Pour l'instant, je les tiens à distance, mais j'ai encore fait une bêtise : je me suis laissée encerclée. J'aurais dû me frayer une sortie dès le début. Pour aller où ? L'heure n'est pas aux analyses stratégiques, les voilà qui avancent de nouveau, dans un bel ensemble. J'essaie de les faire reculer. Dès que je touche un assaillant, il est écarté et remplacé par un autre. Je commence à me décourager. Ils n'attendent que ce moment. Deux d'entre eux me saisissent par les bras. J'entreprends de me dégager. À peine en ai-je repoussé un que j'aperçois du coin de l'œil un des soldats qui fait un bond vers moi un poignard à la main. Merci les réflexes donnés par le Krav Maga : j'arrive à placer une défense, mais entre le déséquilibre, la surprise et les menottes, je ne parviens qu'à dévier en partie la trajectoire du couteau. C'est suffisant pour me sauver la vie. Au lieu de recevoir la lame de pleine force au milieu de l'abdomen, je ne suis que légèrement blessée sur le côté gauche, sous les côtes, dans le muscle oblique. Je comprends d'instinct que ma blessure n'est pas mortelle mais la douleur est très violente. Le soldat retire prestement l'arme.

Une main me tire violemment en arrière. Je m'attends à un nouveau coup de couteau, je rassemble mon énergie pour envoyer mes coudes en protection. Ils heurtent le capitaine, de retour, qui me maintient fermement à deux mains.

— Je m'absente et tu n'as rien trouvé de mieux que d'agresser ! articule-t-il, livide.

Moi, j'ai agressé quelqu'un ? C'est un point de vue. Assez flatteur d'ailleurs. Il me remonte le moral aussitôt.

Le capitaine n'ajoute pas un mot de commentaire. Il cherche les deux gardes qui étaient censés me protéger, leur fait signe de me conduire dans son bureau. Je commence à me rendre compte que le muscle oblique a un rôle important à jouer. Je souffre le martyre et n'arrive presque plus à bouger. J'essaie de me raisonner. Quelques centimètres découpés ne peuvent pas paralyser la carcasse entière, ce n'est pas logique. Les soldats me traînent dans le bureau et me collent contre le mur. Le capitaine les suit, regarde la blessure, déclare que ce n'est rien et exhibe le fax qu'il tient à la main.

— Tu es dans la base !

La belle affaire ! Je dois même y figurer au minimum sept ou huit fois, et chaque fois sous un nom différent.

— Tu y es même quatre fois, continue-t-il.

Elle n'est pas à jour leur base de données ?

— Sous deux noms différents...

Deux seulement ?

— Enfin, en deux occasions nous avons trouvé un nom à te coller, précise-t-il. Cette fois-ci, quel est ton nom ?

J'ai trop mal pour parler. J'ai l'impression que le seul fait de bouger la mâchoire va aussi tirer sur ce bon sang d'oblique. J'éprouve la curieuse sensation qu'il est le point central de toute la musculature du corps. Le capitaine n'attend pas longtemps une réponse. Il s'écarte, prend une matraque. L'un des soldats me lâche, pose son arme et l'imite. Le second me projette au sol. Un coup de pied m'écrase violemment l'épaule et la maintient au sol : le matraquage commence. Par chance, je tombe assez vite dans les pommes.

Je me réveille après un curieux rêve. Mon cœur était emporté par le flot de sang qui coulait de ma blessure et se trouvait bloqué à ce niveau. D'ailleurs ce n'est pas un rêve, je le sens qui a glissé en bas de l'abdomen et qui bat sous mon estomac. Interloquée, je me réveille pour de bon. Quand ma vue se stabilise enfin, je regarde la blessure et comprends que la sensation de flot de sang est exagérée. Certes, la coupure saigne beaucoup, mais ce n'est pas si terrible. D'autres douleurs, résultats des nouveaux coups reçus, viennent relativiser la déchirure musculaire. J'enrage d'être blessée. Comment vais-je m'évader si je n'arrive pas à bouger ? J'essaie de reprendre le contrôle de mes gestes. Je laisse échapper un cri de douleur.

— Ah ? Réveillée ? Tu veux discuter ?

Je regarde péniblement à droite et à gauche, rien. Un coup de pied sur la tête me fait comprendre qu'il est derrière moi. Cela signifie lever la tête en arrière, étirer le torse, tirer sur ce bon sang de muscle...

— Tu vas être contente, m'annonce le capitaine, j'ai reçu l'ordre de t'amener demain dans une prison militaire où tu es très attendue. D'ici là, tu n'as rien à faire, qu'à te reposer.

Sur ces paroles, il me redonne un coup de pied et va travailler à son bureau comme si de rien n'était. Une sentinelle me traîne dans l'angle opposé de la pièce, se pose près de la porte et me tient en joue. J'essaie de bouger. Lentement, j'identifie chaque muscle, les désolidarise de la blessure. Le

228

ventilateur du plafond me dispense une fraîcheur bienfaisante. Puisque j'ai des heures libres devant moi, je vais en profiter pour me réparer le mieux possible. Si seulement je n'avais pas si mal à la tête... Dix minutes plus tard je sombre dans un demi-coma. Pendant quelques heures, les bruits des conversations dans le bureau et dans la salle voisine continuent de me parvenir par bribes jusque dans les délires de mes cauchemars.

C'est une relève de sentinelle qui me réveille au milieu de la nuit. Un soldat m'examine avec soin. Il n'a pas l'air de vouloir me tuer. Il cherche d'ailleurs à me rassurer.

— Avant mon service, je faisais des études de médecine.

Je regarde autour de moi : le bureau est vide, le ventilateur ne tourne plus, la chaleur est accablante. Par la porte ouverte, je ne vois que l'obscurité, l'entrée est également vide.

— Il est deux heures du matin, m'explique la sentinelle. Tu as beaucoup de fièvre. Avale, dit-il en mettant deux cachets dans ma bouche. Désolé, je ne peux pas te donner d'eau.

Je reconnais le goût rêche de l'aspirine. Je mâchonne comme je peux et cherche à voir l'état de la blessure. Je n'y arrive pas, j'ai des menottes dans le dos. J'interroge le soldat d'un regard.

— C'est infecté..., répond-il. J'ai juste pu mettre une bande dans l'après-midi pour la protéger des mouches et pour arrêter l'hémorragie. Tu saignais beaucoup. Je me fiche de ce que tu as fait, c'était une brute...

Brusquement, il regarde derrière lui. Craignant d'avoir trop parlé, il s'éloigne reprendre sa faction près de la porte. Je me sens aussi mal que possible. Finalement, c'est plutôt une bonne chose d'avoir l'estomac vide. Je retourne lentement à mes cauchemars.

Le réveil est violent. Après une entrée fracassante au petit matin, le capitaine et deux soldats s'empressent de finir de me réveiller à coups de pied. Quand j'arrive enfin à me redresser, vaguement assise, ils ne trouvent rien de mieux que de me replaquer à plat ventre. Voilà qui me met de mauvaise humeur, ce qui est une très bonne chose, chassant une grande partie de la douleur. Ils me soulèvent ensuite comme une plume, m'enfilent une cagoule étouffante et m'emmènent ou plutôt me traînent dehors avant de me hisser dans un camion. La fièvre et la cagoule aidant, je sombre de nouveau dans un coma reposant.

L'accueil à la prison militaire est semblable à celui de mes précédents passages. La visite médicale, d'ordinaire simple simulacre, permet pour une fois de me soigner par injection massive d'antibiotiques. De points de suture, il n'est toutefois pas question.

Puis commencent les interrogatoires. Rapidement convaincus que les discussions ne mèneront nulle part, ils passent à la méthode forte. Je ne peux pas dire que je m'habitue à être torturée, vraiment pas ! Comme je m'en suis sortie plusieurs fois, j'espère m'en tirer encore. Je sais que derrière la douleur extrême, il y a soit la perte de conscience, soit l'arrêt de la torture. Attendre. Attendre que la séance de noyade prenne fin, ou que je suffoque et que je tombe dans les pommes... attendre que la séance d'électrocution prenne fin... ou que le cœur lâche... attendre que les pluies de coups s'arrêtent ou m'assomment pour de bon... attendre d'être décrochée du plafond ou que le sang ne circule plus, rendant les articulations moins sensibles aux douleurs des suspensions... attendre de perdre enfin connaissance pour ne plus sentir le dos insupportablement lacéré par des câbles d'acier... bloquer la respiration et ralentir le cœur pour limiter la diffusion des injections de drogues... Travail constant du mental et du corps. Par-dessus tout, essayer de garder le sens de l'humour et un semblant d'espoir.

Je ne suis pas la seule « interrogée » de la sorte. Nous sommes une dizaine à partager le même calvaire, chacun choisi par les soldats au gré de leur humeur. J'ai décidé de lutter jusqu'au bout, je continue de croire en un possible retour. Aussi inutile que cela puisse sembler, à chaque fois que je suis consciente, je ne laisse pas les soldats me relever sans distribuer le plus possible de coups de pied. Cette attitude me permet de conserver un peu d'estime de moi et de sauter mon tour de temps en temps. Quand je les vois s'éloigner fatigués et peu désireux d'en découdre, la fierté m'envahit. Ce qui ne les empêche pas de revenir, plus décidés que jamais, dix minutes plus tard, mais c'est autant de gagné. Les petits ruisseaux font les grandes rivières, une séance de plus ou de moins est d'une importance vitale.

Plusieurs jours s'écoulent ainsi. Je n'ai pas conscience du temps. Je prends juste comme une bénédiction les brefs moments de repos où je peux dormir sur le dallage de cette salle, au milieu des hurlements et des odeurs de souffrance que les corps rejettent par tous les moyens dont ils disposent. Pas de nourriture, à part quelques bols de thé, pas de soins ni de toilette. Le sol est nettoyé au jet de temps en temps, et nous parfois avec. Officiellement, je n'ai pas le droit de dormir. Les réveils se font sous une pluie de coups. Rester trop longtemps inconscient, c'est s'exposer à des séances de noyades poussées. La solution est de dormir une minute par-ci par-là, de bouger ensuite pour bien montrer que je suis réveillée, puis me rendormir. Surentraînée à ce petit jeu, j'arrive à récupérer. Toutefois, le temps ne s'écoule pas vite. Je crois facilement que plusieurs jours sont passés quand il ne s'agit que de quelques heures, du coup je pèche par excès inverse. Je calcule que nous sommes lundi alors que nous sommes déjà mercredi. Heureusement pour moi, eux aussi s'impatientent.

— C'est inutile, elle se laisse mourir sans parler, explique un « médecin ». Il faut prévenir le colonel.

En effet je suis un trop gros poisson pour que le commandant de service prenne le risque que je lui claque entre les doigts. Le colonel, qui seul a ce pouvoir, est en « stage ». Chez eux aussi ça existe. Contacté, il transmet ses ordres : arrêter les interrogatoires et me laisser en cellule jusqu'à son retour, dans deux jours. Il sera accompagné d'un « expert en interrogatoires poussés » qui justement donne des cours au fameux stage et qui est curieux de tester ses méthodes sur un « élément sioniste surconditionné ».

Me voilà en vacances pour deux jours. Je pense m'endormir sitôt seule. En fait, je n'arrive plus à trouver le sommeil. J'ai affreusement mal partout et constamment peur. Les nerfs lâchent et me font tressauter toutes les deux minutes, me réveillant dans les rares moments où j'arrive à décrocher. Ce n'est qu'après de longues heures de relaxation intensive que j'arrive enfin à dormir, si je peux appeler « dormir » ce curieux sommeil sans repos peuplé de cauchemars.

Quand le colonel revient avec son « invité », je suis déçue, j'aurais aimé avoir récupéré davantage. Mes plantes de pied ont commencé à cicatriser et j'arrive à tenir à peu près debout. Certes, je marche avec une allure de crabe rhumatisant, mais enfin, je marche quand même. Voilà qui me redonne un soupçon de moral.

Une fois dans le bureau du colonel, j'écoute avec étonnement le commandant faire son rapport. J'apprends à cette occasion que la semaine s'est presque écoulée. Je pense à l'e-mail de l'entraîneur, « à mardi soir ». Visiblement, c'est râpé. Je me demande quelles nouvelles il a eues à mon sujet. Plus personne ne doit croire en mon retour. Ils savent qu'il est utopique d'espérer après plus d'une semaine de prison.

Pendant que j'écoute le récit de ce que j'ai fait et dit, ou plutôt de ce que je n'ai pas dit, pendant ces journées de galère, « l'expert » ne me quitte pas des yeux. C'est un homme en civil, chemise et pantalon plutôt élégant, visage occidental, peau très claire, taille moyenne, cheveux raides châtain-roux, début de la quarantaine, parfaitement rasé, et un regard froid et dur comme de l'acier. Pendant quelques minutes, nous nous livrons à un véritable exercice d'hypnose. Aucun de nous n'accepte de détourner les yeux le premier. C'est le colonel qui nous tire d'affaire en réclamant mon attention.

— Cet homme que tu regardes avec tant d'insolence, me lance-t-il, est un expert en « interrogatoires poussés ». Il sera ravi de se faire la main avec toi. Je te laisse encore une chance. Tu ferais mieux de la saisir. Tes chefs te croient morte à l'heure qu'il est, tu ne risques plus rien à nous parler. Nous pouvons même te laisser vivre ici, mener une vie normale. Tout est possible si tu coopères, ta vie n'est pas finie. C'est à toi de décider de vivre heureuse ou de souffrir l'enfer. Ces derniers jours ne t'ont pas suffi ?

Je le regarde en me demandant pourquoi personne ne me propose jamais d'acheter mes confidences à coups de million... Dans les films ils proposent toujours de l'argent... cette idée qu'ils ont tous de me croire incorruptible ! Enfin, autant le prendre comme une marque d'estime, je me console comme je peux.

Le colonel n'insiste pas et me désigne d'un geste de la main à « l'expert ». Ce dernier vient vers moi en prenant ce qui doit être son air le plus menaçant et commence à éprouver mes nerfs en me secouant et en me projetant à travers la pièce en beuglant. Si c'est son secret d'expert, il me fait plutôt marrer. Même si j'ai les nerfs en compote, je connais ce genre de sport. Il s'en rend vite compte.

— Elle est sûrement israélienne ! énonce-t-il comme s'il s'agissait d'une grande découverte.

— Si c'est tout ce qu'il trouve, moi aussi je suis expert, grommelle le commandant.

« L'expert » ne se laisse pas déstabiliser.

— Si elle est israélienne, je sais comment elle tient le coup. Je connais bien leurs techniques d'entraînement. Nous n'avons qu'à cibler la zone du cerveau où est le blocage et elle crachera tout sans effort.

« Y a qu'à »... J'ai envie de rire. Pas trop quand même car ce guignol vient de me fendre une lèvre. Il pense cibler cette fameuse zone de cette façon ?

Toujours confiant, il se tourne vers l'un des hommes en civil restés immobiles près du bureau :

— Prépare tout, lui dit-il en russe.

Ces deux mots me font plus d'impression que les épreuves des jours précédents. Je connais l'état d'avancement des recherches des Russes sur le cerveau, je sais aussi sur quels cobayes ils font leurs expériences. Je ne tiens pas du tout à être l'un d'eux. Je sens la peur m'envahir comme jamais dans ma vie.

— Tu comprends aussi le russe, n'est-ce pas ? me demande « l'expert » en ricanant. Je vois dans ton expression que tu as compris beaucoup de choses. Tu ne changes pas d'avis ?

C'est à son tour de rire. Chez moi, tout sens de l'humour a disparu.

Pendant la journée, les injections se succèdent, alternant les maux de tête les plus extrêmes avec de courtes périodes de détente, voire d'euphorie. Pas de sommeil autorisé bien sûr. Je sens les douleurs devenir de plus en plus acérées, de plus en plus localisées, de plus en plus intenses. Pas de doute, pour cibler, il cible.

De mon côté, je prends la décision de décrocher. Je m'enferme dans un récital en boucle du deuxième concerto de Rachmaninov, puisque les Russes sont à l'honneur. J'y pense avec une telle intensité qu'il me semble entendre chaque note. Grâce à mon entraînement, la méthode paye : j'arrive à ne plus entendre ses questions, ses explications mensongères, ses fausses promesses. J'évolue dans un autre monde, à la frontière de la folie.

De son côté, il multiplie les illusions pour me tromper. Diapositives, bandes-son, tout est utilisé pour me donner l'impression que je suis ailleurs, avec des contacts, ou de retour à la base. Je suis couverte de capteurs et chaque réaction de ma part est soigneusement étudiée. Est-ce que je reconnais la photo d'Untel, ou de tel lieu ? Je comprends le danger de le renseigner malgré moi. Je déconnecte ma vue de la même manière que j'ai déjà déconnecté l'ouïe. Il essaie de me faire revenir avec des produits qui me font l'effet de boulets de canon. Rien n'y fait, je reste dans le monde de Rachmaninov que je me suis construit. De temps en temps, par bénédiction, je perds connaissance.

La petite musique de la camionnette d'un marchand de glaces de Tel-Aviv me parvient faiblement. J'ouvre les yeux avec peine. Oui, c'est bien cette camionnette, je peux même la voir...

— Ah ! enfin, elle se réveille. Alors ? Comment vas-tu ? Que s'est-il passé ? Raconte un peu !

À qui appartient cette voix qui me parle en hébreu ? Tout est sombre autour de moi, seule la camionnette est claire, sa musique continue. Ça fait du bien de l'entendre.

— Essaie d'émerger, ma fille ! Nous attendons depuis des heures que tu reviennes à toi, allez, un effort !

Impossible de faire un mouvement. J'essaie de bouger les doigts, mes mains semblent en béton, comme scotchées...

— Tu n'arriveras pas à bouger, tu es pleine de fractures, ils ne t'ont pas loupée ! Nous t'avons filé un bon calmant, mais il faut te reposer maintenant. Détends-toi, tu es à la maison, raconte-nous plutôt ce qui s'est passé !

Qui est ce type ? pourquoi suis-je à Tel-Aviv et non à l'hôpital de Haïfa comme d'habitude ?... il n'y a pas ce marchand de glaces près de l'hôpital... pourquoi me propose-t-il une glace au lieu de l'immonde bouillasse réglementaire ?... pourquoi ce n'est pas l'équipe habituelle qui vient faire le débriefing... et pourquoi ils n'attendent pas que je sois bien réveillée et que j'aie passé les examens pour être sûrs que je ne suis plus dans le cirage ?... pourquoi Dov n'est pas là ?... mes mains... je ne peux pas les bouger du matelas... mais est-ce un matelas ? non, c'est encore une table... maudite table !

— Allez, c'est bon ! Tu te réveilles et tu vas être en forme dans un quart d'heure. Je te prends une glace pour fêter ton retour ! Tu veux quel parfum ?

J'entends de nouveau la musique du glacier... Alors il s'en va ? Pourquoi est-ce que je vois aussi bien cette camionnette en face de moi ? Si je suis dans une chambre, je devrais la voir par la fenêtre, ou même ne pas la voir du tout... À l'hôpital, je n'ai jamais une chambre pour moi, toujours un lit dans le couloir... je ne vois rien... Illusions, ce ne sont que des illusions... ce cauchemar ne finira donc jamais !...

— Hé ! Ne te rendors pas ! Reste avec nous ! Il est temps de nous raconter ce que tu as fait ! Nous allons t'apporter à manger et à boire... Allez, réveille-toi !

Boire... oh, boire ! Non, encore un piège grossier. Je ne comprends pas l'hébreu... je ne connais pas ces gens... je ne comprends pas l'hébreu... je n'ai pas soif... tout ira bien, c'est juste un mauvais moment... je ne comprends pas l'hébreu, surtout pas... ne rien manifester...

— Elle est retombée dans les pommes.

— Peut-être qu'elle n'est pas israélienne, après tout ?

— C'est bien ce qu'elle veut nous faire croire ! Elle ne tiendra pas longtemps, il suffit d'être patient. Recommençons.

Il ne peut pas attendre que je sois vraiment dans les pommes pour recommencer ? Crève ! Je serai plus patiente que toi... Nous avons tenu deux mille ans, je tiendrai bien quelques jours. Ça finira par s'arrêter. D'une façon ou d'une autre, ça finira par s'arrêter, c'est obligé.

L'année prochaine tout sera bien...
les enfants en vacances joueront à cache-cache
entre la maison et les champs....

Oui... la chanson a raison, il faut juste tenir bon... tout ira bien l'année prochaine... il y en a qui ont vécu pire.

Une douleur brûlante monte des pieds à la tête en fracassant chaque neurone sur son passage. Arrivés au cerveau, les élancements s'amplifient et se répètent comme de multiples échos, tel un marteau-piqueur que rien n'arrête. Je cherche à y échapper, à changer de position ne fût-ce qu'un peu, impossible de bouger. La douleur continue d'augmenter, la sensation de brûlure envahit chaque vaisseau comme de l'acide, une nausée terrible me submerge, ma tête résonne de façon insoutenable.

— Allez, lâche le morceau et j'arrête tout de suite, tu te sentiras mieux, tu pourras t'asseoir et manger. Tout ce que nous te demandons c'est ce que tu es venue faire ici, c'est tout. Rien sur ceux qui t'emploient. Nous voulons juste réparer ce que tu as pu saboter. C'est tout. Ensuite tu partiras. C'est logique que nous réparions ce que tu as abîmé, c'est toi qui as eu tort, tu ne fais que nuire à une population innocente... Tes chefs, eux, ils sont à l'abri pendant que tu souffres, ils mangent tranquillement à cette heure-ci et ils se foutent pas mal de toi... Dis-nous juste ce dont nous avons besoin et tu partiras...

Chaque syllabe est comme un coup de masse sur mon crâne. Je ne tiendrai pas, je m'entends hurler de douleur et mon propre cri me fait encore plus souffrir. J'étouffe, aucune respiration ne parvient à m'oxygéner. Que ce calvaire s'arrête, tout pour qu'il s'arrête ! La sensation de brûlure continue de s'intensifier, me déchire le cœur toujours davantage jusqu'à ce qu'un nouvel élancement le fasse comme exploser. Tout s'apaise enfin. Seules leurs voix me parviennent encore, très lointaines.

— De nouveau dans les pommes. Son cœur a encore lâché.

Un choc violent, mon cœur repart, ramenant dans son mouvement toute la souffrance que j'avais quittée. Je sens qu'ils me détachent. J'aimerais bouger un peu, mais je n'arrive pas à reprendre les manettes de commande de ce corps de douleur devenu comme étranger, presque hostile.

— Il va falloir arrêter, si elle a une autre attaque, je risque de ne plus pouvoir la ranimer. Si tu en fais un légume, elle ne servira plus à rien.

— J'en ai marre de cette saleté de sioniste ! Tu entends ? J'en ai marre de voir ta sale gueule !

Je sens sa main empoigner ma mâchoire et cogner ma tête contre une surface dure. Cette nouvelle douleur chasse la précédente. Le sang qui coule me rafraîchit et libère cette pression qui me rend folle. Sans le savoir, il me ramène à la vie.

— Mais tu vas cracher, oui ? Je sais que tu es à bout, je sais pour qui tu travailles. Si tu ne parles pas maintenant, je te jure que demain tu vas vivre l'enfer, tu entends ? Tu crèveras ici, tu entends ?

Ma tête heurte violemment le dallage quand il me jette par terre, créant toujours ce curieux bien-être. La douleur n'est plus intérieure mais extérieure, ce qui est mille fois plus supportable. Durant toutes ces heures, je n'ai souhaité qu'une chose : me taper la tête contre un mur pour lutter contre ces élancements insoutenables. Les coups qui pleuvent me raniment, à tel point que, quand il me relève, je pourrais presque me réveiller. Si seulement je ne me sentais pas aussi faible !

Un nouveau coup me replonge dans un opaque brouillard blanc, loin de tout. Plus aucun son, plus aucune sensation ne me parvient. La paix. Brouillard mon ami, comme je suis bien chez toi ! Ah ! rester inconsciente, ne plus jamais repartir dans le monde des formes et de la douleur... Mais même ici, ces horribles voix reviennent encore.

— Arrête ! tu es en train de la tuer ! C'est inutile, tu vois bien qu'elle est dans les vaps.

— D'accord, il est tard et j'en ai assez. Emmenez-la. Demain j'essaierai autre chose.

Un petit bruit sec indéterminé, qui se répète aussi inlassablement qu'un robinet qui fuit. Il m'horripile tellement qu'il finit par me réveiller. Je cherche à me retourner sur le dos. Lentement le corps répond à ma demande, je me délecte à réveiller ses muscles engourdis. Je bascule sur le dos, pousse un cri et retourne aussitôt sur le ventre. La douleur est terrible, comme si mon dos avait été laminé. Je cherche à me souvenir si j'ai pris un coup de couteau à cet endroit. Je bouge le bras, ce qui crée un tiraillement aigu sur les plaies du dos et je me souviens des coups de câble. Une seule solution, bouger le plus possible pour décoller ce début de cicatrisation, chasser l'infection et faire couler un sang réparateur. La douleur m'arrache des larmes et pourtant je suis heureuse. Je ne sais pas pourquoi je me sens aussi bien. Peu à peu la mémoire me revient. Les maux de tête, toutes ces douleurs insupportables... ont disparu, enfin. Oui, c'est fini. J'avais raison de tenir bon, d'y croire. La vie me semble si belle que j'aurais envie de chanter. Je suis faible comme jamais, je frissonne, ma tête baigne dans une petite flaque de sang, je vois flou, j'ai la tête qui tourne, je suis couverte de sang séché et de plaies surinfectées, j'ai une crampe d'estomac à me plier en deux, et je suis parfaitement heureuse que ces maux atroces soient terminés. Tout est relatif, comme disait l'autre... Le reste est gérable.

Je regarde où je suis. Une cellule de béton de cinq mètres carrés avec dans un angle une plaque de carrelage et un tuyau d'évacuation. J'essaye de me redresser. Je suis trop faible, mes bras lâchent, la tête me tourne de plus en plus. Je retombe dans les pommes une seconde ou une heure, je ne sais pas. Aucune ouverture ne laisse passer la lumière, impossible d'avoir un repère horaire. Je me concentre, je sonne le rappel de mes énergies, je m'autorassure : le cauchemar est fini, la belle vie va commencer. Allez, il faut bouger si je veux sortir d'ici. C'est possible. C'est toujours possible. Tout est possible. Mais, toi, mon vieux corps, il ne faut pas me lâcher maintenant ! Tu dois tenir le coup. Parce que si je retourne papoter avec eux, je ne survivrai pas un jour de plus, c'est sûr.

Au prix d'efforts insensés, j'arrive à me redresser un peu, appuyant sur le mur la zone la plus blessée de mon dos, afin de chasser encore le maximum d'infection. En plus, cette douleur est suffisamment vive pour me réveiller et me stimuler. Je regarde autour de moi et distingue une forme dans la pénombre, près de la porte. Comme un petit tas. C'est alors que je réalise que je ne porte qu'un sous-vêtement et un t-shirt. Ce tas, ce sont peut-être mes vêtements... si seulement... brusquement, je trouve un regain d'énergie, je bascule sur le côté et je rampe en tremblant vers la pile. D'un revers de main j'envoie promener le pantalon. Oui ! Elles sont là ! Mes chères chaussures ! S'ils ne l'ont pas trouvé, dans les caches des semelles... mais je n'arrive même pas à saisir une chaussure tant ma main tremble. J'enrage et je peste, jusqu'au moment où je comprends que je dois faire exactement le contraire : me reposer et réessayer plus tard, dans un moment. J'ai fait un effort trop violent en rampant. D'ailleurs, la tête se remet à tourner de plus belle pour me le rappeler. Me reposer... impossible, je ne sais pas de combien de temps je dispose. L'angoisse me saisit, je dois agir maintenant. Si mon kit de survie est toujours en place dans la semelle de ma chaussure, je pourrai me regonfler suffisamment pour m'évader. Je tends de nouveau la main, ma tête part dans un violent tourbillon et je m'évanouis.

Ce n'est qu'à la sixième tentative que j'arrive à prendre la chaussure. Oui, le kit est en place. Je tremble toujours trop pour arriver à me faire une injection. Tout doucement, commencer par toucher ma jambe. Maladroite, ma main tape le sol plusieurs centimètres plus loin. Je dois garder mon sang-froid, être surtout patiente, ne pas me désespérer, me détendre, respirer, me reposer, placer la main au bon niveau, par gestes lents, en caressant la jambe, sans à-coups. Me reposer de nouveau. Conforter la position avec l'autre main, et piquer. Respirer à fond. Une vague d'énergie m'envahit. Continuer de respirer à fond. Je cherche l'autre chaussure pour une seconde injection. Je sais que je ne devrais pas, je risque un accident cardiaque, c'est trop violent pour être pris coup sur coup. Je devrais attendre une demi-journée, mais il va me falloir cette dose pour tenir debout. Et puis, si je clamse, après tout c'est mieux ainsi. Environ dix minutes après la deuxième injection, je me sens presque bien. J'arrive à me lever. Je fouille les semelles et trouve les mini-comprimés de glucose. J'en avale deux. Avec ce que j'ai déjà dans le sang, c'est une goutte d'eau dans la mer, mais c'est tellement agréable de faire entrer une nourriture dans mon estomac ! Je fais fonctionner mes muscles avec délectation, je ne tremble presque plus. En revanche, je dois gérer une euphorie démesurée, qui frôle la surexcitation. Tant pis, de toute manière le temps n'est plus à la prudence mais au culot.

Je répète une combinaison pour frapper et désarmer le garde. De la folie ? Moins que rester là jusqu'au retour des « médecins ». Pas question d'attendre trop longtemps, l'effet des drogues ne dure que quelques heures et il va me falloir parcourir une sacrée distance pour en trouver d'autres. J'appelle le garde. Il arrive assez vite, confiant dans sa force, ne se méfiant absolument pas. Entre l'effet de surprise et ma préparation, je n'ai aucun mal à le désarmer. Pour plus de sécurité, je l'étrangle avant de sortir. Évidemment, c'est la peine de mort si je suis reprise. Cette pensée me fait presque rire. Dans ce cas, la mort ne serait pas une peine mais une délivrance bienvenue.

Comme je me sens seule dans des moments pareils ! Je ne peux jamais m'empêcher de penser à ces gens en Israël qui, au même moment, se lèvent tranquillement et savourent un bon petit déjeuner avant d'aller au bureau, ou à ces jeunes qui font la grasse matinée après avoir fait la fête toute la nuit... Savent-ils, peuvent-ils seulement imaginer que pendant ce temps-là il existe un océan de souffrance à quelques centaines de kilomètres ? Savent-ils que nous subissons mille maux pour qu'ils puissent savourer leur salade ? Ah ! prendre mon petit déjeuner sur une terrasse en profitant des premiers rayons du soleil, aurai-je un jour ce bonheur ? Rien que d'y penser, il me semble sentir l'odeur de la mer.

Tout en rêvant, j'ai revêtu l'uniforme du garde. Par chance, il n'est pas trop grand, de toute façon ces militaires sont tellement mal fringués que personne ne fera attention à ma dégaine. Je charge et vérifie soigneusement ses armes, j'emballe mes affaires sous mon bras, une grande inspiration, et je me lance. C'est décidé, si j'échoue je me tire une balle dans la tête. J'ai beau être farouchement opposée au suicide, pas question de revivre un enfer pareil. Comme dit le rabbin qui nous suit, dans ces cas-là ce n'est pas du suicide, c'est tuer quelqu'un qui en parlant peut causer des torts au plus grand nombre, donc c'est une action envisageable. Bref, ce n'est pas se suicider, c'est tuer quelqu'un. Que ce quelqu'un soit soi-même est purement accessoire.

Je marche tout droit sans me poser de question. Si je me rends compte que je suis partie dans une mauvaise direction, je ferai demi-tour et je marcherai du même pas assuré. Personne n'arrête un soldat décidé qui a l'air de savoir ce qu'il fait et où il va. Surtout au petit jour, quand la dernière garde s'apprête à aller enfin dormir, car je m'aperçois en sortant que les étoiles commencent à peine à pâlir. L'air frais du matin me fait un bien fou. J'ai quitté le bâtiment où j'étais enfermée et je me dirige vers celui des militaires. Une fois arrivée dans un bureau vide — facile à trouver à cette heure de la nuit —, je rédige en vitesse un papier et je le signe comme j'ai vu le commandant le faire pour ma propre feuille de détention. Je sais que le commandant est parti en permission au soir du retour du colonel, soit hier soir. Personne ne demandera donc de confirmation pour ce laissez-passer pour l'hôpital. Un prisonnier m'a frappé, j'ai le visage suffisamment enflé pour obtenir un droit de sortie pour faire des radios, c'est logique. L'officier de service, compatissant, m'autorise même à prendre une jeep. Je sors de la base par la grande porte sans plus de difficulté. Sans aucune émotion, je tends mon bulletin de sortie au garde, à la barrière de la base. Je commence à avoir tellement l'habitude de ce petit jeu que je me prends presque pour ce soldat dont j'arbore l'identité. Je pars en direction de l'hôpital et je change de direction au premier carrefour.

J'arrive à vingt kilomètres de la frontière après un long tour de plus de quatre heures. Direction, le village de ce cher vieux Kamal, qui me fournira des vêtements et m'aidera à passer la frontière sans problème. Pour ne pas l'embarrasser, j'abandonne la jeep dans un champ, en prenant soin de bien la camoufler. Certes, je perds du temps et de l'énergie, mais c'est crucial. J'enlève ensuite les habits militaires, enfile mes propres affaires. Mieux vaut rester le moins possible déguisée en militaire ; être arrêté ainsi, c'est la condamnation à mort assurée. Je me dirige à pied vers le village. J'arrive trois quarts d'heure plus tard, marchant comme un automate, au bord de l'évanouissement. Mes blessures continuent de saigner, je suis complètement épuisée.

Heureusement, Kamal est chez lui. L'oncle d'Azeb m'accueille stupéfait, sans une question, fait chercher son médecin ami et m'allonge sur une couverture étendue sur des coussins. J'ai le dos tellement tendu et douloureux que ce moelleux matelas est pour moi un véritable lit de fakir. Il comprend instantanément, m'aide à m'allonger sur le ventre. Ce n'est pas mieux, ma plaie sur le côté est aussi douloureuse. Je la regarde, elle est enflée comme un œuf et purulente. Aucune position allongée n'est possible. Kamal comprend la situation et me cale dans une position bâtarde à moitié sur le côté droit et à moitié sur le ventre, répartissant patiemment les coussins aux rares endroits non douloureux. Je réussis a me détendre. Trois secondes plus tard, je tombe dans un demi-sommeil d'épuisement. Kamal me parle à mi-voix, visiblement sous le coup de l'émotion :

— Nous ne t'attendions plus... J'ai eu de tes nouvelles par un contact qui t'a vu en prison... Il a été relâché il y a deux jours et il nous a parlé de toi... Nous pensions que tu étais morte... Te voir ici c'est... enfin, Allah est miséricordieux, tu es ici. Le docteur arrive.

En effet, il ne met pas longtemps à venir. J'entends leur conversation, je ne dors pas complètement. Il ne m'anesthésie pas, n'arrivant pas à juger du degré de mon affaiblissement. De toute façon, je suis trop cassée pour réagir. Kamal m'apporte un magnifique plateau de fruits secs, énergétiques et faciles à avaler avec du thé. Le toubib travaille au bistouri pour rouvrir et nettoyer chaque plaie, puis les frotte avec du désinfectant. Pour finir, il fait quelques points de suture sur la blessure du côté et y applique un pansement avec des gestes très doux qui contrastent agréablement avec l'énergie des traitements précédents.

Kamal a suivi les opérations par-dessus son épaule.

— Tu ne recouds pas son dos aussi ?

— Et comment ? Il me faut deux bouts de chair intacte pour faire un point ! Là je pourrais faire un point entre ses fesses et son cou, mais je doute de l'efficacité ! Voilà, c'est fini, deux semaines de repos sans bouger d'ici.

— Ben voyons, dis-je en me redressant avec beaucoup de peine. Je repars. Je dois être ce soir dans l'avion.

— Va mourir où tu veux ! Qu'attends-tu de moi ? Que je te soigne ou que je te tue ?

— Que tu me donnes une ration supplémentaire d'énergie. Tu as bien un remontant dans le genre produit dopant.

— Non, je suis médecin moi, pas tueur !

— Donne ! Ensuite je pars. Je ne peux pas rester ici. Kamal a une famille et toi aussi. Va, en te parlant je me fatigue.

Jamais je n'oublierai le regard qu'il me lance alors. C'est un regard touchant, un rare moment de compassion dans ce monde de brutes. Il sort en bougonnant et revient avec un produit fraîchement concocté qu'il m'injecte. Il m'en propose pour le voyage, je le remercie mais j'ai sur mon chemin des consignes avec des réserves pour ce genre d'occasion. Il vaut mieux qu'il conserve le plus possible de médicaments ici. Il hoche la tête et repart. Kamal se dépêche de m'aider à enfiler robe noire, voile et sandales. La fin de l'après-midi est proche et la frontière va bientôt fermer. Les soins ont duré plus de trois heures.

Le passage de la frontière est un jeu d'enfant tant Kamal est apprécié des gardes qui ont l'habitude de le voir traverser à toute heure pour approvisionner son commerce. Kamal est généreux, il leur laisse toujours un ou deux « cadeaux ».

Nous roulons sans encombre vers Beyrouth, passant les points de contrôle dans la bonne humeur et des discussions plus ou moins longues sur les couleurs de chemises laissées en cadeau aux soldats. Une fois à l'aéroport, je récupère de l'argent, des passeports et prends un billet pour Istanbul. Puis pour mon point de chute de « vacances » en Europe. Je n'ai pas envie de rentrer en Israël, je veux souffler avant. Plus tard, j'irai faire mon rapport et subir les inévitables séances d'hôpital. Pour l'instant, je veux reprendre contact avec la vie et surtout ne plus voir aucune blouse blanche pendant quelques jours. Demain soir, je serai rentrée. Je suis tellement heureuse à cette pensée que j'en oublie que je suis malade comme un chien.

J'arrive comme prévu le lendemain vers vingt heures, gavée de remontants, de pénicilline, d'arnica et de bromélaïne pour

246

faire désenfler mon visage de pastèque. Je retrouve déjà figure humaine. Mon dos aussi cicatrise assez vite. Je prends le bus et je continue à pied vers mon appartement. Je passe devant la salle de Krav Maga. Ils sont justement en train de s'entraîner. Je vais jusqu'à la porte, j'entends le crissement des semelles des chaussures, le bruit de bouteilles de plastique qui rebondissent sur le plancher, ils travaillent les défenses contre des attaques avec bouteilles. J'entends la voix de l'entraîneur qui les encourage et les contient en même temps : « Doucement... en douceur ! »

« En douceur »... Je revois, par flash, ce que je viens de traverser, des scènes qui ne datent que de la veille. Quel contraste entre ces deux mondes ! Je reste près de l'escalier à écouter l'entraînement. Quand les élèves sortent, la nuit est tombée. Ils passent à un mètre de moi sans reconnaître leur partenaire d'un soir dans cette musulmane voilée de noir, sans même se demander ce qu'elle peut bien faire là, si tard, seule assise sur les marches. Me voient-ils seulement ? Leur inexpérience me fait sourire.

J'attends l'instructeur de Krav Maga, j'ai envie de lui dire que j'ai tenu le coup, que je lui suis reconnaissante pour son aide et ses cours, que je me suis débattue suffisamment pour qu'ils se lassent avant moi et qu'ils me laissent me reposer, que ses techniques m'ont servie, que j'ai vécu un véritable enfer mais que je n'ai jamais perdu espoir, que le corps et le mental ont tenu bon, que je m'étonne moi-même... Enfin, que je suis vivante, quoi. C'est comme un miracle, une seconde chance, une résurrection. Je voudrais savoir exprimer tout cela. Abrutie par les drogues, par la fatigue et par l'euphorie de la détente qui suit un tel effort, je n'arrive à rien formuler.

Je parcours simplement du regard la salle d'entraînement.

La différence entre ces deux mondes est si grande que j'ai l'impression d'évoluer dans la quatrième dimension. Je respire :

— On est bien ici..., articulé-je doucement.

Il me regarde avec un drôle de sourire. Il comprend.

Dans cet univers blanc où plus rien ne m'affecte, des échos de voix reviennent me hanter. Séries d'insultes et de menaces indistinctes, entrecoupées de propos plus légers qui ne me concernent pas, comme quelqu'un qui demande l'heure, un autre qui parle d'un repas qu'il a fait, ou celui-là qui rit d'une blague grivoise.

Des sons se précisent jusqu'à devenir acérés comme des pointes d'aiguilles. Ils sont trop douloureux, je cherche à les fuir. Ils résistent, reviennent, m'obsèdent sans répit. Est-ce passé ou présent, rêve ou réalité ? Je veux, je dois le découvrir, je canalise mes efforts pour écouter avec plus d'attention ce brouhaha de voix qui m'entoure. J'entends à présent des cris de souffrance. Ceux d'un autre. Puis les miens. Pourtant, il me semble qu'aucun son ne peut sortir de ma gorge. De nouveau, une peur terrible m'envahit. On s'approche de moi. J'entends leurs pas sur le carrelage, un tintement métallique, une toux rauque...

Je dois absolument arriver à bouger, à me dégager de cet étau. Il faut continuer la lutte. Je peux m'en sortir si je n'abandonne pas. Surtout ne pas fuir, même si c'est l'insupportable. Mon esprit doit revenir animer ce corps de souffrance et lui dire de se battre encore, lui dire qu'il a une chance d'y arriver. Il y a toujours une chance, même infime. Bouger, me débattre, reprendre les commandes de ce corps... Je dois essayer.

Pourtant, une petite voix, très loin au fond de moi, essaie de me calmer. Elle m'assure que tout cela n'est qu'une illusion, un cauchemar sans aucune réalité propre.

C'est bel et bien du passé.

SEPTEMBRE 2000 : DÉBUT DE LA SECONDE INTIFADA. APPARITION SUR LE DEVANT DE LA SCÈNE DES MOU-VEMENTS TERRORISTES PALESTINIENS ISSUS DU FATAH ET PLACÉS SOUS LE COMMANDEMENT DIRECT DE YASSER ARAFAT : LES TANZIM ET LES BRI-GADES D'AL AQSA.

Une fois rentrée en Israël, il faut bien subir des examens dans ce foutu hôpital. D'autant que je me sens très mal et que de curieuses crises de douleur apparaissent de temps en temps. Conséquence des tortures, mes nerfs lâchent facilement. Dov, qui m'accompagne et veille sur moi avec sollicitude, s'en inquiète.

— Je te vois anxieuse depuis ton retour. Pourquoi as-tu peur ?

— Quoi ? Tu veux une explication ? demandé-je, stupéfaite.

— Oui. Non, rectifie Dov. Je veux dire : c'est une peur « physique réflexe » suite aux traumatismes ou une peur psychologique d'appréhension ?

— La première, physique.

— Dommage. C'est plus difficile de s'en débarrasser.

— Navrée.

— Ce n'est pas de ta faute, me console-t-il. Enfin, si. Mais ce n'est pas grave.

Pas de doute, nous les Juifs, nous sommes les champions du sentiment de culpabilité.

Le médecin revient avec une mine allongée que je n'aime pas. Il me sourit. C'est encore plus dangereux. D'habitude son visage reste constamment renfrogné tandis qu'il me déverse une flopée de reproches et de sermons divers. S'il me sourit, c'est qu'il a pitié et ce n'est pas bon signe.

— C'est donc si grave ?

— Il faut que je fasse d'autres examens. Le problème n'est pas cardiaque. Pas non plus nerveux, en tout cas pas en tant que cause. L'émotion n'explique pas tout. En fait, même après ton compte rendu, je n'arrive pas à comprendre ce qui t'arrive.

Dov est le premier à réagir :

— C'est pourtant clair : ses nerfs sont fragilisés, c'est tout.

— Non, réplique le médecin. Lors des tests tout à l'heure, ils ont très bien tenu. Ils sont éprouvés, bien sûr, mais tout est normal. C'est autre chose.

— Mais c'est bien nerveux, non ? insiste Dov.

— Oui, mais en conséquence de quelque chose qui déclenche une douleur. Il nous manque ce facteur déclenchant.

— Il est psychique, ce n'est pas compliqué !

— Il est physique et cela m'a l'air compliqué.

Fatiguée d'avance, je demande :

— Vous allez me garder longtemps ici ?

— Non. Juste un ou deux jours en observation, histoire de faire quelques prises de sang.

Je proteste avec vigueur :

— Deux jours pour des prises de sang ? Je suis « éprouvée » comme tu dis, mais pas complètement stupide ! Qu'est-ce que tu me caches ?

— Et quelques examens complémentaires, ajoute-t-il avec son léger sourire gêné de mauvais augure.

— Lesquels ?

— Trois fois rien, un peu de courage allons ! Je vais les faire maintenant, pour que tu n'aies pas l'appréhension en plus. Suis l'infirmière, elle va te préparer.

Je m'inquiète :

— *Ma pitom*, « me préparer » ? Quels examens ?

— Juste un petit prélèvement de moelle osseuse...

Je bondis sur mes pieds. Le médecin et Dov me retiennent. Prudente, l'infirmière sort appeler du renfort.

— Lâche-moi ou je jure que je te frappe ! Je sors d'ici !

— Je le ferai moi-même. Tu as confiance en moi, non ? Tu verras, quand c'est bien fait, c'est rien du tout ! Tout ira très vite !

— Dov, dis-lui de me foutre la paix ou je t'assure que ça va mal finir !

— Tu ne pourrais pas la laisser tranquille et le faire plus tard ? Je ne suis pas sûr que ce soit si bon pour ses nerfs...

— C'est indispensable. Tu crois que ça m'amuse ? Un peu de courage enfin, Poisson ! J'ai besoin de ton aide ! Allons ! J'ai fait des prélèvements à des gosses cancéreux qui ne mouftaient pas et toi tu me fais tout un *zouk* ?

Évidemment, s'il me prend par les sentiments.

— Saleté... Tu sais comment me parler, toi.

— À force, je commence à te connaître, oui, admet-il. Allez, je te promets que je ferai tout pour que tu souffres le moins possible. Il faut que je sache ce que tu as, non seulement pour toi, mais pour les autres aussi qui peuvent tomber dans le même guêpier.

253

Un quart d'heure plus tard, il est à l'œuvre. Près de moi, Dov utilise toutes ses techniques pour me changer les idées. Ma foi, c'est bien agréable un soutien de temps en temps.

— J'ai presque fini, m'annonce le médecin. Ça va ? Pas trop mal ? Je ne t'entends pas...

— Si. Mais c'est extérieur, alors ça va.

— Extérieur ?

Je tente de lui expliquer :

— L'insoutenable extérieur, c'est plus gérable que l'insoutenable intérieur.

— En vérité, il faut vraiment que nous analysions ta moelle, tu sais. Il faudrait aussi analyser ton cerveau, tu en tiens une couche. Voilà, regarde, j'ai fini !

Quelques secondes plus tard, je sens comme une décharge électrique massive qui part des reins. La sensation de brûlure envahit de nouveau mon corps des pieds à la tête, comme au premier jour. Je crie malgré moi, à ce stade plus par peur de revivre ce cauchemar que par réelle douleur.

— Qu'est-ce qui t'arrive ? J'avais fini, je ne t'ai plus touchée !

— Tu m'as envoyé une décharge !

— Mais non ! proteste-t-il. Qu'est-ce que tu ressens ? Où as-tu mal ? Qu'est-ce qui t'arrive ? Décris-nous, parle !

Cette fois, c'est bien la souffrance qui me fait hurler. Les élancements reprennent de plus belle, la sensation d'asphyxie aussi. Leur décrire ? Je ne peux même plus parler. J'utilise mes forces pour chercher de l'air, je me débats comme une forcenée. Je les entends autour de moi qui appellent, renforcent les attaches. Je sens qu'ils posent des capteurs. La douleur continue d'augmenter d'intensité jusqu'à l'insupportable. Je ne sais qui du cœur ou du cerveau va exploser le premier. Comme d'habitude, c'est le cœur qui lâche et je retourne dans le doux brouillard blanc familier, amical et

254

paisible. Comme précédemment, leurs voix lointaines continuent de me parvenir. Je comprends que de l'autre côté du miroir, c'est la panique.

— Elle a fait une attaque cardiaque !

— Je t'avais bien dit que c'était trop tôt ! intervient Dov.

— Ça va, son cœur est reparti. Il est en béton celui-là, c'est pas possible...

— Avec son entraînement, ce serait dommage !

— Tu sais ce que j'en pense, de vos entraînements, espèce de *schmock* ? Regarde ces jeunes, à trente ans leurs corps en ont soixante !

— Va le dire aux Syriens ! Nous faisons correctement notre boulot puisque son cœur est reparti ! Imagine le nombre d'attaques qu'elle a dû faire là-bas...

— J'imagine. Je refais un autre prélèvement. Je veux comparer avant et après la crise. De toute façon, elle est dans les pommes.

Quelques minutes plus tard, je l'étais tout à fait.

J'aurai rarement été autant chouchoutée que lorsque je me suis réveillée, dans un bon lit, dans une chambre pour une fois et non sur un chariot dans le couloir. Une chambre individuelle, en plus.

Dov, le médecin, et trois autres médecins militaires sont là, guettant mes réactions stylo et bloc-notes à la main.

— Tu te réveilles vraiment, cette fois ? Tu nous as fait plusieurs faux retours... Émerge, et ensuite tu nous raconteras en détail. Nous allons t'apporter à manger.

— Pas de glace, murmuré-je, mal réveillée.

— Quoi, des glaces ! Tu es malade ?

— Bon, alors ce n'est pas une illusion. Je suis bien au Pays.

Le médecin a un sourire, mais un sourire sympa cette fois, pas ce sourire gêné de mauvais augure.

— Tu en as vu, toi, hein ? Accroche-toi, je trouverai le moyen de t'aider. De ton côté, tu t'accroches quoi qu'il se passe, OK ? Tu promets ?

Je le lui promets. Je le regarde s'éloigner, soucieux comme jamais. Je me demande qui rassure qui dans cette histoire.

Les analyses ne font que dire si ce qu'ils cherchent est présent ou non, elles ne permettent pas de faire une liste magique de ce qui est contenu dans le sang ou la moelle. Donc, pour trouver quels composants m'empoisonnent, il faut faire une liste théorique d'après les symptômes et vérifier les uns après les autres s'ils sont présents ou non. Les recherches prennent du temps et sont plus ou moins compliquées. Parfois, certains composants cachent la présence de certains autres et rendent les analyses distinctes impossibles. Parfois, ils sont persuadés que c'est tel produit qui donne tel symptôme mais ne le trouvent pas. Alors ils se prennent la tête, cherchent parmi les combinaisons, etc. Il y a aussi ceux qui sont inoffensifs, stockés dans la moelle et qui deviennent virulents quand ils passent dans le sang.

Si ce n'était pas indispensable, ce serait presque infaisable.

Une autre méthode consiste à chercher la réponse directement auprès des concepteurs de ces tortures chimiques. Les préposés aux « relations diplomatiques inter-professionnelles » interrogent, en passant par les Turcs avec qui nous avons des accords — par la force des choses — et qui utilisent pas mal de tortures semblables. Aucun résultat. Ils n'ont que ce que nous connaissons et, détail curieux, ils ne retrouvent aucun de ces « composants habituels » dans mon sang.

Cela devient un tant soit peu décourageant. Visiblement, je suis tombée sur un utilisateur d'une génération avancée de produits. Il ne mentait pas ce salaud en disant qu'ils avaient

« quelque chose de nouveau sur le marché ». Enfin, pour les chimistes et les toubibs, « c'est très intéressant ». Ils prennent leur pied avec leurs recherches et cela me console terriblement.

J'éprouve un certain soulagement en provoquant moi-même les crises. De cette façon je « vide » une partie de ce poison qui sinon crée des sensations de pression de plus en plus pénibles sur le cerveau jusqu'au déclenchement d'une crise, qui peut survenir sans crier gare au plus mauvais moment de la journée ou en pleine rue.

Malheureusement, les toubibs craignent que cette méthode ne fatigue le cœur et le système nerveux. Donc ils sont contre. Je les soupçonne de ne pas tenir à ce que j'évacue tout avant qu'ils n'aient testé leur antidote. Ils perdraient leur cobaye. L'idée d'être un labo ambulant ne me plaît guère mais je n'ai pas le choix.

Tout juste sortie de l'enfer, je me sens survivante, je ne peux croire que je suis condamnée. Qu'importe le discours des médecins, en ce moment chaque cellule de mon corps aspire à vivre.

Les Américains ont débarqué, ce matin de septembre 2000, juste avant les fêtes juives de la nouvelle année. Une unité spéciale, comme toujours, une unité d'élite, qui vient s'entraîner avec nous, suivre une formation plus complète en lutte antiterroriste. Est-ce vraiment le meilleur moment pour venir ? La chaleur est accablante, nous sommes épuisés par nos luttes de l'été et attendons avec impatience les « vacances » des fêtes du Nouvel An et du Grand Pardon, du moins ceux d'entre nous qui ne seront pas d'astreinte cette année. C'est un peu la corvée de les chaperonner. Qui dit corvée dit attribution aux plus mal notés. Krav Maga « illégal » oblige, je suis désignée, et avec moi le petit groupe d'hommes que je dirige.

Notre premier mouvement est bien sûr d'accueillir nos invités à bras ouverts. Malheureusement, notre fatigue nous pousse à un tout autre comportement. La vérité est que nous sommes jaloux de leur énergie débordante jamais sollicitée, de leur candide motivation jamais émoussée par le contact avec une cruelle réalité, de leurs paies confortables qui contrastent avec leur inefficacité criante, du confort et de la sécurité qu'ils n'ont jamais quittés. Qui pourrait nous en vouloir ? Notre réaction est humaine... et prévisible. La veille au soir, notre commandant nous réunit donc pour une mise au point indispensable. Il commence par nous présenter les brillants curriculum des nouveaux arrivants.

— Contrairement à ce que vous pouvez croire, ce ne sont pas des jeunes recrues inexpérimentées, mais des hommes qui ont fait leurs preuves. Il faut donc les traiter en égal et avec respect. Ne les faites pas tourner en bourrique. Des questions ?

— Sur quel terrain se sont-ils battus ? questionne d'un air narquois le plus hardi d'entre nous.

— J'ai dit de les traiter avec respect, tranche notre commandant. Autre question ?

Non, il n'y a pas d'autre question. Nous avons déjà les réponses.

Ce matin, nous les attendons. Nous avons revêtu des tenues élégantes. Enfin, elles l'étaient au réveil. La fin de la matinée approche et la chaleur a eu raison de nos efforts de repassage.

Des voitures de standing sont allées récupérer les Américains à l'aéroport. Quand elles arrivent à la base, nous les voyons descendre sourire aux lèvres, avec chacun une valise et un sac de sport gigantesque. Pour nous c'est une première mauvaise impression. La jalousie nous saisit quand l'un d'eux, dans une démonstration innocente, déballe des affaires de sport dernier cri. Nous sommes gênés par notre ignorance de la mode et mal à l'aise dans nos tenues rustiques déjà trempées de sueur.

Dans chaque groupe de ce genre, il y a une gravure de magazine. Le leur n'échappe pas à cette règle. Il s'appelle Anton Junior, nous explique d'emblée que son prénom est la « germanisation de l'italien Antonio » et qu'il a le plus haut grade.

— Et la meilleure paie, grogne l'un de mes camarades. Ceci explique cela. Nous voilà bien avec ce Germano-Américain qui veut se faire passer pour un Italien...

Anton a un chapeau et des vêtements extra-légers dotés d'un revêtement externe pour le protéger des rayons néfastes du soleil, d'un textile interne anti-transpirant dernier cri « qui évacue la sueur et maintient l'homéostasie ». Il n'a pas, comme nous, de rangers assouplies sous les chenilles d'un char, mais des chaussures de randonnée équipées d'un système avec « courants d'air gardant les pieds au frais en toute circonstance », des semelles à crampons étudiés pour que la pierraille ne s'y loge pas. Il exhibe aussi des lunettes de soleil d'un verre de grande qualité, d'un design aussi étudié que le système d'attache qui entoure sa tête, une montre qui fait office de boussole et de GPS, un sac à dos taillé dans un textile résistant extra-léger, une arme qui pèse un kilo de moins que la nôtre. Même les plus réticents d'entre nous s'approchent pour examiner en détail son dernier gadget : une sorte de petit réservoir qui ressemblerait plutôt à un jerrycan, taillé dans un curieux matériau dur et lisse.

— C'est une des multiples applications d'un nouveau revêtement thermostatique, nous explique-t-il fièrement. Pour seulement un très faible surpoids, cette gourde peut garder de l'eau fraîche pendant plus de cinq heures sous un soleil de plomb. J'ai fait des tests en la laissant toute une journée au soleil. Le soir, l'eau était à peine légèrement moins froide que le matin !

Justement, nous partons dès le lendemain pour une marche dans le désert du Néguev. Le « très faible surpoids » de la gourde magique se révèle être justement celui de trop. De plus, en l'ouvrant souvent pour boire, Anton fait entrer de l'air qui, à la longue, réchauffe l'eau comme dans n'importe quelle gourde et ce d'autant plus efficacement que le volume d'eau fraîche diminue à vue d'œil, remplacé par un volume équivalent d'air chaud. Il l'avait sans doute laissée fermée pendant son fameux test. Trois heures après notre départ, alors qu'il porte sa gourde à ses lèvres, Anton la repousse aussitôt avec une moue de dégoût.

— Cette eau n'est plus bonne, grogne-t-il. Je me demande ce qui se passe avec cette gourde... Elle a dû recevoir un choc qui a altéré son revêtement.

Énervé, il fait le geste de la retourner pour vider son contenu au sol. Nous nous précipitons pour l'en empêcher. Le plus rapide d'entre nous lui retire prestement la gourde des mains.

— Tu es malade ! Si tu ne veux pas de ton eau, donne-la moi, proteste-t-il.

— Garde-la si tu veux, elle est infecte ! Elle a pris la chaleur, réplique Anton avec dédain.

— Pour moi, tant qu'elle est liquide, elle est parfaite, grommelle mon collègue en en versant une partie dans sa propre gourde.

Il a économisé son eau, comme nous tous, il suffit de peu pour qu'elle soit de nouveau remplie. Avec un soupir, il nous tend le surplus que nous nous partageons religieusement par ordre inverse d'ancienneté, les plus anciens, mieux entraînés, se passant plus facilement d'eau que les nouveaux. Nous ren-

JE DEVAIS AUSSI TUER

dons son conteneur de « faible poids » vidé à Anton, qui se met à l'examiner sous tous les angles pour trouver les traces inexistantes du « choc qui a altéré son revêtement ».

Ces Américains révèlent de grandes lacunes dans le domaine des traditions juives et musulmanes. Alors qu'ils nous questionnent sur nos fêtes de fin d'année qui approchent, l'un d'eux exprime son mal du pays. Il interroge un de mes camarades :

— Ce doit être difficile d'être « privé » de fête de Noël, non ?

— Je ne sais pas, réplique ce dernier, je n'ai jamais fêté Noël. C'est comme si tu me demandais si c'est dur de ne pas fêter le Ramadan... Qu'en penses-tu ? me demande-t-il à son tour, cherchant un appui.

— Je suis mal placée pour en juger ; chaque année je suis sur le terrain au moment du Ramadan. Bonjour les kilos en plus à chaque fois !

— C'est une excellente plaisanterie, s'exclame Anton en donnant une claque dans le dos de son collègue pour lui expliquer qu'il doit rire aussi, ce qu'il s'empresse de faire.

— Pourquoi une plaisanterie ? demandons-nous, ahuris.

— Le Ramadan est une période de jeûne, tu ne peux pas prendre des kilos ! explique Anton en s'adressant toujours à son collègue, mais en riant moins fort.

— Encore un qui ignore tout de la façon de jeûner des Orientaux [1]..., grogne mon collègue.

---

1. Le jeûne du Ramadan, strict pendant la journée, est suivi, sitôt la nuit tombée, par un vrai repas de fête chargé de plats « tenant au corps » et de multiples pâtisseries orientales. L'ensemble est copieux et extrêmement calorique.

En fin d'après-midi, dans notre salle d'entraînement, la chaleur est étouffante. Un seul ventilateur procure un peu d'air. Souvent, Dov le laisse éteint, toujours dans un souci de conditions réalistes. Cette fois, nous avons de la chance, il a décidé de le mettre en marche. Malgré cela, les Américains soufflent, grognent et protestent.

— Je croyais qu'en Israël tout était équipé avec l'air conditionné ? lance Anton Junior avec mauvaise humeur.

Nous ne prenons pas la peine de répondre, d'une part parce que le ton de sa voix n'a rien pour nous plaire et d'autre part parce nous sommes formés à une discipline stricte : une fois entré dans ces lieux, on se tait et on bosse. Tout entier à nos exercices de préparation mentale, nous déambulons lentement dans la pièce en faisant chauffer machinalement nos articulations, l'air un peu ailleurs et le visage fermé. Vexé par nos attitudes qu'il prend pour du snobisme, Anton s'énerve et tire l'un de nous par la manche :

— J'ai posé une question ! Vous pourriez au moins me répondre ! s'énerve-t-il.

— *Want to get cool ? just keep cool*[1], lui répond mon camarade en se dégageant avec humeur.

Dov commence l'entraînement. Comme d'habitude quand nous avons des invités, il en fait trop. Nous le connaissons, nous avions prévu sa réaction. Peut-être aurions-nous dû prévenir les Américains. Pleins de bonne volonté, ils donnent d'emblée tout ce qu'ils ont dans le ventre et sont épuisés dès la fin du premier quart d'heure.

— Combien de temps dure cette séance ? Une heure ? me demande Anton, dont le visage rose a viré au gris verdâtre.

_____

1. Jeu de mots anglais, *keep cool* signifiant à la fois « garder au frais » et « garder son sang-froid » : « Si tu veux de la fraîcheur, garde ton sang-froid. »

— Deux heures et demie, dis-je à mi-voix sans m'interrompre.

— Quoi ? s'écrie-t-il. Mais il passe à autre chose après ? Nous n'allons pas continuer à ce rythme pendant deux heures ?

— Non, en effet. En ce moment, c'est seulement l'échauffement.

— Tu te fiches de moi ? C'est une blague ? C'est quoi cet entraînement ? Nous ne sommes pas venus pour rejoindre les paras, il s'agit « simplement » de travailler chez des Arabes !

J'acquiesce et commence une explication :

— Ce sont des missions de terrain assez éprouvantes, tu sais, mieux vaut avoir une bonne dose d'endurance, dans ces pays il...

Mais Anton m'interrompt et interpelle Dov qui feint de ne pas le remarquer. Il en faut plus pour décourager l'Américain :

— *Hey* ! Dov ! lance-t-il d'une voix forte à travers la salle.

Un murmure choqué monte parmi nous, expression d'un malaise général. Comment cet abruti ose-t-il appeler un instructeur par son prénom en pleine séance de travail ? C'est non seulement inconscient, mais aussi dangereux : il risque de le mettre de mauvaise humeur. Dov se tourne vers Anton avec le sourire gracieux d'un bouledogue prêt à mordre.

— Dis-moi, Dov, continue Anton, elle dure vraiment deux heures cette séance ? Parce que tu sais, nous avons fait une marche aujourd'hui.

— Vraiment ? Une marche ? interroge trop poliment Dov sans quitter sa grimace. Vous n'avez pas eu votre planning ? La séance dure deux heures *et demie*... en principe.

— Le problème, continue Anton, c'est que si nous continuons à ce rythme, nous allons être fatigués.

Nouvelle rumeur dans nos rangs. C'est exactement le

genre d'argument qu'il ne faut surtout jamais utiliser. Dov accentue son sourire, révélant des dents que nous ne lui connaissions pas. Je croise le regard noir d'un de mes collègues. Je comprends. Je vais prendre Anton par l'épaule et le ramène à sa place.

— Mais..., proteste-t-il de sa voix claironnante, je parle avec...

— Avec plus personne. Surtout, tu fermes ta gueule avant de nous plomber tous, murmuré-je entre mes dents, menaçante.

Anton remarque soudain les regards de reproche qui fusent, l'air étrange de Dov qui reprend son cours sans plus lui prêter attention. Il hésite, puis finit par regagner sa place.

— J'ai fait une boulette ? me demande-t-il, légèrement inquiet.

Quand je vais le chercher afin de le conduire au réfectoire, où un repas exceptionnel attend nos hôtes pour leur premier soir parmi nous, je trouve Anton allongé sur son lit, profondément endormi. Les collègues qui m'accompagnent me tirent en arrière.

— Franchement, me demandent-ils tout bas, tu l'imagines au milieu de combattants arabes, se faisant passer pour l'un d'eux ?

Je contemple ce corps soigné, éclatant de santé, trop bien nourri, inégalement musclé, bras et pectoraux gonflés mais rien dans le dos ni dans les jambes, sans aucune endurance et si manifestement fragile.

— Non, vraiment pas.

Le lendemain matin, mon commandant me convoque juste au moment où j'allais partir sur le terrain avec le groupe. Quand j'entre dans son bureau, il baisse les stores et me lance un clin d'œil :

— Ils sont partis sans toi ? me demande-t-il en souriant, fait rare en ma présence.

— Non, ils m'attendent un moment.

— Oh ! lance mon commandant, contrarié. Attends, je vais arranger ça.

Il sort du bureau, je l'entends parler à son secrétaire : « Va dire au groupe de partir sans *Hadag* aujourd'hui, j'ai besoin de travailler avec elle. » Il revient avec une mine réjouie.

— Tu as des choses plus importantes à faire qu'à leur tenir la main, me dit-il en vérifiant à travers les stores que son ordre de départ immédiat est respecté.

Je le remercie et passe la journée à lire et compiler des rapports pour préparer mes prochaines promenades. Quand vient le soir, les hommes de mon équipe rentrent hors d'eux, se précipitent dans mon bureau pour déverser une vague de plaintes. J'essaie d'apporter un réconfort à chacun. C'est un véritable concours de vitesse.

— Celui que je chaperonnais, commence l'un, interpelle chaque Arabe qu'il croise en lui lançant « salut Bobby ! ». Il dit qu'on a moins peur de ce que l'on nomme. Si cela signifie qu'il a peur de chaque Arabe qu'il croise, bonjour le partenaire !

— Au moins, tu ne pourras pas lui reprocher de ne pas avoir conscience du danger, dis-je en tentant de le calmer.

— Il a refusé de boire du thé, il a réclamé de la bière et cet après-midi il a encore jeté son eau parce qu'elle était tiède, gémit un autre.

— Quand il aura soif, il arrêtera ses caprices.

— Le mien veut jouer les Arabes alors qu'il est albinos

comme un Danois : il est devenu rouge pivoine au premier rayon de soleil ! Il a fallu lui trouver une crème protectrice. Avec lui à mes côtés, on m'a pris pour un touriste : je n'ai jamais été aussi humilié de ma vie.

— Très bien ! De cette façon, vous êtes repérables de loin et personne ne vous tirera dessus.

— Anton s'est fait voler sa montre-chronomètre-agenda-boussole-GPS-007 à Ramallah. Il a tenu à ce que nous allions porter plainte à un bureau de police palestinienne ! Tu te rends compte ? Il n'a rien voulu entendre et il m'a échappé pour entrer dans le bâtiment de police. Je ne te parle pas de la tête qu'ils ont tirée quand il a commencé à leur décrire sa montre !

— Intéressant. Pourquoi ne pas filer au service des explosifs demander une montre « améliorée », l'offrir à Anton et retourner à Ramallah demain ?

— Attends le pire : quand je l'en ai sorti de force, tu crois qu'il m'aurait remercié comme n'importe qui de normal ? Non, il a dit qu'il se plaindrait à mon chef ! Quand je lui ai dit que c'est toi mon chef et que tu m'approuverais sûrement, il a dit qu'il se plaindrait à *ton* chef. D'ailleurs, il est dans son bureau en ce moment.

— *Tov, az ma*[1] ? Il a l'habitude, soupiré-je.

— Le mien a été malade pendant toute la journée et il a épuisé le papier hygiénique. Il dit que notre intendance n'est pas à la hauteur et lui aussi fait un rapport.

— Pas de problème, ça leur fera du bien à l'intendance d'être un peu secoués. Ils sont tellement radins.

— Le mien a tenu le bavoir aux ultra-orthodoxes pendant une heure simplement parce qu'ils venaient de Boston comme lui !

---

1. « Bon, et alors ? »

— J'espère que tu en as profité pour travailler ton accent ? ironisé-je, sachant mon collègue puriste.

Cette fois ils protestent en chœur. Submergée, je ne peux plus en placer une. Je les laisse se défouler.

— Impossible de les accompagner sur le terrain ! Ils ne peuvent pas concevoir que des combattants ne marchent ni pour l'amour de l'argent ni pour la drogue ni pour l'amour de la patrie. C'est la haine cultivée par les dictateurs en place qui génère les meilleures proies. Chez les Arabes, personne n'est attiré par l'amour de quoi que ce soit ! Va-t'en le leur expliquer... Ils sont inconscients... Ils veulent discuter avec tout le monde sans distinction, ils interpellent même les policiers palestiniens pour leur poser des questions. Nous avons failli nous faire arrêter comme des « verts »... Ils ne supportent pas la soif... Il leur faut des steaks ou des burgers à chaque repas... Leur accent est épouvantable... Ces Américains ne comprennent rien ! Ils arrivent comme en terrain conquis, ils ne font même pas d'effort.

J'attends un moment que le calme revienne, qu'ils finissent par se taire, mais ils ne décolèrent pas. Ils me regardent, indécis. Je comprends qu'ils ne m'ont pas tout dit. Je les interroge :

— Quoi encore ?

Gravement, le plus gradé du groupe s'avance après avoir jeté un regard à la ronde pour s'assurer de l'approbation de ses collègues. Il hésite.

— Tu sais, leur p'tit chef Anton, la poupée « Ken » bien fringuée ?

— Oui, quoi encore avec Anton ?

— Quand nous sommes rentrés cet après-midi, nous leur avons montré l'atelier informatique où nous travaillons. C'était au planning, tu sais.

— Oui, j'ai vu, avec visite guidée des « intelligents ». Et alors ?

JE DEVAIS AUSSI TUER

— Alors Anton a dit que ton ordinateur est une merde vétuste et qu'il ne pourrait rien faire avec.

— Il a dit *quoi* ?

— Tu m'as bien entendu.

Il faut que je prenne sur moi, je dois m'efforcer de faire preuve de la même « objectivité » montrée vis-à-vis de leurs réclamations précédentes.

— C'est vrai, commencé-je avec toute la patience dont je suis capable, qu'il est un peu « vétuste »... enfin, il est ancien...

Ils me contemplent, consternés. Je décide que j'ai fait preuve d'assez de diplomatie comme cela.

— Ça suffit ! Pour qui se prend-il, avec ses frusques à 500 dollars ! Ils commencent à m'énerver tous autant qu'ils sont.

— Il a dit, continue le sous-chef comme un gosse qui retrouverait son entrain : « Avec tout le boucan et la chaleur qu'il dégage, ce n'est pas un ordinateur, c'est un radiateur ! »

— Qu'ils aillent au diable, leurs montres et leurs tenues fluo avec eux ! Demain, nous les perdrons dans les Territoires.

Ainsi faisons-nous. Ce n'est pas facile de les perdre, ils sont très repérables et les braves gens sur place, qu'ils soient militaires israéliens ou Arabes palestiniens, ont vite fait de nous rattraper pour nous signaler que nous ne devons surtout pas oublier d'emmener « nos amis » avec nous. Ce point fait l'unanimité. En fin de journée, profitant de ce qu'ils écoutent attentivement une explication détaillée qu'un Arabe parfaitement bilingue leur dresse des malheurs palestiniens depuis 1948, nous arrivons enfin à nous échapper en prétextant une urgence et rentrons seuls à la base. Évidemment, le soir même je suis blâmée pour ma conduite irresponsable. Je m'y attendais, c'est le prix à payer.

— Comment as-tu osé ? interroge mon commandant en frisant une apoplexie toute diplomatique. Qui sait ce qui aurait pu leur arriver, abandonnés dans les Territoires, seuls et entourés d'Arabes en colère ?

— Absolument rien, ils étaient près du *check-point*. Les soldats gardaient un œil sur eux. Impossible qu'ils perdent de vue leurs « tenues au revêtement spécial » dans le soleil.

Après les réprimandes d'usage, mon commandant m'annonce que nous sommes officiellement déchargés du reste de leur formation. Au moment de quitter le bureau, je me retourne vers lui, intriguée :

— Au fait, comment sont-ils rentrés ce soir ?

— Les Arabes n'ont pas voulu les garder, me renseigne-t-il. Ils les ont reconduits jusqu'au *check-point*.

— Celui qui était à deux cents mètres ? Ils n'ont même pas su le rejoindre tout seuls ?

— Quoi qu'il en soit, ils étaient sous *ta* responsabilité, me rappelle mon commandant avec un regard sombre en me faisant signe de sortir immédiatement, tandis que ses épaules commencent à tressauter sous l'effet d'un fou rire contenu avec peine.

Quelques mois plus tard, nous recevons une carte de vœux d'Anton et de son groupe. Elle nous est collectivement adressée, ne comporte que les formules d'usage préimprimées et leurs signatures. Simplement, sur l'enveloppe, sous notre adresse dactylographiée en grosses majuscules, nous pouvons lire en petit et entre parenthèses, « *no cool*[1] ».

Ce matin, je suis conviée à une grande réunion avec les toubibs, les grands chefs — dont Ouri — et les p'tits chefs,

---

1. « Pas sympa. »

dont mon commandant « supérieur hiérarchique direct ». Ce dernier prend la parole le premier. Comme d'habitude, il n'a qu'une obsession : mes entraînements de Krav Maga.

— Il faut que nous revoyions son statut, énonce-t-il. Les traitements particuliers mettent le bordel dans l'unité.

— En effet, il faut changer la façon de procéder, approuve un autre commandant qui craint l'effet de contagion.

— Si nous la laissions faire en lui trouvant un « statut administratif » ? suggère un autre.

Il s'agit de donner un nom particulier à mon groupe, qui se distinguerait ainsi du reste de l'unité. Le problème, c'est que les camarades qui travaillent avec moi ne font pas de Krav Maga. J'essaie de leur suggérer que ce point peut facilement s'arranger, mais les chefs ne veulent pas franchir le pas.

De son côté, mon entraîneur, Dov, a changé d'opinion depuis mes dernières missions. À présent, il encense le Krav Maga avec un bémol toutefois. Il ne faut pas abandonner les entraînements d'endurance « dont elle a le plus besoin ». Il propose de travailler ce point plus souvent.

Le médecin qui, par sincère inquiétude et curiosité scientifique, m'a examinée attentivement après un cours de Krav est catégorique : cet entraînement m'a remise sur pied. Effet psychologiquement bénéfique indiscutable, assure-t-il. « Dans ces conditions, on peut même parler d'entraînement "vital", au sens premier du terme », conclut-il. Son rapport dans ce sens arrange mes affaires.

Pour une fois, j'ai procédé de façon civilisée. J'ai rédigé moi aussi un rapport au p'tit chef pour expliquer ma situation. Puisque rester en vie n'est pas un motif suffisant à ses yeux, j'ai changé d'argumentaire et expliqué que les missions sont difficiles et que j'ai besoin d'apprendre à me tirer d'affaire et à en tirer d'autres d'affaire. Cette nécessité n'est pas prise en compte actuellement dans mon entraînement officiel, ce qui m'obsède et m'empêche de progresser en passivité. Pour retrouver l'efficacité en *passive power*, il faut que je me rassure côté réaction active, que je sache pouvoir la mobiliser en dernier recours. Une fois que j'aurai vraiment maîtrisé cet atout, plus de problème pour rester passive. Promis.

Après une demi-heure de discussions, ils tournent en rond puisque personne ne veut prendre la seule solution possible : me laisser les coudées franches. Faute de parvenir à conclure sur ce point essentiel, ils passent aux « analyses stratégiques » et à la meilleure façon de m'utiliser. Il est des endroits où il vaut quand même mieux que je ne mette plus les pieds.

La conversation s'enlise à nouveau et Ouri, en sa qualité de grand chef, coupe enfin court d'un : « Pour le moment, foutez-lui la paix. »

Pendant des années je n'avais que cette prière : « Ne pourrais-je pas avoir la paix cinq minutes ? » Je n'avais jamais été aussi près d'y parvenir. Le pacte d'Ouri est simple et, pour une fois, semble honnête : je suis l'entraînement que je veux, mais j'accepte toutes les missions, même les plus baroques, sans un mot. « Et en te débrouillant, passive ou pas, pour ne pas faire de vagues », conclut-il en me fixant dans les yeux.

C'est reposant pour eux, c'est « reposant » pour moi. Nous verrons bien.

12 OCTOBRE 2000 : DEUX RÉSERVISTES ISRAÉLIENS SONT SAUVAGEMENT LYNCHÉS DANS LES LOCAUX DE LA POLICE DE RAMALLAH.

Grand *clearing for action*. Des officiers « superviseurs et chefs délégués » viennent pour une refonte complète des équipes, des sites, des matériels, des entraînements. Pour nous faire oublier les déboires très médiatisés que nous connaissons en ce moment, pour ressouder les équipes, pour nous donner l'illusion d'être chouchoutés.

Ils ont débarqué en même temps sur tous les sites, et sont constamment sur notre dos avec un grand sourire, court-circuitant nos petits échanges d'infos. Nous les retrouvons sur notre chemin lorsque nous marchons dans la rue, faisons des courses.

Je dois en subir un gratiné qui nous prépare officiellement à la « période annuelle de remise à niveau ». Il cause endurance et informatique avec moi, grammaire et syntaxe avec les traducteurs, balistique et vision avec les tireurs. Il sait tout, comprend tout, a tout expérimenté. Il s'est même rendu au cours de Krav... à la seule heure où je ne pouvais y être. Il aurait dû le savoir. Mauvais point.

En l'écoutant patiemment me resservir pour la trois millième fois l'éternel couplet « Israël est un petit pays qui a dû et doit encore se battre pour sa survie... », je me demande combien de gens il a utilisés depuis trente ou quarante ans, de combien de vies foutues, de familles anéanties il est responsable.

— Pourquoi me regardes-tu ainsi ?

— Je me demande combien de vies brisées...

— Je peux le dire devant Dieu ce soir : aucun n'a souffert pour rien.

Aucun n'a souffert pour rien, aucun n'a souffert pour rien. Quel con ! Qui est-il pour en juger ? Qu'est-ce que « quelque chose », « quelqu'un », « rien » à ses yeux ? Qui suis-je pour lui ? Quelque chose ? Rien ? Sûrement pas quelqu'un.

À partir du moment où ceux qui sont morts, ou ont été anéantis, ont tenté quelque chose, leur action ne pouvait être « rien ». C'est évident. Donc, ce que dit ce mec ne vaut rien, justement. Ils ont tous souffert pour quelque chose. Mais quoi ? Une identité ? Un idéal ? Un renseignement qui sauve une vie ou cent vies ? Cela en valait-il la peine ? Personne ne peut en juger. Plus j'y pense et plus je suis persuadée que rien ne justifie qu'un chef choisisse consciemment un destin de souffrance et de mort pour un de ses hommes.

J'écoute vaguement son discours, comme une obligation pénible et incontournable. Il est persuadé que rien ne bougera dans la région si nous ne parvenons pas à convaincre les différents partenaires de leur sécurité. Il croit aux voies non officielles. Selon lui, la seule manière efficace de persuader quelqu'un qu'il est en sécurité consiste à paraître le mettre en danger, à le laisser débusquer le péril et se féliciter de sa victoire. Nos chefs se trouvent-ils très intelligents avec de tels raisonnements cousus de fil blanc ? « Là-bas, personne ne pense qu'un homme puisse volontairement passer pour un con... », croit-il nécessaire de m'expliquer. Au secours...

En sortant de la « réunion d'information », je me tourne vers un de mes camarades, passablement écœurée :

— À ce petit jeu...

— Ce n'est pas un jeu, interrompt-il sèchement.

— Tu es sûr qu'ils le savent ? demandé-je avec une ironie un peu cynique.

L'air vague, peut-être légèrement sceptique, il ne répond pas.

2 NOVEMBRE 2000 : ATTENTAT À LA BOMBE PRÈS DU MARCHÉ MAHANE-YEHUDA À JÉRUSALEM. DEUX MORTS, DIX BLESSÉS. REVENDIQUÉ PAR LE JIHAD ISLAMIQUE.

Nous regardons notre commandant promener, sans une seconde d'hésitation, les cartes sur l'écran de son PC. Nous sommes fascinés par le spectacle : les parties de solitaire se succèdent sans temps mort. Je trouve enfin le courage de lui poser la question qui me brûle les lèvres :

— Comment fais-tu pour réussir toutes les parties les unes après les autres ?

— Je ne gagne que quand je joue sans réfléchir, répond-il d'une voix sèche, et surtout sans me rendre compte que je gagne.

— Comment ?

— Sitôt que je m'en rends compte, je commence à raisonner, et je perds, explique-t-il laconiquement.

C'est donc là son secret. Doit-on le nommer instinct ou inconscience ? Qu'il puisse diriger ses hommes comme il joue au solitaire m'écœure. Un violent sentiment de rejet m'envahit. Je me lève et je sors. Sur le palier je me retourne pour lui lancer rageusement :

— Tu es en train de gagner sur tous les plans.

L'effet est immédiat. Il hésite, perd le rythme de sa partie, joue la mauvaise carte. Furieux, il projette sa souris à travers la table et se tourne vers moi.

— Va au diable, toi !

Justement, j'y allais.

20 NOVEMBRE 2000 : ATTENTAT À LA BOMBE CONTRE UN AUTOBUS SCOLAIRE TRANSPORTANT DES ENFANTS DU VILLAGE DE KFAR-DAROM. DEUX MORTS, NEUF BLESSÉS DONT CINQ ÉCOLIERS.

En ce moment le climat est tendu au Liban-Syrie. Il y a eu beaucoup d'arrestations. Quand je dis beaucoup, c'est qu'il faut les compter par centaines. L'atmosphère de répression étant la même au Liban et en Syrie, quelques-uns de nos relais commencent à flipper. Raison de plus pour trouver une solution et supprimer mes allers et retours trop fréquents. Même les Libanais les plus mous commencent à réagir contre l'occupation syrienne. Maintenant qu'Israël a retiré ses troupes, ils ne risquent plus de passer pour des traîtres « pro-sionistes ». On n'efface toutefois pas en un an plus de vingt-cinq années de terreur subie par la population, avec la délation qui l'accompagne.

Les Syriens ont-ils eu des informations, cherchent-ils quelqu'un de précis, ou est-ce simplement une manifestation de paranoïa ou de surcroît de travail de quelques fonctionnaires zélés ? Je n'en sais rien et je n'ai pas le temps d'attendre qu'ils se calment. Je pars donc finir ce que j'ai à faire sur place au plus vite.

Arrivée à l'aéroport de Beyrouth, je prends un taxi jusqu'à un quartier d'affaires de la ville, puis un bus vers un autre quartier résidentiel sur les collines. J'y suis accueillie par un de mes relais qui me fournit les dernières nouvelles et me dépose en voiture à la périphérie de la ville. Là, un autre contact me prend à bord de sa vieille camionnette. Ensemble, nous traversons le pays, franchissons la frontière et faisons encore quelque six cents kilomètres avant qu'il ne me dépose sur mon « lieu de travail ». C'est la seconde fois que j'avance aussi loin à l'intérieur du pays. Je ressens comme un avertissement ou plutôt un pressentiment.

Mon chauffeur est un homme d'une quarantaine d'années, père de cinq enfants. Je le sais fiable. Pourtant, une angoisse inhabituelle ne me quitte pas. Une petite voix intérieure me répète : « Regarde, mais regarde, voyons ! Ne vois-tu rien ? Tu devrais voir qu'il y a quelque chose de plus à voir, tu devrais comprendre qu'il y a quelque chose à comprendre ! »

J'ouvre les yeux plus grands, je tends l'oreille, le cœur, l'estomac, tous les capteurs dont je dispose, et j'enrage de ne rien trouver.

— Quelqu'un dans ta famille est-il au courant que tu es venu me chercher ?

— Non, mais mon père devient méfiant. Il m'a empêché de prendre notre camion, j'ai dû emprunter celui d'un ami.

Voilà sûrement ce que je devais trouver.

— Arrête-moi au premier arrêt de bus, je continue seule.

— Tu es folle ? En autobus, il te faudra voyager deux jours et faire au moins six changements.

— Aucune importance. Fais ce que je te dis et rentre chez toi directement.

Il obéit, me dépose à quelques centaines de mètres d'un arrêt de bus et fait demi-tour. J'ai de la chance, je n'attends le bus que quarante minutes. Au premier contrôle, je vois mon contact arrêté au barrage. Les informations circulent vite entre les passagers des véhicules qui attendent de pouvoir repartir. Ils demandent les uns aux autres, voire aux soldats, ce qui se passe, qui est cet homme. J'apprends par la rumeur qu'un de ses cousins l'a dénoncé. Dans ces atmosphères de suspicion généralisée, les parents se dénoncent entre eux. Ainsi va la vie dans ce charmant État despotique...

Avec le bus je passe sans encombre. En revanche, comme ils ne sont pas complètement tarés, au contrôle suivant, tous les passagers sont arrêtés au même titre que ceux qui circulaient sur la route. Nous voilà bloqués dans une zone perdue où, comble de malchance, les soldats viennent d'hériter d'un nouveau chef inexpérimenté, débordé par ces dizaines de personnes qui protestent de leur bonne foi.

Un premier tri entre les gens du coin et ceux qui, comme moi, exhibent des papiers baroques est vite fait. Ensuite c'est plus délicat. Gérant mal la situation, incapable de mener un interrogatoire — ce dont je ne me plains pas —, incapable aussi de vérifier les identités — ce dont je ne me plains pas non plus —, l'officier réagit comme tout incompétent, c'est-à-dire par abus d'autorité. Pour calmer tout le monde, il donne l'ordre de bastonner une moitié et d'enfermer l'autre.

Pour une fois, je suis dans la seconde moitié. J'échappe donc aux coups. Au moins provisoirement. Le lendemain, ils nous annoncent que nous allons être transférés dans la ville la plus proche, à cent quarante kilomètres, pour vérifications d'identités et interrogatoires plus poussés. Je me creuse la tête : il est encore possible de me faire la belle pendant le long voyage en camion sur de mauvaises routes. Ils vont sûrement s'endormir. Il y a un risque qu'ils me tirent dessus quand je sauterai. Et où aller et comment ? Rejoindre mon but initial est devenu impossible, la seule route est contrôlée. Couper à travers champs me prendrait plus de quinze jours et je n'ai plus de provisions, ni d'argent, ni de papiers, ni de contacts fiables.

À partir du moment où, dans cette ville, il y aura une caserne importante, elle sera branchée sur le serveur principal. Peut-être vaut-il mieux que je m'y laisse conduire même si ce changement de cap chamboule mes plans. Je ne connais pas trop les habitudes dans ce secteur, mais le plan semble plus logique si je veux mener ma mission à terme. Oser l'adaptation, comme dirait l'autre... C'est sans doute les décisions les plus délicates à prendre dans ce métier : tout chambouler sur un coup de poker.

Les personnes arrêtées en même temps que moi sont loin d'être calmées. Une mini-émeute éclate au moment de monter dans les camions. Les soldats y répondent par des coups de matraque et de crosse. Mêlée impossible, blessés, crânes fracassés, membres brisés. Je me dis que ce n'est pas le moment d'oublier les techniques du Krav. Je me défends contre le premier coup, contre-attaque et récupère la matraque alors que le soldat tombe. Dans ce contexte ambiant, je décide de me tirer pour de bon, sachant que si j'en blesse un, autant fuir au plus vite. Armée de la matraque, je me débarrasse facilement des premiers soldats et me fraie un chemin vers une voiture dont le moteur ronronne. Malheureusement, plusieurs militaires surgissent dans un bel ensemble et je reçois une rafale de coups sur les genoux, suivie d'une autre sur le dos, agrémentées de quelques coups de pieds entre les jambes et d'un formidable coup de matraque au même endroit. Bref, ce n'était pas le meilleur moment pour une contre-attaque.

La folie ambiante continue encore un peu, puis le beuglement des ordres recommence et on me balance dans le camion. À bord, nous sommes tous plus ou moins KO. Le transport dure plusieurs heures. À la caserne, nous sommes enfermés une journée entière avant d'être interrogés un par un. Quand vient mon tour, je vais plutôt bien, hormis quelques problèmes pour m'asseoir. Un capitaine syrien est derrière son bureau, moi en face en retrait, avec des gorilles autour. Un détail me réchauffe le cœur : sur le bureau, il y a un bel ordinateur. Je jette un coup d'œil au câble qui le relie au réseau. C'est un vieux modèle, pas un RJ45 mais une grosse fiche ronde, du genre jack, qui s'enlève juste en tirant, sans ce clapet de sûreté qu'on trouve par exemple sur le branchement du fil du téléphone à son combiné. Il faut que je le décroche mais je suis assise trop loin. À la première occasion, je me lève brusquement et m'avance vers le bureau. Je prends une trempe d'un des gorilles, tombe et décroche discrètement le câble.

Arrive ce qui doit arriver. Une minute plus tard, le p'tit chef miaule que le réseau ne marche plus et appelle « l'ingénieur administrateur réseau » pour l'engueuler. Sans même

JE DEVAIS AUSSI TUER

penser à vérifier le câble. Tout se passe comme je le souhaitais et je connais à présent le nom et la tête de l'informaticien. Il me sera facile de trouver son bureau. Facile aussi, une fois devant sa machine, de repérer celle du p'tit chef. Il me suffira de consulter les logs de connexion et de voir laquelle vient d'être intempestivement déconnectée. Un régal, à la portée d'un gosse.

En arrivant, l'informaticien trouve le câble décroché, comprend vite et me jette un regard noir. Je la joue idiote complète et personne n'écoute ses remarques suspicieuses. Le p'tit chef continue de l'engueuler, arguant qu'il y a « plein de choses qui ne marchent pas ». Les latitudes changent mais le boulot des informaticiens demeure immuable.

Alors qu'ils sont tous groupés autour de l'écran, je me lève. Personne ne dit rien. Ils sont trop occupés à prouver à l'informaticien que « plein de choses ne marchent pas ». J'effectue quelques pas dans la pièce. Ils continuent leur engueulade sans me prêter attention. Je récupère le jeu de clés des menottes qui traînent sur l'angle du bureau, encore deux pas et me voilà dehors. J'ôte les menottes.

À l'entrée du bâtiment, je demande le bureau du capitaine en charge de l'informatique. Un secrétaire me l'indique gentiment. J'y vais. Le bureau est évidemment vide, serveur en route, déjà logué. Pas besoin de pirater le mot de passe sécurité ni quoi que ce soit de ce genre. Je commence à travailler.

Cinq minutes plus tard, l'informaticien est de retour, grognant tout ce qu'il peut. J'ai sur moi une mini-seringue. Suffisant pour m'en débarrasser. Je continue de travailler. J'entends des appels dans le couloir. Le p'tit chef me réclame. Le secrétaire dit que j'ai demandé où était le bureau de l'informaticien. J'entends une meute se rapprocher. Je fais un saut vers la porte et regarde rapidement. Ils sont quatre. C'est beaucoup pour moi et je n'ai plus qu'une dose pour deux. En outre l'informaticien n'était pas armé.

J'achève en vitesse mon travail sur l'ordinateur, vérifie rapidement. Tout fonctionne. J'ouvre la porte en grand en tournant le dos aux fous furieux. Ils se précipitent dans la pièce sans me voir, je sors prestement. Pas le temps d'atteindre la grande porte. J'entre dans le premier bureau doté d'une fenêtre et saute dans la nature. Quand je les entends à nouveau, je suis assez loin pour m'en tirer, mais j'ai un genou esquinté par les coups de la veille et je souffre de mes récents problèmes d'oxygénation. Soudain, l'asphyxie complète, vision qui disparaît, oreilles qui sifflent. Je parviens à me glisser sous une voiture avant qu'ils ne me rejoignent. Je ne bouge plus. Ils cherchent mais pas un ne se baisse. C'est un vieux truc simple qui marche toujours. Encore faut-il avoir la chance de trouver une voiture dont le pot d'échappement ne soit pas brûlant et qui ne démarre pas tout de suite. C'est un risque à prendre.

Quand la nuit est bien avancée, je sors complètement ankylosée, monte dans la voiture et file doucement. Pas de barrage sur la route, la voie est libre. Je roule sans encombre et rejoins le village de mon premier contact. Je quitterais bien le pays sans attendre, mais je n'en fais rien. Il est important de ne pas laisser le relais dans la mouise. Si je ne peux rien pour l'aider, il faut au moins montrer aux délateurs qu'ils jouent un jeu dangereux.

Je suis accueillie à bras ouverts par sa femme et les cinq gamins. Ils me connaissent depuis longtemps et j'ai vu naître les deux plus jeunes.

— Tu es venue ! s'écrie-t-elle. Allah est miséri...

— Miséricordieux, oui, oui... Comment vas-tu, Djamila ? Quelles sont les nouvelles ?

— Ils l'ont arrêté, il faut que tu nous aides.

— Je sais mais quelles sont les nouvelles *récentes* ? As-tu pu le voir ?

— C'est terrible, c'est affreux, tu dois nous aider.

— Si je peux, Djamila. Si Allah veut que je puisse faire quelque chose, je le ferai, tu le sais.

— Tu dois nous aider ! Que vais-je devenir avec les enfants ? Ils vont le tuer. Ils ont dit qu'il a trahi et qu'ils vont le tuer.

— Tu en es sûre ?

— Oui, ils vont le tuer.

— Alors, je ne peux plus rien pour lui.

— Tu dois nous aider ! Les enfants, venez lui dire qu'elle doit nous aider.

Youssef, le petit dernier, a cinq ans. Il est collé contre mes jambes. Les enfants sont mon point faible. La guerre je veux bien, mais avec les gosses à la maison. Mon rêve serait de faire la guerre entre adultes, avec des méchants d'un côté et des gentils de l'autre. Être obligée de serpenter avec des demi-méchants, des trois quarts gentils et des gosses qui vous courent dans les pattes, c'est pas du jeu.

Mon job est clair : tant pis pour ce type qui, après tout, aurait dû prendre plus de précautions vis-à-vis de son entourage. Je ne peux rien pour lui. Je peux juste retrouver le cousin qui l'a balancé et faire le ménage. D'ailleurs, ils seraient choqués que je ne le fasse pas, ils le prendraient pour un grave manque de respect à leur égard, voire un acte de trahison pure et simple. Les enfants me collent d'autant plus qu'ils sont fascinés par cette violence qui se prépare. Ils passent la nuit à lutter contre le sommeil pour ne pas manquer mon départ, le matin. Ils finissent par craquer et je file au petit jour en ne réveillant que l'aîné qui va sur ses dix-sept ans. En tant que futur chef de famille, il doit participer aux représailles et, dans ce monde barbare, autant qu'il sache comment ce genre d'actions se déroulent. Je trouve le cousin, je fais ce que j'ai à faire. Il apprend. Il avait beau vouloir venger son père, il en est malade. Je passe quelques heures à le soigner pour qu'il ne perde pas la face s'ils le voient dans cet état. Nous rentrons en fin d'après-midi. Devant les siens et les voisins venus aux nouvelles, il fait le fier comme s'il avait dirigé lui-même les opérations.

Je le regarde faire son cinéma, puis je me lève discrètement pour partir. Je sens une main qui s'agrippe à mes vêtements. Youssef, encore lui !

— Que veux-tu ? Va donc écouter le récit de ton frère et laisse-moi, je pars. Allez, ouste, file !

Contrairement à ses frères qui ne demandent que du sang et des détails assurant leur vengeance, le petit aime son papa. Il me demande de l'aider. Je me transforme en banquise. Le gamin continue, patiemment, cherchant la faille, persuadé qu'il finira par y arriver. Je peuple la banquise d'ours blancs très méchants. Il continue. Je prétends aller parler à sa mère, m'éclipse par-derrière, grimpe dans ma voiture et démarre. Je ne peux quand même pas attaquer une caserne seule juste pour faire plaisir à ce môme. Même si j'y arrivais, que deviendraient-ils ensuite ? Où iraient-ils, tous ?

Dans le rétroviseur, j'aperçois Youssef qui court de toutes ses forces derrière la voiture. J'accélère. Le blizzard souffle sur la banquise.

Trois kilomètres plus loin, pneu crevé. Incident fréquent sur ces routes de caillasse. Je commence à réparer. Je perds du temps parce que la clé du cric est cassée. Comment font-ils pour toujours avoir des outils cassés ? Je n'ai presque pas de levier, je m'énerve, je suis fatiguée, je m'allonge cinq minutes sur le terre-plein. Comme d'habitude, en décompressant à fond je m'endors. Après ces journées chargées et sans beaucoup de repos, voilà qui me fait du bien. Et puis je ne cours pas grand risque, il ne passe personne par ici. Brusquement, je sens quelque chose de léger qui me réveille, comme un petit animal qui se serait faufilé près de la voiture. J'ouvre les yeux et sursaute en voyant, debout devant moi, à distance respectueuse, un visage rouge de joie, d'espoir et d'essoufflement... Youssef. Prêt à se sauver s'il le faut et avançant un pas de plus en réunissant tout le courage qu'il peut avoir.

« J'ai bien frotté mes yeux, j'ai bien regardé... et j'ai vu un petit bonhomme tout à fait extraordinaire, qui me regardait gravement. "S'il te plaît..." »

— Papa, il disait qu'en cas de besoin tu serais toujours là. La fin du rêve. Le réveil.

— La ferme ! Nous allons essayer de l'aider, ton crétin de père !

Brusquement la clé du cric n'est plus trop courte. Je change rapidement la roue. Nous rentrons au village. J'essaie d'élaborer une stratégie pas trop suicidaire avec les moyens du bord. De la bêtise à l'état pur, une folie. Sensibilité de femme exacerbée par une modification hormonale, comme dirait Dov. Comme toutes les folies, elle fonctionne. Enfin, presque.

Je recrute des volontaires parmi la famille et les voisins. Il y a suffisamment de monde. Tous préfèrent agir et partir ensuite, craignant de toute manière d'être persécutés d'une façon ou d'une autre à cause de la « trahison » du père, ami et voisin. Je me trouve donc avec un groupe conséquent pour m'aider. L'épouse ayant « vu » les locaux en rendant visite à son mari, j'arrive — entre deux paires de claques pour qu'elle se calme — à lui faire décrire les lieux avec suffisamment de détails. Je peux mettre en place un système de relais où chacun connaît son rôle. Je joue celui de la méchante et les fils aînés celui des patriotes me dénonçant aux autorités. Sans grand problème je suis arrêtée et deux soldats me conduisent en cellule. En pleine nuit, pas d'appel à un p'tit chef ni de transmission radio : le rapport attendra le lendemain.

Aucun problème pour me débarrasser des deux soldats à moitié endormis, ni pour retrouver le père. Nous enfilons les vêtements des deux militaires hors service et nous nous dirigeons vers la sortie le plus naturellement possible. Le p'tit chef de garde nous demande quand même où nous allons à cette heure. Je préfère que mon relais réponde de sa belle voix grave. Hélas, il panique et fuit dehors en courant. Le p'tit chef sort son arme. Je le descends et m'enfuis à mon tour. Armés de nos kalach', nous couvrons les membres du groupe qui étaient postés en renfort. Jusque-là, tout se passe plutôt bien. Nous sommes à couvert et ripostons sans risque aux soldats qui sortent à notre poursuite, les tenant à distance.

Les deux plus jeunes enfants devaient impérativement rester dans le camion pendant ce temps. Autant rêver. Dès qu'il voit son père, Youssef, le petit prince, se précipite au milieu de la scène. Je m'élance pour l'attraper et l'envoie valser sans ménagement plusieurs mètres en arrière. En retournant me remettre à couvert, je prends une balle dans l'épaule. Évidemment, le gamin, en me voyant tomber, pousse un hurlement, court vers moi, s'agenouille à mon côté et prend deux balles, une dans le ventre, l'autre dans la tête. Évidemment, au lieu d'être projeté loin par le choc, il s'accroche à mon bras. Évidemment, je sens sa menotte se crisper, sa tête tomber sur mon épaule, nos sangs se mélanger. Évidemment, j'entends son ultime petit soupir s'exhaler. Évidemment, je m'en remettrai dans un siècle ou deux. Évidemment, il est hors de question que j'en reparle et, évidemment, mes amis n'ont pas fini de m'entendre raconter des blagues idiotes certains soirs quand les souvenirs reviennent.

C'était un petit bonhomme sensible, intelligent, psychologue, courageux, ayant de l'amour au cœur. Une véritable anomalie génétique dans ce monde de brutes épaisses. Comment survivre sur cette terre quand on est ainsi ? Nous sommes tous contraints de supprimer quelque chose. Nous faisons le choix d'au moins un item. En général, nous éliminons la sensibilité. Ou nous faisons semblant. Enfin, chacun fait comme il peut.

Quant à ma blessure... Jusqu'ici j'ai eu de la chance, au cours de mes diverses opérations, j'ai pris une balle dans la jambe, mais dans le muscle : douloureux mais pas grave ; une autre a éraflé le bras gauche, très superficiel, et une autre a frôlé la tête pour « seulement » créer une formidable onde de choc, sans autre conséquence que quelques jours de coma, des maux de tête — les toubibs disent « déplacement du temporal » — et un nerf optique un peu plus fragile.

Cette fois, la balle s'est logée dans l'épaule gauche. Bouillie, os explosés en des dizaines de fragments constituant autant de projectiles à l'intérieur du corps.

Que ne suis-je un de ces héros de cinéma qui, une fois touchés, se relèvent aussitôt et se remettent à courir ? Un choc d'une violence rare, l'arme que je tiens dans la main gauche part dans un sens et moi dans l'autre. Dans un premier temps, l'épaule pèse une tonne. La seconde suivante, je ressens une douleur incroyable dans tout le corps, le cœur résonne d'une façon assourdissante, les poumons se déchirent à chaque respiration, l'odeur et le goût du sang emplissent mes sens. La tête bat, puis les yeux, la vision devient trouble et, à chaque seconde, je me sens partir dans un brouillard rouge de plus en plus dense qui tourne, tourne, tourne...

Je ne suis pas si mal entre la vie et la mort. Quand la souffrance est trop forte, je bascule dans une zone sans souffrance, sans temps, sans but, sans peur, sans peine, sans remords. Éternel, magnifique. Il suffit d'un rien pour me laisser doucement partir vers ce paradis. Le monde semble alors si superficiel, si factice, si fatigant. Toutes ces souffrances accumulées si vaines. C'est merveilleux, infiniment reposant. Si je prends soin de ne pas me laisser aller complètement, de faire des efforts pour activer un muscle et replonger quelques instants dans la souffrance, puis la quitter de nouveau quand le cœur n'en peut plus, je peux tenir des heures. Encore faut-il décider de revenir souffrir de temps en temps, c'est le plus dur. Je ne sais combien de temps je joue à ces allers et retours.

Le relais m'attrape sans ménagement, me jette dans le camion, je sens aussi qu'on jette le corps de son fils sur moi. Nous roulons jusqu'à un autre village à peu près sûr. Ils trouvent un toubib. Dans mon délire, je les entends me dire de me détendre, qu'ils vont me soigner. Je suis opérée pendant huit heures pour ôter la balle et quelques-uns des fragments osseux répartis partout. Il ne peut continuer car je perds trop de sang. Tant pis pour les éclats qui restent, il ferme la blessure et la comprime comme il peut. Tout en utilisant le minimum d'anesthésiant, selon les meilleures traditions. Ils m'entourent d'emplâtres de menthe et de camphre pour faire baisser ma fièvre, me font ingurgiter chaque heure je ne sais quoi d'immonde, censé me donner des forces, qui me dévaste l'estomac et que je rejette une fois sur deux. Autant de soins destinés à me mettre sur pied, autant d'actes qui me font souffrir le martyre. Pas de médicaments ni d'antibiotiques, car de toute façon on n'en trouve pas ici. Soins cent pour cent naturels. Je ne sais pas ce qu'ils mettent dans leur thé, mais ça marche.

Quand j'émerge enfin, après plusieurs jours de délire et de fièvre, je suis persuadée d'avoir atterri quelque part entre le premier et le second sous-sol de l'enfer. Impossible de respirer, de parler, de bouger un muscle sans un océan de douleur. Tous ces braves gens, qui risquent la mort pour m'aider, me répètent de ne pas m'en faire, que tout ira bien, qu'ils me sortiront de là. Je voudrais leur dire : « Pour l'amour du ciel, laissez-moi crever tranquillement ! »

Dès que possible, nous entreprenons le voyage de retour, de relais en relais. Je passe sur les conditions de transport clandestin, la douleur incroyable et mon incapacité à rester consciente plus d'un quart d'heure d'affilée. Puis, enfin, le passage de la frontière bleue, rentrer à la maison. Tout à coup, des voix chaleureuses, une langue qui chante à mon oreille et à mon cœur, la civilisation, les ambulances climatisées, le bruit omniprésent, l'oxygène, les perfusions, l'hôpital, ces chers toubibs israéliens que je connais trop bien et qui dansent au milieu des mouches de ma vision. Les centaines d'examens recommencent.

Je décroche de nouveau. Un camarade vient gentiment passer du temps à mes côtés pour me soutenir. Il pose sa main sur mon bras, à l'endroit où Youssef avait posé la sienne. Sentir cette main me fait une peine immense. Il paraît que l'enfer est pavé de bonnes intentions... Je n'ai qu'une envie : décrocher de la planète souffrance une fois pour toutes.

Et puis ça m'a passé, comme d'habitude. Je suis revenue à moi.

Techniquement parlant, côté informatique, la mission est une réussite. Le système fonctionne à merveille. Voilà qui me procure un peu de répit. J'ai même droit aux visites des pontes, à moult éloges, et à la promesse d'un avenir radieux qui arrivera sans doute en même temps que le Meshia'h, l'un chassant l'autre probablement. Mon cœur n'est pas particulièrement réjoui par leur présence.

Cette mission a porté un nouveau coup à mes nerfs déjà

287

mal en point. Cette fois, je constate que j'ai bel et bien perdu le niveau de maîtrise et la force que j'avais auparavant. Je commence à être en danger.

22 NOVEMBRE 2000 : UNE VOITURE PIÉGÉE EXPLOSE CONTRE UN AUTOBUS DANS LA RUE PRINCIPALE DE HADERA EN PLEINE HEURE DE POINTE. DEUX MORTS, SOIXANTE BLESSÉS.

8 DÉCEMBRE 2000 : REGAIN DE VIOLENCE.

9 DÉCEMBRE 2000 : EHOUD BARAK ANNONCE SA DÉMISSION.

Je profite de quelques semaines de repos en Israël pour reconstruire une vie privée mise à mal par mes absences à répétition. En général, les hommes apprécient peu de ne pas savoir où est leur compagne, ni ce qu'elle fait, ni surtout quand elle rentrera. D'autant que je ne peux mettre le mien au courant du détail de mes activités. À cause du secret professionnel, bien sûr, mais surtout pour l'équilibre de notre association : je dois me conformer à une attitude la plus « normale » possible. C'est loin d'être évident. Le fait de rentrer malade ou blessée n'arrange rien. Les hommes préfèrent les femmes sans histoire, en bonne santé et constamment à leur disposition. Je ne suis rien de tout cela.

J'ai toujours eu un goût prononcé pour l'harmonie, peut-être en réaction à une vie professionnelle aussi violente qu'inconfortable. J'aime la douceur d'un foyer qui sent le propre et la douceur de vivre. Lorsque je rentre enfin « à la maison », le scénario est immuable : une douche, des vêtements confortables, un bon repas, un alcool quel qu'il soit, de la musique, une place sur le canapé ou un simple tapis au sol, peu importe, je suis aux anges et je peux enfin me détendre. Dans ces rares moments de béatitude, je reconnais que je ne trouve pas les histoires de bureau et de secrétaire de mon compagnon très intéressantes. Dommage, j'aurais dû. J'aurais peut-être évité qu'il ne me quitte pour l'épouser, cette jolie secrétaire.

La transformation est aussi psychologique. Je n'ai plus l'air aussi dure qu'auparavant. Pour me détendre, je cultive des moments de faiblesse ou de fausse ingénuité. J'ai suffisamment confiance dans mon jugement pour me permettre de ne plus manifester la moindre méfiance ou suspicion vis-à-vis de mes interlocuteurs. Je me fais d'eux une idée rapide, que je sais être fiable. Pourquoi la leur manifester ? Je les écoute gentiment, le sourire aux lèvres, qu'ils soient sérieux ou de complets mythomanes, comme si je croyais tous leurs dires. Après tout, si ça leur fait plaisir, où est le problème ?

Le départ de mon compagnon me porte un sérieux coup au moral. Je commence à en avoir assez de tout sacrifier à ce « métier » qu'en plus je n'ai pas choisi. D'autant que plus le temps passe, plus je me sens devenir « accro » à cette façon de vivre. Car je me coupe lentement de ce monde « normal » avec lequel les prises de contact furtives se déroulent mal. Je réalise que je deviens inadaptée au monde extérieur. Je me sens fatiguée des conflits en tout genre. J'aspire au calme. J'en ai assez de me réveiller tôt parce que mon dos aux vertè-bres fêlées me fait souffrir si je reste allongée plus de quatre heures d'affilée, assez de ces images de morts, de ces bruits de tirs et de ces hurlements qui me persécutent toute la jour-née. On me demande de vivre une vie normale dans un univers peuplé d'histoires de fous alors que j'émerge à peine des miennes.

Il ne s'écoule pas d'heure sans que j'aie des flashs, sans que j'entende le hurlement d'un homme qu'on torture, le râle d'un mourant, sans que je sente ces odeurs de sang, de sueur exacerbée par la peur, de boyaux malades, de mort. Pas une fois depuis ce jour maudit, je n'ai pu voir un sac de boxe se balancer sans revoir ce jeune, pendu à deux mètres de moi. Bien sûr, je me raisonne. Bien sûr, cela ne dure qu'un dixième de seconde et passe. Bien sûr, je me force à une attitude socialement correcte, je ne vais pas m'écrouler en pleurs chaque fois. Mais le flash est si net, la vision si précise, si complète, si réelle...

Pourquoi est-il si difficile pour ceux qui m'entourent de simplement garder en tête que je vais décrocher de temps en temps, partir sans un mot, m'assombrir sans raison, me replier sur moi-même ou dire des bêtises par défi, le temps de digérer un son, une image ou un élancement dans la tête, la mâchoire ou le cœur ? Peut-on demander une attitude sociale à quelqu'un qui a été torturé, pas un quart d'heure ni une heure mais plusieurs jours d'affilée ?

Comment reprendre une vie normale en pensant à mes camarades demeurant dans cet enfer ? Mon esprit ne les quitte pas. Les quitter, ne serait-ce pas les trahir ? Mes rares moments de bonheur me semblent un délit. À mes retours de missions, je culpabilise de vivre confortablement. Décrocher une fois pour toutes ? Pour faire quoi ? Pendant des années, je n'ai vécu que de guerres, je ne connais pratiquement rien d'autre. Au Pays, mon action a une utilité, du moins je le ressens ainsi. Qu'en sera-t-il « dehors » ? Et par-dessus tout, qu'en est-il de mon devoir vis-à-vis de l'État d'Israël ?

Je réfléchis tout en marchant dans la rue. La radio d'un

bazar diffuse une de ces chansons que je connais par cœur, que je suis lasse d'entendre et cependant, comme chaque fois, je ralentis le pas pour écouter. Comme chaque fois, je ressens un curieux pincement au cœur.

Eretz ba noladnu,
Eretz ba nikhye,
Yihié ma shé yihié[1]...

Ces paroles sont plus fortes que mes doutes. Il faut se rendre à l'évidence, malgré tout ce qui s'est passé je ne suis pas mûre pour décrocher.

« Ne doute pas, avance, pense à ceux qui sont morts pour ce pays, pense aussi à ceux qui sont morts sans pouvoir le voir grandir. Tes missions ne sont rien comparées à leur sacrifice », clame la voix de ma conscience professionnelle.

« Doute, remets tout en cause, c'est notre force depuis des milliers d'années. C'est pour ça aussi que tant des nôtres sont morts loin de Jérusalem », me murmure celle de mon libre arbitre.

Ces deux sons de cloche s'opposent dans ma pauvre tête, comme ils résonnent chez la plupart des Juifs de Diaspora. Les Israéliens sabras[2] n'ont pas ce dilemme. Ils n'entendent que le premier. Pour nous c'est différent. Nos parents nous ont légué plus que la mémoire et les traditions : un choix, le leur, celui de ne pas retourner en Israël, de ne pas nous y faire naître. Parce qu'ils ne voulaient plus de la guerre, de la propagande, des manipulations. Non pas qu'ils soient lâches, ils voulaient simplement le plus de liberté possible.

---

1. *Pays où nous sommes nés, / Pays où nous vivrons, / Quoi qu'il se passe...*
2. Nés en Israël.

Aussi dur que ce soit pour moi, à qui Israël tient à cœur par-dessus tout, par-dessus ma propre vie, il me faut admettre qu'ils n'avaient pas nécessairement tort.

14 FÉVRIER 2001 : UN AUTOBUS CONDUIT PAR UN TERRORISTE PALESTINIEN PERCUTE UN GROUPE DE PERSONNES À UN ARRÊT DE BUS AU SUD DE TEL-AVIV. HUIT MILITAIRES ISRAÉLIENS TUÉS, VINGT-CINQ BLESSÉS.

J'essaie de convaincre mes camarades de me suivre dans mon choix de Krav Maga, de façon à faire évoluer ensemble notre façon de travailler. Mes arguments n'ont que peu de valeur face aux questions d'avancement, de primes et de points de retraite. D'autant que l'affrontement avec nos supérieurs n'a rien d'une partie de plaisir. De « mouton noir », je passe carrément au statut de paria, d'élément à ne surtout pas fréquenter de peur de voir déferler une vague de blâmes, d'amendes et autres réjouissances du même acabit.

Je continue néanmoins de plaider pour d'autres méthodes, à chaque fois que je parle « boulot » avec un camarade.

Un jour, j'ai la surprise d'être entendue par l'un d'eux. Et pour cause : il rentre à son tour d'une mission particulièrement éprouvante. Faut-il vraiment en passer par là pour réagir ? Toujours est-il que David trouve sans difficulté le moyen de prendre contact avec moi et me pose des questions sur le moyen de suivre, lui aussi, des cours de Krav Maga. Je me renseigne et lui indique un instructeur dans sa zone géographique. Il va essayer un cours et, comme moi, il est surpris en prenant conscience de son niveau de verrouillage. Devant la difficulté, il est prêt à abandonner. Je l'encourage à n'en rien faire mais je ne le sens pas aussi motivé que je l'étais.

Je suis en train de prendre quelques jours de « vacances » en Europe — et donc de m'entraîner de mon côté — quand je reçois cet e-mail :

« Sujet : Krav Maga.

Shalom Hadag, ce mot pour te dire que j'abandonne l'entraînement de Krav Maga. Je suis convaincu que c'était une erreur. J'ai parlé avec notre commandant aujourd'hui, qui m'a fait comprendre que je n'ai pas besoin du Krav. Notre entraînement est correct, de toute évidence, le Krav ne convient pas avec la nature de notre action. Je sais que tu es passée par des situations difficiles, alors je comprends ton raisonnement, mais je ne le partage pas. S'il te plaît, n'essaie pas de me faire changer d'avis, j'ai pris la décision de continuer la lutte à notre façon.

Le chef a été très compréhensif, il ne sera pas fait mention de cette histoire dans mon dossier, c'est un type sympa, je pense que nous n'aurons pas de problème avec lui... enfin, à condition que tu ne fasses pas tout pour lui taper sur les nerfs. Je ne pense pas que le Krav Maga soit une réponse, ni qu'il nous convienne, alors, s'il te plaît, essaie au moins de réfléchir à la question.

Quoi qu'il en soit, je sais ce que tu as fait pour moi, et je t'en remercie.

À bientôt, David. »

Suit un message de ce cher commandant « sympa ». Lui ne se répand pas en explications :

« J'ai été patient avec toi mais cette fois, c'est trop. Tu n'as pas à pousser tes camarades à suivre ton exemple. J'ai appris aujourd'hui que David D. avait commencé à suivre des cours de Krav Maga. C'est lui-même qui me l'a dit. Heureusement il n'est pas aussi buté que toi et il abandonne sur-le-champ.

Le Krav Maga est ton choix personnel, Ouri s'en accommode, donc moi aussi. Mais cela doit rester une exception. Je vais oublier cette histoire parce que Ouri me l'a demandé comme une faveur. Il dit, et il a raison, que tu as un travail plus important à faire maintenant.

Le sujet est clos, mais je n'oublie rien. Nous en parlerons plus sérieusement à ton retour. »

Il est bien gentil en effet, mais de quoi veut-il parler à mon retour si le sujet est réellement clos ? L'e-mail d'Ouri est le troisième à me parvenir.

« Sujet : Toi !

Bien essayé, mais David n'a pas tenu la route. La prochaine fois, tâche de trouver quelqu'un de plus costaud. David a été assez stupide pour penser qu'en disant toute la vérité, ce serait OK. Résultat : ton chef est furieux. Je lui ai parlé en ta faveur, il ne prendra pas de mesures contre toi.

Tu vois, c'est pour cela que je pense que tout le monde ne peut pas s'entraîner au Krav Maga. Il faut être un *black sheep*. Rappelle-toi la prochaine fois d'aller chercher tes recrues en disciplinaire ou en prison, comme je l'ai fait pour toi. C'est encore là que tu trouveras le plus de gens courageux et fiables.

Allez, oublie tout cela et travaille ! Il faut finir à temps. Rien n'est plus important. »

Deux jours plus tard, de retour dans la base, j'essuie une convocation désagréable de mon commandant et un nouveau sermon. Décidé à régler définitivement la situation, il convoque ceux d'entre nous qui ne sont pas sur le terrain pour un « débat » sur le sujet de l'entraînement. Rusé, il demande son avis à chacun d'entre nous. Pensant que j'étais la mieux placée pour défendre mon point de vue, les camarades n'ont pas ouvert la bouche, attendant que j'aie plaidé ma cause pour me soutenir. Quand mon tour vient, en dernier, le commandant déclare qu'il n'a pas besoin d'entendre, une fois de plus, un son de cloche qu'il connaît déjà. Puisque aucun autre d'entre nous n'a pris la parole, c'est que la question n'intéresse pas la majorité. Il met ainsi fin à la discussion. Je proteste vigoureusement. La présence de mes camarades pendant notre dispute ne faisant pas son affaire, il préfère tourner les talons et me convoquer dans son bureau en fin d'après-midi. Là, il me fait part de son intention de me muter dans un autre service, où mes « nouvelles méthodes de travail » ne risquent pas de provoquer de clash.

Bien sûr, cette décision reste lettre morte, mais la nouvelle fait quand même le tour de l'unité. J'ai droit à un e-mail d'un autre collègue :

« OK, les camarades se sont fait avoir, mais ce n'est pas une raison pour laisser tomber. *Im lo akhshav*[1], etc. Il "suffit" d'une seconde chance. Cette fois ils sauront qu'il ne faut pas attendre que tu aies fini de parler avant que tu aies commencé.

Je continue de penser que la seule façon d'arriver à quelque chose est d'agir ensemble. (Je sais, c'est ce que tu répètes depuis un an...) *Histadrut*[2] ? Si nous faisions grève ?

1. *Im lo akhshav, eimatai* : « Si ce n'est pas maintenant, alors quand ? » Phrase célèbre de Hillel, devenue devise du sionisme.
2. Syndicat israélien.

En tout cas, n'accepte pas de demander ton transfert, ce serait foutre en l'air les chances des autres. Si ton point de vue ne passe pas maintenant, c'est jamais. S'il veut te virer, il va avoir un conflit d'intérêt puisqu'il nous reste pas mal de travail à faire. À mon avis, il est complètement bloqué, il a fait un acte d'autorité parce qu'il n'a plus d'autre solution. Raison de plus pour accentuer la pression. Nous pouvons toujours essayer, non ?

Il n'y a qu'une chose qui me tracasse : c'est toi. J'ai peur que tu ne saisisses la perche au vol et que tu te tires... »

Je ne suis pas la première à vouloir quitter ce métier. D'autres avant moi ont essayé. La réponse habituelle des p'tits chefs se compte en années de prison. En général vingt-cinq ans, dont une bonne partie en isolement. Suffisamment en tout cas pour établir des dialogues passionnants **avec** les murs de la cellule qui prennent vie. J'ai rencontré l'un d'eux à sa remise en liberté, presque clandestinement. C'était l'ami de mon partenaire d'alors, il venait de purger dix-sept années de prison, pas tellement pour le punir de quoi que ce soit, mais parce que c'est seulement après ce temps que son savoir n'était plus un secret d'État. J'ai pu voir de mes propres yeux cet homme d'une quarantaine d'années, brisé, fou, vivant dans un monde de délires dont il ne pouvait plus sortir. Je n'ai pas vraiment envie de l'imiter.

D'autres, plus malins, se sont volatilisés dans la nature. En général ils ont été retrouvés. Le monde possède de moins en moins de cachettes efficaces. Une fois de retour au bercail, face au même chantage entre prison et travail, ils ont repris du service.

À ma connaissance, trois se sont échappés avec succès. L'un a eu l'idée géniale d'installer une pizzeria au Vietnam.

Ce restaurant unique en son genre est une oasis pour les Occidentaux, notamment les Américains peu à l'aise avec la cuisine asiatique. J'entre en contact avec lui, il me propose de le rejoindre. Il y a de la place pour plusieurs pizzerias et, selon lui, rien ne peut nous arriver là-bas.

Beaucoup d'Israéliens se rendent en Inde, surtout à la fin du service militaire. Un collègue a rejoint un ashram et dispose de suffisamment de relations pour faire prolonger indéfiniment son permis de séjour. Lui a choisi de gagner sa vie en leur faisant des falafels.

Enfin le troisième a tout bonnement monté une société au Canada, spécialisée dans le renseignement économique. Il a déjà purgé une peine de prison et possède un carnet d'adresses comme outil de chantage. Cet argument, associé à un nombre substantiel de clients de renom, lui assure la tranquillité. Il faut dire qu'il évite aussi soigneusement de contrarier quiconque.

Pour ma part, je commence à chercher le meilleur moyen de partir. Honnêtement, passer ma vie au Vietnam ou en Inde ne m'enchante pas. Trop humide, trop chaud. Et le Canada, trop froid.

Devant ma mauvaise volonté persistante, Ouri craque. Il me convoque dans son bureau en fin d'après-midi pour m'expliquer « clairement » ce qu'ils ont en tête pour les prochains mois. Il y a une certaine logique à longue échéance. Pas mal de morts sur le chemin aussi, mais Ouri estime qu'il s'agit d'un pourcentage de pertes « raisonnable ». Il semble étonné que je ne sois pas plus motivée par ses efforts ! Il change de ton, me décrit ce qu'il attend de moi, puis dans quel « hôpital » j'atterrirai si je craque psychologiquement ou si je me fais porter pâle. Je sais qu'il ne bluffe pas. Personne ne doit sortir du circuit, sinon tous ceux qui, comme moi, ont été enrôlés malgré eux suivront son exemple. Nous sommes tous réduits à vivre à la lettre le slogan : « marche ou crève ».

Le camarade qui avait monté sa pizzeria au Vietnam vient d'être arrêté pour une sombre affaire de trafic de drogue, condamné à une peine de vingt et un ans de détention. Lui et moi avons en commun de n'avoir jamais pris de drogue, pas même un joint. Nous avons l'un comme l'autre un réel dégoût pour ces substances. De plus, il m'avait lui-même expliqué que ses affaires de pizzas suffisaient largement à le faire vivre. En conséquence, comment puis-je admettre qu'il trafiquait ? J'en fais part à Ouri. Il me répond que les prisons sont pleines d'innocents à qui ça fait une belle jambe d'être innocent. Je peux me le tenir pour dit.

Ouri prétend qu'il me soutient parce que mon caractère l'amuse et que j'ai bénéficié plusieurs fois d'une chance inouïe. Mais il persiste à considérer que je dois demeurer un cas isolé, que mes méthodes ne peuvent être généralisées et que mes conceptions en matière d'entraînement ne passeront ni dans l'unité, ni au niveau politique, ni, selon lui, au niveau du terrain parce que les types en face vont commencer à comprendre leurs failles et qu'il sera, en conséquence, de plus en plus difficile de s'en sortir. La seule solution : que j'en prenne mon parti, que je mette le plus de chances possible de mon côté et que j'essaie de m'arranger une vie un peu douce le reste du temps. À l'en croire, je n'ai plus que trois ou quatre ans à tenir...

La seule bonne nouvelle que j'enregistre, c'est que je ne mettrai plus les pieds sur les lieux de mes précédentes missions. J'y suis trop connue. La mauvaise, c'est qu'ils m'envoient où c'est pas mieux, où c'est plus loin, où je connais peu ou mal le terrain, voire pas du tout. Inutile de perdre du temps, ils m'envoient en (courte) reconnaissance ce week-end. Ils espèrent que ça me changera les idées.

Je sors de cette conversation au trente-sixième dessous. Puis je me dis que je vais réussir à m'en tirer. J'oscille entre la déprime et la confiance en un avenir ensoleillé. Le second fait des journées plus faciles à vivre, alors cultivons le second ! Parfois, j'analyse ma situation avec le recul du chercheur et je me demande comment je vais m'en sortir. Dans ces moments, le défi me semble même intéressant. J'ai dit adieu depuis longtemps à toute vie privée, j'ai aussi perdu ma santé. Maintenant je n'ai plus rien à perdre.

Les mois passent. Une fois de plus, Ouri m'intercepte au moment où je m'attends le moins à le voir. Je sursaute.

— Alors, dit-il d'une voix qui se veut joviale sans réussir à l'être, ce travail ? Il avance ? Quand pars-tu ?

— Pas fini...

— Il faut finir. Tu pars quand ?

— Quand j'aurai fini.

— Entendu, approuve-t-il, finis et pars. Fais attention à toi au retour.

— Comment ? Que veux-tu dire ?

— Ce que j'ai dit.

— Tu connais des motifs de faire attention que je ne connaîtrais pas ?

— J'ai simplement peur que tu ne sois pas assez sur tes gardes, que tu relâches ta prudence. Ce n'est pas le moment. Tes rêves de départ ne plaisent pas à tout le monde.

— Je dois faire attention à quelque chose en particulier ?

— Suis juste mes conseils, ne relâche pas ta vigilance, même avec les personnes de confiance. Surveille par-dessus *ton épaule gauche.*

— Mon épaule gauche ? *Ma pitom,* mon épaule gauche ?

— J'ai dit.

— Pourquoi me préviens-tu ?

— Penses-tu que je puisse tirer un trait sur huit ans de travail avec toi ? me demande-t-il avec un sourire inhabituel.

Oui, je le pense, mais je me garde bien de le manifester. Je l'interroge plutôt.

— Parce qu'« ils » veulent tirer un trait ?

— Finis rapidement ton travail, coupe-t-il sobrement, mettant fin à la discussion.

Il repart comme il est venu, me laissant une sourde inquiétude et très peu d'indices. Qu'a-t-il voulu dire avec cette histoire d'épaule gauche ?

C'est vrai, j'ai pris la décision de partir et de les laisser en plan, tout simplement. Mon contrat prend fin, je sais que ça ne signifie pas pour autant que je suis « dégagée de mes obligations » ni qu'ils accepteront mon départ, mais je ne reviendrai pas sur ma décision. De leur côté, cela pose un problème. Ils ne peuvent accepter mon départ sans réagir. S'ils m'ordonnent de rester et que je pars quand même, ils perdent toute autorité, ce qui est mauvais pour leur direction des ressources humaines. En outre, ce n'est pas vraiment le genre d'emploi que l'on peut mener efficacement avec la contrainte pour seul mobile. Si je n'ai plus la foi, il faut bien me trouver une porte de sortie. Ma mauvaise santé pourrait en être une, mais il se trouve qu'ils la voient plutôt comme une raison de brûler mes dernières cartouches dans une bataille épique. À force de ne pas arriver à nous mettre d'accord, j'ai décidé de prendre l'initiative du départ, sans tambour ni trompette, de façon à ce qu'ils ne perdent pas la face, en espérant qu'ils laisseront faire, tout simplement, par une sorte de laxisme, en laissant pourrir la situation, comme on le fait pour tout par ici.

Maintenant, si Ouri me prévient de la sorte, il faudrait peut-être revoir ma stratégie. D'un autre côté, j'ai tellement peu confiance en lui que je douterais de ses paroles même s'il me disait simplement qu'il fait sombre pendant la nuit.

Je finis mon travail et repars donc comme prévu, en février 2001, pour ce que je veux être ma dernière mission. Elle se déroule difficilement. Prise dans des échanges de tirs, je suis légèrement blessée à la tête et au bras. Je reste inconsciente une journée entière. Quand je me réveille, je suis partiellement amnésique. Les lieux, les dates se mélangent dans ma tête, sans liens ni points de repère. Impossible de savoir où je suis, ce que j'y fais, où je suis censée me diriger à présent. Des habitants m'hébergent quelques jours, m'expliquent que je suis au Liban. Je sens que je dois partir, et pourtant j'ai presque envie de rester. Une voix me conseille de ne pas rentrer en Israël, comme si j'allais m'y trouver en danger. Dans ce cas, où aller ?

À l'aéroport, je retrouve comme un automate la consigne qui contient des passeports, de l'argent et des médicaments. Sans réfléchir, je fais le vide et prends un billet pour Athènes. Comme par réflexe. D'Athènes je repars pour Istanbul. Mon instinct me conseille de rentrer en France. Je prends encore un billet pour Paris. Je n'aurai plus assez d'argent pour aller ailleurs. Je verrai bien. Quelques souvenirs reviennent par bribes, une angoisse inexplicable me submerge. Je me sens en danger sans pouvoir expliquer ni à cause de qui ni pourquoi.

Dans les salles d'embarquement, j'essaie de me détendre en buvant un café lorsqu'un camarade surgit à mon côté. Je le reconnais, il a travaillé sous mes ordres un temps. Enfin une vision familière, un souvenir réel auquel me raccrocher. Je l'accueille avec un grand sourire.

— Que fais-tu ici ? lui demandé-je.

— Je pars « travailler », répond-il avec entrain. Et toi ?

— Je rentre... je crois...

— Tu crois ? Comment, tu crois ? Tout s'est bien passé ?

— Je crois...

Je remarque qu'il porte son bras gauche en écharpe.

— Tu es blessé ?

— Ce n'est pas grave. Qu'as-tu au front ?

Je ne sais pourquoi, je n'arrive pas à me confier. Il ne me pose plus de questions, me parle de sa famille, de ses projets. Nous passons un bon moment. Quand vient pour moi l'heure d'embarquer, il tient à m'accompagner au guichet.

J'écoute son babillage tout en prenant place dans la file d'attente. Des souvenirs reviennent par vagues incontrôlées. Brusquement, il me semble entendre Ouri. « Fais attention à toi... J'ai peur que tu relâches ta surveillance avec les personnes en qui tu as trop confiance... Regarde par-dessus ton épaule gauche. » Pourquoi spécifiquement l'épaule gauche, comme s'il était certain que l'attaque viendrait de ce côté ? D'autres souvenirs remontent, le Krav Maga, ses méthodes d'attaque par le chemin le plus court. Pour m'avoir parlé ainsi, Ouri devait connaître l'agresseur et savoir qu'il ne peut m'atteindre qu'en agissant de sa droite. Mais comment diable...

La réponse vient enfin, lumineuse comme un éclair. Il ne peut attaquer ainsi que *s'il est blessé au bras gauche !* L'image du bras en écharpe de mon camarade surgit au même moment. Je me retourne vers lui, mon bras en protection façon Krav Maga repousse le sien au moment où il allait me planter une micro-seringue. Me trahir de la sorte, après toutes ces années passées à travailler ensemble, je n'arrive pas à y croire ! Son visage exprime subitement une peur panique.

— S'il te plaît, *Hadag*, j'ai trois enfants..., me lance-t-il dans un souffle.

Je fais un grand sourire pour les caméras de surveillance et ne pas affoler nos voisins, tout en retournant implacablement la seringue contre lui.

— Il fallait y penser plus tôt et ne pas faire passer ton avancement avant la loyauté. Je n'ai pas le choix.

La seringue est vidée. Je la mets dans ma poche et je fais sauter l'aiguille d'un coup d'ongle. Elle est à peine plus épaisse qu'une grosse punaise. Je m'en débarrasserai dans une poubelle une fois en France.

Je tends mon billet à l'hôtesse et je fais un grand au revoir à mon camarade figé par le malaise qui l'envahit. Depuis le car qui nous emmène à l'avion, je le vois s'écrouler. Toutes les apparences d'une crise cardiaque. Le personnel se précipite pour l'aider. Pour lui, je le sais, c'est fini.

Je n'éprouve aucun regret. La seule manière d'éviter que ce scénario ne se reproduise est de me montrer plus impitoyable qu'eux. Bien sûr, dans le fond, j'en suis malade. Le conditionnement prend alors le dessus. Il y a un sens à tout cela, je ne dois pas oublier la raison d'être première de ces combats : sauver des vies. À commencer par la mienne, pour une fois.

1ᵉʳ MARS 2001 : ATTENTAT SUICIDE À LA BOMBE DANS UNE STATION DE TAXIS DESSERVANT LA LIGNE TEl-AVIV-TIBÉRIADE, À LA JONCTION MEI AMI. UN MORT, NEUF BLESSÉS.

4 MARS 2001 : ATTENTAT SUICIDE À LA BOMBE À NETANYA. TROIS MORTS, SOIXANTE BLESSÉS. REVENDIQUÉ PAR LE HAMAS.

18 MAI 2001 : ATTENTAT SUICIDE À LA BOMBE À NETANYA. CINQ MORTS, UNE CENTAINE DE BLESSÉS. REVENDIQUÉ PAR LE HAMAS.

21 MAI 2001 : LE RAPPORT FINAL DE LA COMMISSION MITCHELL APPELLE À L'ARRÊT DES VIOLENCES.

1ᵉʳ JUIN 2001 : ATTENTAT SUICIDE À LA BOMBE À LA DISCOTHÈQUE DOLPHINARIUM DE TEL-AVIV. VINGT ET UN MORTS, PLUS DE CENT VINGT BLESSÉS.

16 JUILLET 2001 : ATTENTAT SUICIDE À LA BOMBE À UN ARRÊT DE BUS PRÈS DE LA GARE DE BINYAMINA, À MI-CHEMIN ENTRE HAÏFA ET TEL-AVIV. DEUX MORTS, ONZE BLESSÉS. REVENDIQUÉ PAR LE JIHAD ISLAMIQUE.

9 AOÛT 2001 : ATTENTAT SUICIDE À LA BOMBE À LA PIZZERIA SBARRO À L'ANGLE DES RUES KING-GEORGE ET JAFFA, AU CENTRE DE JÉRUSALEM. QUINZE MORTS, PLUS DE CENT CINQUANTE BLES-SÉS. REVENDIQUÉ PAR LE HAMAS ET LE JIHAD ISLA-MIQUE.

27 AOÛT 2001 : ABOU ALI MOUSTAPHA, CHEF DU FPLP ET SUCCESSEUR DE GEORGES HABACHE, EST TUÉ D'UN TIR DE MISSILE LANCÉ PAR UN HÉLICOPTÈRE ISRAÉLIEN À TRAVERS LA FENÊTRE DE SON BUREAU DE RAMALLAH.

Se reconvertir, certes, mais comment ? Pour obtenir un poste de responsable en sécurité informatique en Europe, je dois fournir un diplôme supérieur au mien. J'ai beau expliquer que j'ai plus de dix ans d'expérience et de solides connaissances de « terrain », c'est peine perdue. D'autant que la plupart des entretiens ont lieu avec des chargés de recrutement qui ne connaissent rien à la technologie. Ce qui leur importe, c'est l'image de leur entreprise et par conséquent la mienne. Or, en image, je ne vaux pas grand-chose.

Je cherche ce que je sais faire d'autre. Il serait peut-être possible d'intégrer une société de sécurité. Le premier entretien est un échec. Là encore, j'ai du mal à justifier de mon expérience. *Exit* aussi cette solution.

Je réfléchis. En dehors de l'informatique, je sais parler l'arabe, me servir d'un couteau et d'une arme à feu, m'introduire discrètement dans différents lieux où je ne suis pas censée mettre les pieds, me promener dans le désert, conduire sans me faire suivre, tuer rapidement. En y réfléchissant, je ferais plutôt un bon mercenaire. Mais à quoi bon quitter ce « métier » si c'est pour faire la même chose pour de mauvaises raisons ?

Vient le temps de l'épluchage des petites annonces des journaux. À force de répondre à tout ce qui se présente, je

306

trouve un boulot de caissière dans un magasin de luminaires. Une façon comme une autre de se reposer tout en gagnant sa vie. Après tout, c'est agréable de travailler entourée de belles choses. Pendant deux mois, je tiens la caisse et j'emballe des ampoules.

Même dans ce genre de planques, le passé peut ressurgir. Un matin, une vieille dame, genre bonne grand-mère BCBG, entre dans le magasin et me dit qu'elle a un message personnel. Déjà je n'aime pas les gens qui m'envoient des messages indirectement, je suis donc méfiante. Elle prononce ces mots que je ne pourrai jamais oublier :

— Mon ami m'a dit de vous dire ceci : « Il y a des poissons dans le magasin de luminaires et vous êtes au courant. L'un d'entre eux a coulé et il ne remonte plus à la surface. Il ne remonte plus et il ne remontera plus. C'est le poisson bleu. Il y en a d'autres, des oranges, des verts, qui nagent toujours et qui remontent à la surface. Mais le poisson bleu, il est coulé. » Il a dit que vous comprendriez.

Que penser ? Je n'arrive pas à y croire, je crains que mon imagination n'ait déformé ses paroles. Je lui demande de répéter.

— Je vous demande pardon, *qui* vous a dit de me dire *quoi* ?

— Un monsieur qui passera lui-même vous voir et qui ramènera ce qui reste du poisson, réplique-t-elle.

Elle sort du magasin sans une explication supplémentaire. Je passe la matinée dans une rogne noire. Vers midi, un homme me demande. J'empoigne mon couteau que je garde toujours dans ma poche, prête à le planter, lorsqu'il me dit :

— J'ai acheté un luminaire la semaine dernière. Un tube d'ambiance, un cylindre rempli d'eau distillée qui fait des bulles éclairées de toutes les couleurs dans lequel nagent des petits poissons. L'un d'entre eux a coulé et ne remonte plus à la surface.

Il pose sur le comptoir un petit poisson de plastique bleu de cinq centimètres.

— Le voilà. Pouvez-vous me le changer ?

J'ai changé le petit poisson bleu.

Grand, mince, élancé, la peau mate, les traits fins et racés, Erez le Yéménite semble sorti d'une autre époque, celle où les chips, sodas et fast-foods n'existaient pas. Il respire la santé et l'égoïsme. J'admire les hommes égoïstes car ils ont une façon efficace de prendre soin d'eux-mêmes. J'aimerais apprendre à en faire autant. Charmeur jusqu'au bout de ses longs doigts, modulant les effets de sa voix grave, dans ses yeux dansent des reflets verts, gris, dorés et marron avec, ici et là, des passages presque translucides. L'œil gauche est plus clair que le droit. De ces yeux que l'on peut observer pendant des heures sans avoir jamais fini de les sonder, ni pouvoir en dissocier les couleurs tant elles sont nombreuses, mêlées et toujours changeantes. Nous avons souvent travaillé ensemble et nous avons une réelle admiration l'un pour l'autre. Nous devons néanmoins nous en tenir à de stricts rapports professionnels et c'est ce que nous faisons.

Évidemment, à partir du moment où je quitte l'unité, plus rien ne l'empêche d'en profiter pour m'apporter un peu de réconfort.

Il lui est difficile de justifier sa présence dans les mêmes eaux que le Poisson. Méfiants, et redoutant par-dessus tout un effet de contagion, ses supérieurs décident de l'envoyer en mission « longue durée » à l'autre bout du monde pour trois ans minimum.

Le voici donc parti au pays des golfeurs. Je lui ai narré ma propre expérience et suggéré de prendre des cours de Krav Maga. Erez n'est pas d'accord. Il ne tient pas à m'imiter. Il préfère suivre la « ligne officielle », bénéficier de bons états de service, monter en grade, cumuler des points de retraite. J'insiste, nous échangeons nos points de vue par le biais d'un ami qui fait la navette entre nous. Pour ce dernier, ces « lettres » représentent trois jours de voyage par courrier porté. Il ne rechigne pas à la tâche car il croit à son importance. Il sait qu'une décision d'action dans ces coins-là peut faire la différence entre vivre et mourir.

Une dizaine de jours après notre dernier échange d'idées, véritable dialogue de sourds par correspondance, Erez se heurtera à une voiture arrêtée en travers de la route, comme moi deux ans auparavant. Il avait lu mon compte rendu, nous en avions parlé longuement. Il a préféré faire le contraire de ce que je lui disais, suivre les directives de nos chers supérieurs, calmer le jeu, adopter la fameuse « attitude passive ».

Un de « mes » mendiants l'a retrouvé étendu, inconscient, dans une décharge en périphérie de la ville. Il l'a fait porter chez un médecin et m'a alertée. Il ne sait pas que je ne suis plus dans la course. Le médecin a diagnostiqué de multiples fractures, des hémorragies internes, une hémorragie cérébrale. Dépourvu de matériel, il s'est borné à lui faire une injection de morphine.

Au même moment, à des milliers de kilomètres de là, une petite fille rit en jouant à attraper ses pieds, comme le font les bébés de six mois partout à travers le monde. Elle a de grands yeux. Je les observe sans m'en lasser. Elle me regarde à son tour avec un petit air espiègle. Sont-ils verts, gris, dorés ou marron ?... Mille reflets dansent dans ces yeux-là, mille couleurs mêlées et toujours changeantes avec, ici et là, des passages presque translucides. Curieusement, l'œil gauche est plus clair que le droit. Elle me sourit. Elle ne sait pas que son père vient de mourir.

11 SEPTEMBRE 2001 : ATTENTATS SUICIDES CONTRE LES ÉTATS-UNIS. DES AVIONS DE LIGNE DÉTOURNÉS AVEC LEURS PASSAGERS PERCUTENT LES DEUX TOURS DU WORLD TRADE CENTER DE NEW YORK PROVOQUANT LEUR EFFONDREMENT ET FAISANT PLUS DE DEUX MILLE HUIT CENTS MORTS. À WASHINGTON, LE PENTAGONE EST PARTIELLEMENT DÉTRUIT PAR L'ÉCRASEMENT D'UN TROISIÈME AVION, TANDIS QU'UN QUATRIÈME S'ABAT PRÈS DE PITTSBURGH, EN PENNSYLVANIE.

Mi-août 2001, je trouve un emploi « alimentaire » à la *hotline,* support technique téléphonique, d'un fournisseur d'accès Internet à Paris. Le 11 septembre, je travaille devant mon ordinateur, enchaînant les appels des clients. Au milieu de l'après-midi je reçois un e-mail sibyllin de notre superviseur : « Regardez les infos. » Je l'ignore purement et simplement. Je n'aime pas être déconcentrée pendant que je travaille, ni regarder les nouvelles. Je crains les annonces d'attentat, je sais que chaque fois je suis émue et c'est bien la dernière chose dont j'aie besoin en ce moment. Dans la grande salle où je me trouve, nous sommes une quarantaine installés côte à côte. Un mouvement d'attroupement se forme devant un ordinateur. Je résiste un quart d'heure à la curiosité, puis, comme chacun semble quitter son poste, je décide d'aller voir. Sur l'écran, les images d'un immeuble en flammes. Les commentaires fusent. Certains parlent de terrorisme. D'autres rétorquent que rien n'indique que ce soit l'œuvre de Palestiniens. La scène me dépasse. De toute façon, je n'ai aucune confiance dans les images issues d'Internet, métier oblige. Je les prends pour une « intox » et je retourne travailler. Un collègue m'interpelle, surexcité :

— Tu as vu ? Un avion a percuté une tour !

Je réplique avec mauvaise humeur par un flot de questions :

— Où ? Quand ? Quel avion ? Qui en avait le contrôle ?

— Je ne sais pas, répond mon collègue, visiblement indifférent à ce genre de « détails ».

— Tant que je n'ai pas les réponses, cette histoire ne m'intéresse pas. Encore un canular.

— Pas du tout, proteste-t-il. Regarde sur le Web, c'est en direct sur CNN !

— Leur site a peut-être été piraté. Nous verrons aux actualités télévisées, dis-je en coupant court à la conversation.

Je retourne travailler. Un vent de panique souffle dans les bureaux. Les débats commencent. C'est bien ce que je craignais : émotivité et baisse de rendement. Je grogne en m'efforçant de m'isoler de l'émotion générale. Une pluie d'e-mails arrive dans ma boîte aux lettres électronique. Excédée, je m'apprête à renvoyer des réponses plutôt sèches quand je m'aperçois que notre propre serveur ne répond plus.

— Que se passe-t-il maintenant ? demandé-je. Impossible d'envoyer un courrier !

— L'Internet est saturé, me répond notre responsable.

— Malin ! Ce n'est quand même pas cette mauvaise farce qui a réussi à saturer notre serveur ?

— Quelle farce ? Qui parle de notre serveur ? La saturation est planétaire. Quant aux lignes téléphoniques, je ne t'en parle pas, impossible d'avoir New York.

— New York ?

— Les *Twin Towers* ! Tu n'as pas vu ? Émerge de temps en temps ! Tu n'as pas lu mon e-mail ?

— Ce n'est pas un canular ?

— Non, malheureusement, soupire-t-il. Viens voir.

Je le suis à contrecœur. Sur son ordinateur, il me montre

les images des nouvelles qu'il a enregistrées pour éviter les délais d'attentes liés au réseau saturé.

— Tu vois ? C'est une tour qui s'écroule, commente-t-il.

Certes, mais je n'arrive pas à m'en convaincre. Pour moi cela reste des images Internet, donc susceptibles d'être falsifiées. De retour à mon poste, je lance quelques requêtes sur les principaux serveurs, submergés par des envois massifs de courrier électronique venant du monde entier. Impossible de consulter les nouvelles, leurs sites sont eux aussi saturés. Les clients commencent à téléphoner pour se plaindre. Voilà qui est pour moi autrement plus convaincant.

Je quitte le travail à dix heures passées. Les rues, les couloirs du métro sont déserts. Ce vide est impressionnant. Dans les logis, toutes les télévisions sont allumées. Une fois rentrée, je me poste, comme les autres, devant l'écran.

Je garde un sentiment d'incrédulité face à ces attaques. Une telle coordination, une si grande précision, un secret aussi bien gardé... tout cela porte la marque de professionnels. Je connais bien les islamistes, ils travaillent au coup par coup et sont incapables de mener un tel projet à long terme.

Finalement, la curiosité est plus forte que la raison : je décide de reprendre brièvement contact avec Doron, un de mes anciens collègues. Il m'invite à lui rendre visite à Londres, le temps d'un week-end. Dans son appartement, je retrouve deux autres camarades, Zac et Amos. L'atmosphère est tendue, j'essaie d'ouvrir le débat.

— C'est quoi cette histoire d'Al-Qaida ?

— « La base » ? C'est n'importe quoi ! réplique Doron. Les Américains ont trouvé cette appellation euphémique et l'ont érigée comme nom de toute l'organisation. Tu sais comment ils s'autorassurent en nommant tout. C'est leur méthode. Souviens-toi quand ils ont effectué ce « stage » avec nous : ils passaient leur temps à appeler « Bobby » le premier gosse qui les effrayait.

— Ce n'est pas du travail arabe, assuré-je. Je connais mon métier, il n'y a personne chez eux qui réunisse l'expérience, l'extrême rigueur, le cerveau, les connaissances, les appuis pour monter ce coup. En plus, il en faudrait plusieurs de cette trempe.

— C'est pourtant ce qu'ils prétendent, rétorque Amos.

Je me rends compte qu'il ne me dit pas tout. Dans le fond, je trouve cela plutôt normal, vu ma situation actuelle de « paria ». Il n'empêche, je continue mon raisonnement.

— Qu'en savent-ils ? Ils n'ont jamais vu un Arabe « travailler », de toute façon. Les Américains peuvent parler de leurs camps d'entraînement, ils n'y ont jamais mis les pieds, moi si. Les formations qui y sont dispensées ne préparent pas à ce niveau d'action. Ces lieutenants dans leur grotte afghane... non, vraiment, je n'y crois pas. Quant aux fameux pays « soutiens », ils sont surveillés par toute la planète depuis des lustres. Bien sûr, nous loupons de temps en temps un fou furieux qui se fait sauter dans un centre commercial, mais parallèlement, nous en court-circuitons des centaines.

Je les interroge du regard. Ils restent sur la réserve. J'interroge de nouveau :

— Pourquoi monter pendant des années un coup pareil quand ils pouvaient bien plus facilement détourner un avion et le jeter sur New York au hasard ? Voilà qui leur ressemblerait plus : martyr et bourrin. Côté terreur, le résultat serait identique. Pourquoi ce symbole des *Twin Towers* ? Ce n'est ni leur culture ni leur stratégie.

Amos regarde au loin. Zac se gratte la tête. Doron remue inlassablement une cuillère dans sa tasse de thé non sucré. Je soupire.

313

— Je n'ai pas les réponses, seulement des questions. Trop de questions pour dormir tranquille.

En sa qualité d'hôte, Doron se décide à faire l'effort de me répondre.

— Tu as remarqué la beauté technique de cette opération. Bien minutée, bien montée, secret impeccable. L'œuvre d'un réseau de terroristes ? Tu imagines le boulot de tenir des agents en planque pendant des années sans que rien ne filtre, les sélectionner, les soutenir psychologiquement, leur fournir la couverture nécessaire, échapper à tous les services de renseignement... Une simple question d'argent ? Non. En plus, tu l'as dit, ce n'est pas dans la mentalité arabe de faire un doublé aussi précis.

Je secoue la tête et renchéris :

— Une histoire de cette envergure ne peut se monter sans être connue.

— Ils ont rappelé Zac, m'annonce Amos à brûle-pourpoint en appuyant ses mots d'une bourrade sur l'épaule de son ami.

— Il a fini sa dépression paranoïaque ? ironisé-je.

Amos me jette un regard noir et fatigué. J'ai la désagréable impression d'être à côté de la plaque et j'ai honte de ma plaisanterie peu subtile. Pour Zac, ce rappel a des accents de triomphe. Fidèle à sa fougue légendaire, il se lance dans un discours passionné et déverse d'une traite ce qu'il a sur le cœur. La glace est brisée, la discussion s'engage. Forts de nos années d'expérience de terrain, nous échangeons maintenant nos points de vue sur cette affaire en toute liberté.

— La première chose est d'arrêter de prendre des gens intelligents pour des cons et des cons finis pour des gens intelligents, déclare Zac. À partir de là, nous pouvons commencer à comprendre comment ça marche.

— Concentrons-nous sur la faisabilité technique, l'interrompt Doron dont c'est la spécialité. C'est du travail de professionnels, et il n'y en a pas trente-six capables de monter ça. C'est très joli ces méchants pilotes arabes formés avec deux cours et des jeux de *flight simulator*! Mais à l'heure de la technologie, tu penses vraiment qu'un type va prendre le manche et piloter ainsi un Boeing? « Je regarde dans le rétro, un coup d'œil par le hublot, je suis le cours de la rivière... une chance, la visibilité est bonne... encore un chouia plus à droite... *Inch Allah*, vole tout droit maintenant, ça passe! »

— Les trajectoires des avions n'ont montré aucune hésitation ni la moindre correction. Impeccables dès le début du détournement alors que les tours sont encore hors de vue, renchérit Amos en hochant la tête. Preuve s'il en est besoin que le pilotage automatique existe encore sur ces appareils. C'est le travail de quelqu'un qui avait seulement besoin des coordonnées d'une cible précise, probablement transmises cryptées de façon à éviter les fuites et à ce que personne ne sache où aurait lieu l'attentat. Dans ces conditions, oui, ça se tient.

Doron continue son analyse technique :

— D'après ce que nous savons, le transbordeur a été mis HS dès la prise de contrôle. Autrement dit, plus de repérage de l'avion par rapport au système de guidage américain. L'avion ne cale plus sa route sur leurs transmissions de données. Or, un avion se positionne grâce aux données satellitaires couplées avec un système inertiel. Il est impossible de diriger un engin pareil au mètre près sans indication, ni de position, ni d'altitude, ni de trajectoire, ni correction barométrique, etc. Des as, les pilotes ? Ben voyons !

Je comprends son raisonnement. Si la liaison est coupée, la plupart des outils de bord sont hors-service.

— Je ne serai pas tranquille tant qu'on ne m'aura pas assuré qu'ils n'ont pas basculé sur Glonass, énonce lentement Zac de sa voix grave.

— Le système de positionnement russe ? Tu es fou ?

Je me mords les lèvres. Je viens soudain de comprendre le message qu'Amos voulait me faire passer en m'annonçant la réhabilitation de Zac. C'est lui qui est le plus au courant du dossier russe.

— Le seul système inertiel n'est pas assez précis pour ce genre de prouesse, continue Doron. Ils ont forcément utilisé un positionnement satellitaire. Il existe deux réseaux de satellites suffisamment denses. Le GPS américain et le Glonass russe. Les Américains nous disent que les terroristes ont coupé la liaison GPS, alors comment se sont-ils dirigés ? Il est possible de savoir si quelqu'un a interrogé les satellites, mais évidemment ces infos ne sont pas diffusées. Ensuite, tu sais comme moi qu'il existe deux systèmes, l'un civil et l'autre militaire. Pour être précis au mètre près comme ils l'ont été pour fracasser ces tours, il fallait utiliser la fréquence militaire.

— Mais pour cela, il faut avoir les codes....

— Exactement, approuve Amos. Ils doivent être *fournis*. Ils ne se trouvent pas par hasard, comme un passeport intact sur des ruines fumantes.

— En suivant ce schéma, un stage de formation standard suffit pour paramétrer une route sur l'ordinateur de bord, cette fois nous sommes d'accord, admet Doron. De plus, procéder de cette façon permet de garantir le secret de l'opération : les coordonnées de la cible sont fournies au dernier moment, sous forme cryptée, les types n'ont même pas à savoir ce qu'ils visent.

Cette fois, Zac prend la parole. Il commence son exposé, s'enthousiasmant comme à son habitude :

— Chaque fois que nous sommes sur le terrain, qui trouvons-nous en face de nous, derrière des brutes épaisses manipulées, armées et formées ? Qui a été le principal support des pays arabes pendant les guerres contre Israël ? Qui essaie de revenir après la dégringolade de son empire ? Qui fournit en masse armes et matériel à la Syrie malgré nos efforts pour dénoncer ce « commerce » et leur couper les financements de l'Union européenne ? Qui a réarmé massivement l'Iran, en développant un programme nucléaire de grande envergure, sans que les États-Unis n'osent dire un mot ? Qui s'est fait humilier en Afghanistan par la CIA et ne l'a jamais digéré ? Qui veut récupérer un passage vers le golfe Persique ? Qui a connu une crise énergétique grave et a besoin de réorganiser ses pipelines qui traversent actuellement trente-six mille frontières différentes, dont plusieurs pays en guerre à cause de terroristes islamistes ? Qui essaie d'y faire le « nettoyage » dans la réprobation générale — faiblement exprimée — et sans y arriver malgré les massacres et tortures généralisés ? Qui souhaite que la communauté internationale ferme sa gueule, voire lui donne un coup de main généreux ? Qui n'a pas supporté d'être ridiculisé quand le *Koursk* a coulé sans pouvoir le repêcher tout seul ?

Nous l'écoutons sans l'interrompre. Je reste incrédule.

— Et surtout, poursuit Zac, qui a des plans d'attaques de ce style plein ses placards, consciencieusement élaborés pendant des années ? Qui a des services secrets suffisamment costauds pour gérer tout ça sans qu'on y mette le nez ? Qui a le cran — ou la folie — de lancer une opération pareille ? N'oublions pas que Poutine a prévenu les Américains deux jours avant l'attaque de ce qui risquait de leur arriver, c'est son alibi, mais donc, ses services étaient au courant alors que le reste du monde l'ignorait... étrange non ? Sans parler de l'assassinat du commandant Massoud également deux jours plus tôt. Rappelons-nous notre devise : il n'existe aucune coïncidence.

— Si cela s'est passé ainsi, grommelle Amos, les États-Unis ne pourront jamais le reconnaître. Le révéler conduirait à une guerre mondiale. Ce n'est pas le but.

— Non, en effet, approuve Zac. Le but est de créer un

« phénomène Pearl Harbor » : les faire entrer en guerre contre les terroristes qui ont leurs bases en Afghanistan et alimentent la lutte en Tchétchénie. Le mouvement islamiste d'Ouzbékistan est lui aussi basé en Afghanistan. Les Russes ne peuvent plus mettre un pied là-bas, mais les Américains, si. Ils pourront faire leur sale boulot. Ils vont même courir, il suffit de leur expliquer que cette attaque vient des méchants islamistes, ce qui est en partie vrai. Sauf qu'ils en sont incapables seuls, mais c'est un détail. C'est Ben Laden. Génial, il n'y a plus qu'à le bousiller, c'est une explication simple et rationnelle. Des preuves ? Comme toujours, les Américains en font trop, habitués à leurs concitoyens qui sont bon public. Et je te parie qu'on ne retrouvera jamais Ben Laden. Une fois de plus, l'aveuglement des Occidentaux est au centre du problème, poursuit Zac sur sa lancée. Penser qu'un type qui a été formé comme nous le savons, qui a vécu toute sa vie dans l'univers du KGB, qui a tellement peu de libre arbitre dans son cerveau lessivé qu'il ne doit même pas pouvoir changer de chaîne sans raison politique quand il regarde la télé, qui continue des recherches en armement et torture ouvertement, soit subitement devenu un ange bâtisseur de démocratie ? Même erreur en ce qui concerne ce chef terroriste devenu prix Nobel de la paix du jour au lendemain. Les gens changent ? Bien sûr ! Prenez-nous pour des cons, on en redemande

— Bien, Zac, ça suffit, interrompt Amos. Calme-toi.

— Cette hypothèse a des implications telles qu'il vaudrait mieux que vous vérifiiez deux ou trois choses avant, demandé-je, un peu sonnée par ses propos.

Le 5 octobre, la nouvelle tombe comme un couperet : le Tupolev 154 de la compagnie russe Sibir Airlines reliant Tel-

Aviv à Novossibirsk, a explosé en vol puis plongé dans la mer Noire au large d'Adler, ville côtière de la Russie avec à son bord soixante-dix passagers israéliens, des nouveaux immigrants juifs d'origine russo-sibérienne qui retournaient rendre visite à leur famille, un directeur de l'Agence juive et des collègues qui, justement, voulaient « vérifier deux ou trois choses ». Zac était parmi eux.

Le président russe Vladimir Poutine prend aussitôt le téléphone pour assurer Ariel Sharon de son soutien dans cette épreuve. Il l'assure que tout sera fait pour éclaircir ce drame. Selon lui, l'enquête doit suivre la piste de ses bêtes noires, les islamistes tchétchènes. « Un avion civil s'est écrasé aujourd'hui et il est possible que ce soit le résultat d'un acte terroriste », déclare-t-il devant plusieurs ministres européens de la Justice en visite à Moscou.

Le premier à parler d'un tir de missile est un pilote arménien témoin de la scène. Au milieu des démentis et des contradictions, les Américains confirment que l'avion a été abattu par un missile ukrainien. Leurs satellites ont repéré la chaleur de son lancer. Les États-Unis ont des moniteurs répartis sur la planète dont la fonction est justement d'espionner les exercices militaires afin de surveiller l'évolution des technologies adverses. C'est donc bien un tir de missile. On commence par parler d'un simple « petit missile d'exercice ». Incohérence. On pointe alors du doigt le SA-5 soviétique, l'un des plus redoutables missiles sol-air de leur arsenal. Démenti immédiat de l'Ukraine. Leur ministre de la Défense explique que les missiles utilisés pour les exercices sont équipés de mécanismes d'autodestruction pour le cas où ils dévieraient de leur trajectoire prévue. C'est exact. Puisque, justement, il ne s'est pas autodétruit, une seule conclusion s'impose.

Une équipe de secours et d'enquête israélienne se rend sur place, solidement encadrée, pardon, épaulée par une équipe russe. Deux jours plus tard, aucun journal ne parle plus de cet « accident ». Affaire classée pour les médias occidentaux. Presque aussi vite en Israël. Pour nous, elle est autrement plus difficile à digérer.

— Qui s'en soucie ? commente Amos avec humeur en m'annonçant ces nouvelles. Un avion russe qui tombe en Ukraine, avec des Israéliens immigrants russes à bord, réfugiés de Sibérie, qu'on n'est même pas sûrs qu'ils soient Juifs... Qui va porter plainte ? Pas nous, puisque l'avion et la compagnie sont russes. Poutine se précipite pour appeler Sharon, et Sharon sait très bien de quoi il s'agit.

Il a aidé l'enquête, Poutine. Beaucoup. Un peu trop d'ailleurs. Pas de chance pour la version terroriste avec cet Arménien qui n'a pas appris à fermer sa gueule, et les États-Unis qui redécouvrent qu'ils ont des satellites eux aussi. Pourtant, que n'a-t-on pas entendu comme explication : le tir aurait eu lieu deux cents kilomètres plus loin — comme si les satellites américains identifiaient une trajectoire de missile avec une erreur de plus de deux cents kilomètres —, il s'agissait d'un missile d'exercice — sûr, c'est comme une balle à blanc, ça se confond si facilement avec une balle réelle —, ou alors tout simplement un accident : son système de pilotage déraillait, le mécanisme d'autodestruction ne fonctionnait plus..., la rouille sûrement. Non, mieux encore : une panne électrique. Il y a tout le temps des coupures de courant intempestives en Ukraine, dues aux équipements vétustes. Méfiez-vous si vous survolez ce pays, des coupures de courant provoquent des tirs de missiles accidentels.

Je retourne voir Doron et je l'interroge sur l'avancée de la situation :

— Alors ? *Ma osim*[1] ?

— On s'écrase, réplique-t-il. Le message est clair. Que

---

1. « Que fait-on ? »

faire de toute façon ? Soit nous jouons l'hypocrisie comme les autres, soit... quoi ? Nous ne pouvons pas faire la guerre contre un monstre pareil. En tout cas, pas en ce moment, ajoute-t-il avec humour, après un temps où il semble perdu dans ses rêves. La seule chose que nous pouvons espérer, c'est bénéficier d'une partie des retombées positives de la lutte contre le terrorisme. Essayer de tenir un pseudo-équilibre et gagner du temps. C'est la seule issue viable.

— Et c'est tout ?

— Oui, me confirme-t-il, le visage grave.

Il se lève pour sortir, je l'imite, assez déprimée. La main sur la poignée de la porte il s'arrête, me regarde, voit ma déception, cherche une parole optimiste. Il sourit avec une grimace un peu cynique en énonçant doucement :

— Nous ouvrirons quand même notre gueule de temps en temps pour faire évoluer les choses... Après tout, c'est un rôle qui nous est traditionnellement attribué, à nous autres, les « moutons noirs » de l'Histoire, termine-t-il avec un clin d'œil à mon intention.

MALGRÉ LE RETRAIT ISRAÉLIEN DU SUD-LIBAN, LE HEZBOLLAH POURSUIT SES ATTAQUES CONTRE LE NORD D'ISRAËL.

4 OCTOBRE 2001 : UN TERRORISTE PALESTINIEN DÉGUISÉ EN PARACHUTISTE ISRAÉLIEN OUVRE LE FEU SUR UNE FOULE DANS LA GARE ROUTIÈRE D'AFULA. TROIS MORTS, TREIZE BLESSÉS. REVENDI-QUÉ PAR LE FATAH.

17 OCTOBRE 2001 : LE MINISTRE ISRAÉLIEN DU TOU-RISME, REHAVAM ZEEVI, EST TUÉ DE DEUX BALLES DANS LA TÊTE DANS UN HÔTEL DE JÉRUSALEM. LE FPLP REVENDIQUE L'ASSASSINAT.

28 OCTOBRE 2001 : DEUX MEMBRES DE LA POLICE PALESTINIENNE OUVRENT LE FEU DEPUIS LEUR VÉHICULE SUR LA FOULE MASSÉE À UN ARRÊT D'AUTOBUS À HADERA. SEPT MORTS, UNE TRENTAINE DE BLESSÉS. ATTENTAT REVENDIQUÉ PAR LE JIHAD ISLAMIQUE.

27 NOVEMBRE 2001 : DEUX TERRORISTES PALESTINIENS DE JÉNINE OUVRENT LE FEU À LA KALACHNIKOV SUR LA FOULE À LA GARE ROUTIÈRE D'AFULA. DEUX MORTS, UNE CINQUANTAINE DE BLESSÉS. ATTENTAT REVENDIQUÉ PAR LE FATAH ET LE JIHAD ISLAMIQUE.

29 NOVEMBRE 2001 : ATTENTAT SUICIDE À LA BOMBE SUR LE BUS 823 DE LA COMPAGNIE EGGED, FAISANT ROUTE DE NAZARETH VERS TEL-AVIV. TROIS MORTS, NEUF BLESSÉS. REVENDIQUÉ PAR LE FATAH ET LE JIHAD ISLAMIQUE.

1ᵉʳ DÉCEMBRE 2001 : DOUBLE ATTENTAT SUICIDE À LA BOMBE RUE BEN-YEHUDA, ZONE PIÉTONNE DE JÉRUSALEM TRÈS FRÉQUENTÉE EN CE SAMEDI SOIR. UNE VOITURE PIÉGÉE EXPLOSE VINGT MINUTES APRÈS LA PREMIÈRE DÉFLAGRATION. ONZE MORTS, PRÈS DE CENT QUATRE-VINGTS BLESSÉS. ATTENTAT REVENDIQUÉ PAR LE HAMAS.

2 DÉCEMBRE 2001 : ATTENTAT SUICIDE À LA BOMBE SUR LE BUS 16 DE LA COMPAGNIE EGGED À HAÏFA JUSTE AVANT MIDI. QUINZE MORTS, QUARANTE BLESSÉS. ATTENTAT REVENDIQUÉ PAR LE HAMAS.

DÉCEMBRE 2001 : ARIEL SHARON RÉFUTE YASSER ARAFAT COMME INTERLOCUTEUR.
EN RÉACTION À CETTE DÉCISION, LA COMMUNAUTÉ INTERNATIONALE CRITIQUE ET APPELLE AU BOYCOTT D'ISRAËL.

Atteindre cette lumière glauque qui se profile dans cette étrange nuit blanche. Je sais que cette lumière à peine discernable, opaque, si froide que les yeux n'ont même pas envie de s'y attacher, de s'y accrocher, que cette lumière peut me ramener à la vie.

Combien de temps s'écoule dans cette immensité figée ? Impossible d'en avoir conscience. Le temps n'existe plus hors de l'espace des formes animées. Lentement la lumière s'intensifie, le brouillard se dissipe, des ombres se dessinent. Le voilà de retour, ce monde qui avait disparu. Est-ce un bien ou un mal ? Il semble toujours aussi distant, aussi inhumain, aussi froid. Pourtant, quelque part, je suis heureuse de retrouver ces formes familières, comme on l'est de rentrer chez soi.

Lentement, ces visions glacées fondent. La lumière se précise. Les objets reprennent vie et chaleur. À présent, je les distingue presque correctement. Seul le corps reste inerte et lourd. J'arrive progressivement à passer quelques ordres au cerveau, à essayer de bouger un doigt, une main, les yeux. Il semble impossible d'y arriver.

Soudain le cœur s'emballe, envoyant un flot de sang brûlant dans ces membres engourdis et paralysés par la peur. Je sens la chaleur les envahir, comme un torrent violent et douloureux.

Un bruit sourd de voix déformée mais bien réelle me parvient faiblement. Je ne suis pas assez réveillée pour y prêter seulement attention.

Petit à petit, je reprends possession de ce corps qui fait entendre sa voix en déployant une énergie formidable dans la souffrance. Ce retour au monde est une renaissance dans la douleur. Tiraillements aigus dans le cœur, élancements lourds dans la tête, poumons oppressés et déchirés, la circulation sanguine reprend ses droits en brûlant chaque pouce de chair sur son passage, comme une irrigation d'acide. À présent, la lumière me brûle les yeux, je comprends que je devrais arrêter de la regarder fixement Seulement, détourner les yeux ou bouger légèrement la tête... Un autre décor s'offre enfin à moi. Le cerveau a réussi à passer cet ordre. Comment cela s'est-il fait ? Je n'en ai pas conscience, j'en suis reconnaissante comme d'une intervention extérieure charitable, une grâce divine. Le calvaire commence à s'apaiser. Le rythme cardiaque devient plus régulier. Cette horrible peur paralysante me quitte peu à peu et me rend l'usage de mes sens. Cette masse inerte et douloureuse redevient « mon » corps.

Je sens une présence près de moi. Oui, je me souviens de ce bruit sourd, déformé : une voix. Sans être confiante je n'ai plus la force de me méfier. Qu'importe si c'est aide ou danger, je préfère ignorer, je m'en remets à Dieu. Mais la vie reprend ses droits et me rappelle les règles de survie. Il faut identifier cette ombre, s'en défendre au besoin, lutter. Ne jamais abandonner.

C'est une prouesse physique et mentale d'ajuster ma vision et d'y faire face. La peur surgit de nouveau, mon cœur bat plus fort encore. Lentement, progressivement, la forme se précise et devient nette. Quel soulagement quand, en fait de menace, je n'identifie qu'un visage amical. Mélange d'un peu de peine, d'un peu de gêne et de beaucoup de réconfort, son sourire et sa voix me fournissent la chaleur qui me manquait pour finir de me ranimer.

Il regarde sa montre.

— Trente-quatre minutes, énonce-t-il en feignant une attitude décontractée. Une crise moyenne.

Je ne ramène rien, je reviens solitaire,
Du bout de ce voyage au-delà des frontières,
Est-il un coin de terre où rien ne se déchire ?
Et que faut-il donc faire, pouvez-vous me le dire ?

S'il faut aller plus loin pour effacer vos larmes,
Et si je pouvais, seule, faire taire les armes,
Je jure que, demain, je reprends l'aventure,
Pour que cessent, à jamais, toutes ces déchirures !

Barbara, *Soleil noir.*

Ce soir, je repars sur la plage. Je ne veux pas m'enfermer dans un appartement, j'ai besoin d'espace, de liberté, d'infini et de vent. La mer est toujours là. Petite tempête, histoire de me reprocher de l'avoir abandonnée si longtemps. Je rêve, elle s'en fiche bien que je sois partie ! J'écoute le bruit sourd et menaçant des vagues dans la nuit en me posant encore et toujours ces mêmes questions : est-elle consciente de mon attachement pour elle ? Me transmet-elle de sa force ? Ou n'est-elle qu'une vaste étendue d'indifférence que j'anime par ma seule imagination ?

327

Pourtant si vous l'écoutez, elle vous racontera l'histoire d'une jeune fille prise dans une étrange organisation. Un jour, les choses ont mal tourné pour elle. Arrêtée une fois de plus ou une fois de trop, on lui a injecté des drogues qui altèrent son système nerveux, provoquant de violentes crises, brouillant sa vue, créant des maux de tête et de dos insoutenables. Elle a réussi à quitter l'organisation dont elle faisait partie, elle a refait sa vie dans l'anonymat de la multitude et garde l'espoir d'arriver à neutraliser les effets de ces poisons qui la rongent. Elle y croit, comme elle croyait aussi dans son « métier » à une époque. Et si la foi déplaçait réellement les montagnes ?

Elle a voulu écrire à la mémoire de ses camarades, pris comme elle dans un engrenage, qui ont tout donné jusqu'à leur vie. Et aussi pour une enfant, une petite fille aux grands yeux, verts comme une mer d'orage, dorés comme la lumière dans le désert. Pour qu'elle sache, quand elle sera grande, si je ne suis plus là pour lui expliquer. Qu'elle ne commette pas la même erreur que moi, ce soir d'été où j'ai accepté de dépanner un officier au sourire sympathique qui avait « perdu » un fichier.

Car elle risque fort de le rencontrer à son tour, sur cette terre où ruissellent le lait et le miel, où le vent caresse le visage, doux réconfort dans la chaleur du soleil, portant des parfums enivrants de terre desséchée, de fruits mûrs, d'arbres, d'iode de cette mer qui continue inlassablement de transmettre son énergie à ces fous qui l'approchent pour un peu de réconfort. La Terre où je souhaite qu'elle grandisse : *Eretz*, terre gorgée de rires et bonheur, de larmes et de souffrance, de fragilité et de force... Exagérée, magique, magnifique, excessive, à l'image du pari fou d'un homme qui combat contre Dieu : *Israël*.

FAQ

Tous les sites Internet et modes d'emploi de logiciels informatique contiennent une rubrique FAQ *(Frequent Asked Questions)* ou « questions fréquemment posées » en français. Les lignes qui suivent, écrites dans cette optique, ont pour but de répondre aux interrogations qui viendront inévitablement à l'esprit du lecteur.

Pourquoi n'a-t-on pas plus de détails sur l'unité israélienne, son nom, les formations qui y sont dispensées, ni sur l'identité du groupe palestinien infiltré ?

Pour des raisons évidentes de secret professionnel. En particulier, il faut savoir que les unités spéciales israéliennes ne sont pas des monolithes de légende mais de petites structures d'une dizaine de personnes très spécialisées, créées selon les besoins. De même, les techniques que nous utilisons sont constamment adaptées et perfectionnées. Il aurait été inutilement compliqué de les décrire en détail, et cela n'aurait véritablement intéressé que les professionnels — « concurrents ».

Pourquoi l'auteur ne décrit-elle pas ses itinéraires, les villes traversées, les moyens de locomotion empruntés ?

Il est indispensable de taire les lieux des pays arabes où j'ai travaillé. Si je les nomme, demain les deux tiers des habitants y seraient arrêtés pour des « vérifications » et interrogés par leur propre police qui, comme je l'ai expliqué, n'est pas des plus tendres.

Que l'auteur arrive à se tirer de situations dramatiques est parfois à la limite du crédible. Ces scènes intenses en action ne sont-elles pas en contradiction avec les obligations de « passivité » décrites par l'auteur ?

Ce manuscrit terminé, j'ai découvert les premiers lecteurs sceptiques sur la façon dont je suis arrivée à me tirer d'affaire. Sans doute est-ce ma faute : je n'ai pas insisté sur les années de conduite « passive » et les déboires qui les ont accompagnées. Le message n'était pas là. Ce que je voulais montrer avant tout, c'est le fonctionnement d'un système, lourd, archaïque, mais dont quelqu'un de décidé peut sortir, aussi bien mentalement et physiquement, sans renier ni ses idéaux ni ses valeurs. J'aurais aimé faire ainsi évoluer les choses à mon niveau et apporter une note d'espoir à la profession. En décrivant les derniers moments de ma vie professionnelle, je parle de quelqu'un qui travaille dans une optique presque suicidaire du tout ou rien. J'avoue qu'à cette époque je ne faisais plus dans la dentelle.

Pour toutes ces raisons, je n'ai aucun intérêt à raconter des histoires. Je suis une anonyme dans la foule, ni mon nom ni mon visage ne sont connus, je ne tirerai aucune gloire de ces pages. J'ai simplement vécu des moments extraordinaires d'intuition, de culot et de chance, que je revendique haut et fort. C'est ainsi dans ce métier et dans ces contrées, et plus ça marche, plus on essaie jusqu'au jour où ça ne passe plus, où ça casse. J'ai réussi à m'arrêter à temps. Nous sommes des professionnels dévoués, pressés comme des oranges jusqu'au jour où nos nerfs ne sont plus bons à rien. Vient alors soit l'échec d'une mission sans retour, soit la reconversion — forcément compliquée et psychologiquement difficile — de gens qui en savent trop.

L'auteur travaillait-elle seule sur ces missions ?

À partir du moment où mes collègues ne partagent pas, dans l'immédiat, mon désir de parler de notre travail, je me dois de respecter leur choix. Je parle donc de mes missions sans mentionner si j'avais des partenaires ni combien. Les seuls noms que j'ai cités sont ceux de collègues qui ne sont plus.

Ce texte a-t-il été censuré ? Quelles peuvent être les conséquences de ces révélations ?

Oui... et non. Le manuscrit a été soumis à mes chers p'tits chefs israéliens pour une éventuelle approbation. Ils m'ont renvoyé une liste de corrections ramenant l'ensemble à un guide touristique d'une vingtaine de pages, « au ton plus positif ». Je n'ai pas tenu compte de leur avis, et je remercie ma maison d'édition d'avoir fait de même. Le chapitre consacré aux attentats du 11 septembre en particulier a provoqué des réactions scandalisées. Je dois insister sur le fait que les idées exposées dans ces pages nous sont personnelles, à mes camarades et à moi-même, et ne reflètent en aucune façon une vision officielle ni une politique israélienne.

Pour être raisonnable, il aurait fallu attendre plus long-temps pour parler de tout cela, probablement une dizaine d'années, être certains que les implantations informatiques ne sont plus utilisées. Je ne suis pas sûre d'avoir autant de temps devant moi.

J'évalue mal les conséquences de mon entêtement à abor-der ainsi ces sujets. La pire sera sans doute pour les Arabes eux-mêmes. Je me doute qu'une vague d'arrestations de dissi-dents, ou supposés tels, suivra inévitablement la médiatisa-tion de mes activités. Je connais la souffrance que cela implique pour ces innocents. Je me suis, bien sûr, posé la question de savoir si ce livre vaut cette souffrance.

Oui, il y aurait mille raisons de ne pas publier ce livre. Des motifs de sécurité pour les hommes infiltrés, d'efficacité pour les programmes encore en place, d'humanité pour nos relais. Il y a même des questions de simple amour-propre, car il m'en coûte d'exposer ainsi mes faiblesses, voire de ris-quer de passer pour une mythomane de plus.

Je prends ces risques. Car si je ne le fais pas, qui le fera ?

La composition de cet ouvrage
a été réalisée par Nord Compo,
l'impression et le brochage ont été effectués
sur presse Cameron dans les ateliers
de Bussière Camedan Imprimeries
à Saint-Amand-Montrond (Cher),
pour le compte des Éditions Albin Michel.

Achevé d'imprimer en septembre 2003.
N° d'édition : 22083. N° d'impression : 034274/4.
Dépôt légal : septembre 2003.
Imprimé en France